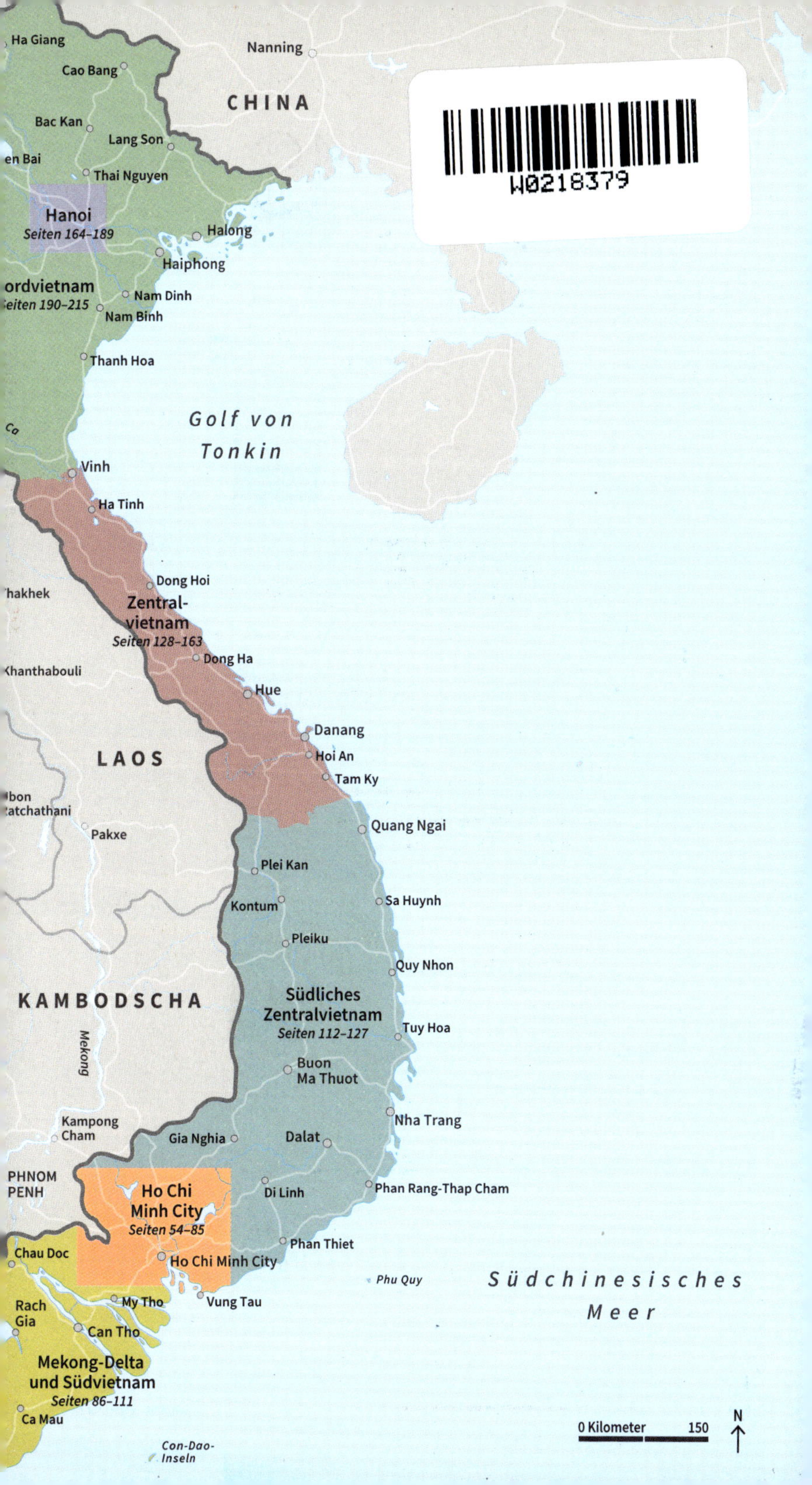
Ha Giang
Nanning
Cao Bang
CHINA
Bac Kan
Lang Son
en Bai
Thai Nguyen
Hanoi
Seiten 164–189
Halong
Haiphong
ordvietnam
Seiten 190–215
Nam Dinh
Nam Binh
Thanh Hoa
Golf von Tonkin
Vinh
Ha Tinh
Dong Hoi
hakhek
Zentral-vietnam
Seiten 128–163
Dong Ha
Khanthabouli
Hue
Danang
Hoi An
LAOS
Tam Ky
bon
atchathani
Pakxe
Quang Ngai
Plei Kan
Kontum
Sa Huynh
Pleiku
Quy Nhon
KAMBODSCHA
Südliches Zentralvietnam
Seiten 112–127
Tuy Hoa
Mekong
Buon Ma Thuot
Nha Trang
Kampong Cham
Gia Nghia
Dalat
PHNOM PENH
Ho Chi Minh City
Seiten 54–85
Di Linh
Phan Rang-Thap Cham
Phan Thiet
Chau Doc
Ho Chi Minh City
Phu Quy
Südchinesisches Meer
Rach Gia
My Tho
Vung Tau
Can Tho
Mekong-Delta und Südvietnam
Seiten 86–111
Ca Mau
0 Kilometer 150
N
Con-Dao-Inseln

INSPIRIEREN / PLANEN / ENTDECKEN / ERLEBEN

VIETNAM

DK Vis-à-Vis

VIETNAM

INHALT

VIETNAM ENTDECKEN 6

Willkommen in Vietnam **8**
Liebenswertes Vietnam **10**
Vietnam auf der Karte **14**
Die Regionen Vietnams **16**
Erkundungstouren **20**
Vietnamesische Themen **24**
Das Jahr in Vietnam **42**
Kurze Geschichte **44**

VIETNAM ERLEBEN 52

Ho Chi Minh City **54**
Mekong-Delta und Südvietnam **86**
Südliches Zentralvietnam **112**
Zentralvietnam **128**
Hanoi **164**
Nordvietnam **190**
Abstecher nach Angkor **216**

REISE-INFOS 238

Vietnam
Reiseplanung **240**
In Vietnam unterwegs **242**
Praktische Hinweise **246**
Angkor
Reiseplanung **248**
Praktische Hinweise **250**
Register **252**
Sprachführer **258**
Danksagung, Bildnachweis und Impressum **263**

Links: *Typische Straße mit gelben Hausfassaden in der Altstadt von Hoi An*
Vorherige Seite: *Reisfelder in Nordvietnam*
Umschlag: *Stangenfischer am Strand von Nha Mat in der Provinz Bac Lieu*

VIETNAM
ENTDECKEN

Skyline von Ho Chi Minh City am Abend

Willkommen in Vietnam **8**

Liebenswertes Vietnam **10**

Vietnam auf der Karte **14**

Die Regionen Vietnams **16**

Erkundungstouren **20**

Vietnamesische Themen **24**

Das Jahr in Vietnam **42**

Kurze Geschichte **44**

WILLKOMMEN IN VIETNAM

Goldene Strände, üppig grüne Berge, Dschungel, fruchtbare Flussdeltas, alte Pagoden und Tempel, freundliche Menschen, eine alte Kultur, fantastische Landschaften und eine vielfältige, exzellente Küche - das ist Vietnam! Was auch immer Ihre Traumreise nach Vietnam mit sich bringt, dieser Reiseführer wird sich als Ihr perfekter Reisebegleiter erweisen.

1

2

3

1 *Thac Ban Gioc, Cao Bang, Vietnams größter Wasserfall*

2 *Verkäuferin von Früchten in der Altstadt von Hoi An*

3 *Die fantastische Cau Vang (»Goldene Brücke«), gehalten von einer gigantischen Hand aus Beton, Ba Na Hills in der Nähe von Danang*

Neben der berühmten Bucht von Halong hat Vietnam eine Fülle weiterer Naturwunder zu bieten. Genießen Sie die spektakuläre Berglandschaft des Nordens bei Sapa, entspannen Sie an weiten, von Palmen gesäumten Sandstränden am azurblauen Meer der Ostküste. Entdecken Sie die Dschungel im zentralen Hochland des Landesinneren. Im Süden erkunden Sie bei einer Flusskreuzfahrt die Landschaften des Mekong-Deltas oder Sie chillen auf den schönen Con-Dao-Inseln. Nicht minder vielfältig zeigt sich die Kultur des Landes. Erkunden Sie die alten Tempel und Pagoden der Hauptstadt Hanoi, probieren Sie eine Schale der Nudelsuppe *pho* auf einem Nachtmarkt oder schlendern Sie durch die lebhaften Straßen von Ho Chi Minh City mit seiner französischen Kolonialarchitektur. Faszinierende historische Stätten des Landes sind die alte Kaiserstadt Hue, die ehemalige Demilitarisierte Zone, die alten Cham-Tempel im Dschungel von My Son oder das malerische Hoi An.

Wir haben Themen und Reiserouten ausgewählt, um Ihre Neugierde zu wecken. Die klare Unterteilung der Kapitel sowie detaillierte Karten helfen Ihnen, einen perfekten Besuch zu planen. Ob Sie nun eine oder mehrere Wochen bleiben, unser Vis-à-Vis Vietnam stellt sicher, dass Sie das Beste und Interessanteste sehen, was das Land zu bieten hat. Genießen Sie Vietnam!

LIEBENSWERTES VIETNAM

Mit seiner reichen Geschichte und Kultur, seinen charmanten Städten und atemberaubenden Landschaften bietet Vietnam eine Fülle, die durch die freundlichen Menschen und das hervorragende Essen noch bunter wird.

1 Natur und Tierwelt

In den landschaftlich vielfältigen Nationalparks Vietnams können Sie Vögel, Elefanten, Affen, Rehe und Delfine in der Wildnis beobachten und die größte Höhle der Welt erkunden.

2 Streetfood in Hanoi

Probieren Sie eine Schale mit der Nudelsuppe *pho* an einem der vielen Straßenstände in Hanoi. Oder wie wäre es mit *goi cuon* (Frühlingsrollen) oder *banh thom* (Garnelenplätzchen)?

Kreuzfahrt in der Bucht von Halong 3

Machen Sie eine Schifffahrt vorbei an den steilen, dschungelbewachsenen Kalksteinfelsen im Azurblau einer der schönsten Buchten Südostasiens *(siehe S. 200)*.

4 Bootsfahrt durch die Reisfelder

Fahren Sie mit einem Boot auf dem Mekong von Nam Binh nach Tam Coc und queren Sie dabei grüne Reisfelder vor der Kulisse dramatischer Karstberge.

5 Kolonialarchitektur in Ho Chi Minh City

Bummeln Sie durch die prächtigen Straßen der Hauptstadt Vietnams, wo das Erbe Frankreichs mit seinen alten Kolonialbauten das Stadtbild prägt.

6 Alter Handelsposten Hoi An

Spazieren oder radeln Sie durch die engen Gassen des malerischen, alten Hoi An *(siehe S. 132)*, vorbei an gut erhaltenen Häusern traditioneller chinesischer und französischer Architektur.

Tempelruinen in My Son 7

Verpassen Sie nicht die faszinierenden, alten Tempel und Türme – das Angkor Wat Vietnams – inmitten des üppig grünen Dschungels von My Son *(siehe S. 138)*.

Strände von Nha Trang 8

Vietnams beliebteste Strandregion, Nha Trang *(siehe S. 116)*, ist reich an wunderschönen Sandstränden und Unterkünften, großartige Tauchplätze sind nur eine Bootsfahrt entfernt.

9 Wasserpuppen-Theater

Die vietnamesischste aller Kunstformen wurde ursprünglich in Reisfeldern aufgeführt. Besuchen Sie eine Show in Hanois Wasserpuppen-Theater Thang Long *(siehe S. 172)*.

10 Historisches Hue

Die stimmungsvolle Zitadelle, Paläste, Pagoden und Gräber in Hue *(siehe S. 142)* spiegeln wie kein anderer Ort die Herrlichkeiten des kaiserlichen Vietnam unter der Nguyen-Dynastie wider.

Con-Dao-Archipel 11

Genießen Sie die goldenen Strände und die einmalige Natur der abgelegenen Inselkette von Con Dao *(siehe S. 98)* inmitten eines Nationalparks.

Traditionelle Märkte 12

Farbenfroh, laut und lebhaft – ein traditioneller Markt ist der beste Ort, das lokale Leben und die hohe Kunst des Handelns authentisch zu erfahren.

VIETNAM
AUF DER KARTE

Dieser Reiseführer unterteilt Vietnam in sechs farblich markierte Reisegebiete, wie auf der Karte dargestellt: Ho Chi Minh City, Mekong-Delta und Südvietnam, Südliches Zentralvietnam, Zentralvietnam, Hanoi sowie Nordvietnam. Vermerkt ist auch der Abstecher nach Angkor in Kambodscha. Im Folgenden erfahren Sie mehr darüber.

Südostasien
CHINA
BHUTAN
NEPAL
INDIEN
BANGLADESCH
MYANMAR
LAOS
VIETNAM
PHILIPPINEN
THAILAND
KAMBODSCHA
Süd-
chinesisches
Meer
Golf von
Bengalen
SRI
LANKA
BRUNEI
MALAYSIA
SINGAPUR
INDONESIEN
Indischer Ozean
Ha Giang
Nanning
Cao Bang
CHINA
Bac Kan
Lang Son
Yen Bai
Thai Nguyen
Hanoi
Seiten 164–189
Halong
Haiphong
Nordvietnam
Seiten 190–215
Nam Dinh
Nam Binh
Thanh Hoa
Golf von
Tonkin
Vinh
Ha Tinh
Dong Hoi
Thakhek
Zentral-
vietnam
Seiten 128–163
Dong Ha
Khanthabouli
Hue
Danang
Hoi An
LAOS
Tam Ky
Ubon
Ratchathani
Pakxe
Quang Ngai
Plei Kan
Kontum
Sa Huynh
Pleiku
Quy Nhon
KAMBODSCHA
Südliches
Zentralvietnam
Seiten 112–127
Tuy Hoa
Mekong
Buon
Ma Thuot
Nha Trang
Kampong
Cham
Gia Nghia
Dalat
PHNOM
PENH
Ho Chi
Minh City
Seiten 54–85
Di Linh
Phan Rang-Thap Cham
Chau Doc
Phan Thiet
Ho Chi Minh City
Phu Quy
Südchinesisches
Meer
My Tho
Vung Tau
Rach
Gia
Can Tho
Mekong-Delta und
Südvietnam
Seiten 86–111
Ca Mau
Con-Dao-
Inseln
0 Kilometer 150
N

DIE REGIONEN VIETNAMS

Grüne Berge, leuchtende Reisfelder, exotische Strände, Flussdeltas und abgelegene, tropische Inseln: Vietnam bietet neben atemberaubenden Naturlandschaften lebendige Städte, alte wie moderne. Seine geografische Vielfalt spiegelt sich auch in seinen Volksgruppen und Kulturen wider.

Seiten 54–85

Ho Chi Minh City

Heiß und laut geht es zu in den mit Mopeds überfüllten Straßen von Vietnams größter Stadt und Handelskapitale. Das ehemalige Saigon hat sich zur dynamischsten und kosmopolitischsten Stadt des Landes entwickelt. In der vor Lebensfreude sprühenden Ho Chi Minh City gibt man sich weltoffen, hört Popmusik und trinkt französischen Wein. Inmitten der Hoteltürme, Shopping-Center und Restaurants erinnern alte Pagoden, Kolonialbauten und faszinierende Museen an eine wechselvolle, lebendige Geschichte.

Entdecken
Kolonialarchitektur und die pulsierende Kultur

Sehenswert
Jadekaiser-Pagode, Cao-Dai-Tempel

Genießen
Eine Fahrt mit dem Moped durch die Stadt, so wie es die Einheimischen tun

Seiten 86–111

Mekong-Delta und Südvietnam

In dieser Region, der Reisschüssel des Landes, ist man nie weit vom Wasser entfernt. Erleben Sie das authentische Landleben, einen der berühmten schwimmenden Märkte oder einfach das Leben am Fluss. Entspannen Sie an den goldenen Sandstränden der tropischen Inseln, die vor der Küste liegen, oder beobachten Sie Vogelarten in den Feuchtgebieten.

Entdecken
Das ländliche Vietnam

Sehenswert
Can Tho, Con-Dao-Inseln

Genießen
Bootstour durch die Kanäle rund um Vinh Long

Seiten 112–127

Südliches Zentralvietnam

Die Küste hier ist bekannt für ihren weißen Sand und ihr azurblaues Meer und verfügt über eine Reihe von Badeorten, in denen es reichlich Wassersport- und Tauchmöglichkeiten gibt. Weiter nördlich erstrecken sich einsamere Strandabschnitte. Auf den kühleren Hochebenen des Landesinneren liegen kleine Dörfer verstreut, die von zahlreichen indigenen Minderheiten bevölkert sind. Neben wunderschönen Seen und Kaffeeplantagen liegt hier Yok Don, Vietnams größter Nationalpark mit einer beeindruckenden Flora und Fauna.

Entdecken
Faulenzen am Strand und Tauchen

Sehenswert
Nha Trang, Dalat

Genießen
Verkostung des ausgezeichneten Hochlandkaffees, Besuch der Bergvolkdörfer Tur und Ako Dong

→

Seiten 128–163

Zentralvietnam

Einige der berühmtesten archäologischen Stätten und viele historische Städte sind in dieser geschichtsträchtigen Region Vietnams zu sehen. Hier können Sie mit die besten vegetarischen Gerichte des Landes und die anspruchsvolle kaiserliche Küche der ehemaligen Kaiserstadt Hue genießen. Im zentralen Hochland sind viele bedeutende Schlachtfelder des Vietnamkriegs entlang des Ho-Chi-Minh-Pfads zu besichtigen. Mit den ältesten Karstbergen Asiens, zahlreichen Höhlensystemen und unterirdischen Flüssen zeigt sich der Nationalpark Phong Nha-Ke Bang wahrlich beeindruckend.

Entdecken
Der Besuch einiger der größten Schlachtfelder des Vietnamkriegs

Sehenswert
Hoi An, Hue

Genießen
Vietnams Geschichte und Kultur sehen und erfahren

Seiten 164–189

Hanoi

Die älteste Hauptstadt Südostasiens, ein Schmelztiegel der Kulturen, ist eine weitläufige Stadt mit einem alten Zentrum und einem französischen Kolonialviertel, umgeben von schlanken Wolkenkratzern und durchzogen von Parks und stillen Seen. Hanoi, das kulturelle Herz Vietnams, ist der Geburtsort des einmaligen Wasserpuppen-Theaters und begeistert mit hervorragenden Museen, Konzerthallen und Theatern. Jede Seitenstraße ist voll von kleinen Küchen, in denen man unter Einheimischen authentisches, köstliches Essen genießen kann.

Entdecken
Museen, Seidenläden, Lackware und Kunsthandwerk, Wasserpuppen-Theater

Sehenswert
Der Tempel der Literatur

Genießen
Ein Spaziergang durch die Straßen der Altstadt Hanois

Seiten 190 – 215

Nordvietnam

Kühne Kalksteinfelsen formen die atemberaubende Meereslandschaft in den Buchten von Halong und Bai Tu Long. Karstfelsen überragen auch die tropischen Wälder der Insel Cat Ba mit ihren Traumstränden und Korallenriffen. Das Delta des Roten Flusses ist reich an alten Tempeln und Pagoden. Im Süden erstrecken sich die tropischen Wälder des Nationalparks Cuc Phuong. Die wahren Entdecker wagen sich in die abgelegenen Hügel im Norden und Nordwesten, wo sie den verschiedenen Bergstämmen begegnen und eine dramatische Berglandschaft genießen.

Entdecken
Atemberaubende Karstlandschaften im Meer und an Land

Sehenswert
Die Bucht von Halong, die Parfümpagode

Genießen
Zu Gast in einem Stelzenhaus bei den Bergstämmen im Mai-Chau-Tal

←

1 *Straßenverkäufer in Hanois Altstadt*

2 *Touristenschiffe kreuzen in der Bucht von Halong*

3 Bun bo *(Nudeln mit Rindfleisch), ein Gericht im Stil der früheren kaiserlichen Küche am Hof von Hue*

4 *Drachenbrücke in Danang*

Die vielleicht beliebteste Route für eine Reise durch Vietnam führt Sie vom Norden in den Süden vorbei an historischen Sehenswürdigkeiten und idyllischen Stränden.

2 WOCHEN IN VIETNAM

von Hanoi nach HCMC

Tag 1: Hanoi

Schlendern Sie durch die Gassen von Hanois Altstadt *(siehe S. 188)*, wo die bunt bestückten Läden und das Marktgeschrei der Verkäufer jeden mitreißen. Besuchen Sie das Memorial House Museum, den Bach-Ma-Tempel und die Straßen, die sich auf bestimmte Handwerke spezialisiert haben, am bekanntesten ist die Hang Gai, die Seidenstraße. Nach einem vietnamesischen Mittagessen im Red Bean (94 Ma May) gehen Sie zum Hoan-Kiem-See *(siehe S. 174)*. Danach tauchen Sie ins französische Viertel ein, wo Sie die Oper *(siehe S. 177)* und das Nationalmuseum für Vietnamesische Geschichte *(siehe S. 178)* – beides Erbstücke aus kolonialer Zeit – besuchen. Essen Sie abends im Namaste (46 Tho Nhuom), hier wird beste indische Küche serviert.

Tag 2 und 3: Die Bucht von Halong

Machen Sie eine Tour zur Bucht von Halong *(siehe S. 200)* und verbringen Sie die Nacht in dieser fantastischen Landschaft mit Kalksteinfelsen, die aus dem smaragdfarbenen Wasser der Bucht ragen. Machen Sie einen Ausflug mit dem Kajak oder erforschen Sie Höhlen. Im Restaurant 1958 auf der Insel Tuan Chau genießen Sie ein Abendessen mit Blick über die Bucht. Oder Sie besuchen eines der vielen schwimmenden Restaurants.

Tag 4 und 5: Hue

Widmen Sie einen Tag der Kaiserstadt *(siehe S. 142)* im Herzen der Zitadelle von Hue, die von 1802 bis 1945 Vietnams Hauptstadt war. Verpassen Sie nicht den Thai-Hoa-Palast mit dem Thronsaal, den schön restaurierten The-Mieu-Tempel und die Neun Dynastischen Urnen, von denen jede mehr als zwei Tonnen wiegt. Beenden Sie den Tag mit einem Dinner kaiserlicher Küche. Am nächsten Tag machen Sie einen Bootsausflug auf dem Parfümfluss *(siehe S. 152)* und besuchen einige der prunkvollen kaiserlichen Grabmäler *(siehe S. 150)* inmitten herrlicher Gärten. Das berühmte Streetfood probieren Sie am besten im Le Hanh *(siehe S. 148)*.

Tag 6: Danang

Fahren Sie am Morgen mit einem Taxi zu den Marmorbergen südöstlich von Danang *(siehe S. 156)*. Genießen Sie die Blicke entlang der Küste und entdecken Sie die Schreine in den zahlreichen Höhlen. Fahren Sie zurück in die Stadt und besuchen das Museum der Cham-Skulpturen *(siehe S. 155)* mit herausragenden Beispielen der Steinmetzkunst der Cham-Kultur. Machen Sie am Abend einen Spaziergang am von zahlreichen Restaurants gesäumten Ufer des Han und bewundern Sie die neue, feuerspeiende (nach neun Uhr abends) Drachenbrücke.

→

1

4

5

Tag 7: Hoi An

Für viele Vietnam-Besucher ist ein Spaziergang durch die Altstadt von Hoi An *(siehe S. 132)* das Highlight ihres Aufenthalts. Beeindruckend sind die chinesischen Pagoden und die alte Architektur. Probieren Sie die lokalen kulinarischen Köstlichkeiten in einem der dafür berühmten Restaurants wie dem Morning Glory Original *(siehe S. 135)*.

Tag 8: My Son

Heute erkunden Sie My Son *(siehe S. 138)*, das religiöse Zentrum der Cham-Kultur. Die Ruinen erinnern an Angkor Wat in Kambodscha, obwohl ein Großteil der Stätte im Vietnamkrieg zerstört wurde. Viele der Ziegeltürme sind überwuchert und verleihen dem Ort eine mystische Atmosphäre. Übernachten Sie in Quang Ngai *(siehe S. 127)*, wo Sie mit Blick auf den Fluss zu Abend essen können.

Tag 9: Quy Nhon

In Quy Nhon *(siehe S. 126)*, einer großen Hafenstadt mit weiten Stränden, können Sie das »richtige« Vietnam kennenlernen, ohne von Straßenhändlern belästigt zu werden. Besuchen Sie den Thap Doi Cham, einen Doppelturm der Cham am westlichen Stadtende, genießen Sie frisch gefangenes Seafood und fahren Sie an der Küste entlang gen Süden zu Bilderbuchstränden.

Tag 10 und 11: Nha Trang

Vietnams beliebtester Badeort, Nha Trang *(siehe S. 116)*, bietet nur wenige Sehenswürdigkeiten, die an einem Morgen besichtigt werden können. Besuchen Sie die gotische Kathedrale von Nha Trang, bevor Sie den Hügel zur Long-Son-Pagode erklimmen. Weiter geht es zu den Po-Nagar-Cham-Türmen *(siehe S. 117)*. Verbringen Sie den Nach-

1 *Laternen in einer Straße in Hoi An* ↑

2 *Cham-Ruinen in My Son*

3 *Strand von Nha Trang*

4 *Sanddünen bei Mui Ne*

5 *L'Usine, ein Kleiderladen und Café in Dong Khoi, Ho Chi Minh City*

mittag am Strand und genießen Sie abends Seafood im Lanterns *(siehe S. 117)*. Machen Sie am nächsten Tag eine Bootsfahrt zu den Inseln vor der Küste, gehen Sie Schnorcheln oder genießen Sie die Sonne. Beenden Sie den Tag mit einem Drink an einer schwimmenden Bar.

Tag 12 und 13: Mui Ne

Der 20 Kilometer lange Strand von Mui Ne *(siehe S. 124)* lädt am Morgen zum Surfen oder Kitesurfen ein. Kurse für Anfänger werden auch angeboten. Danach geht es auf die enorm hohen roten und weißen Sanddünen. Mieten Sie einen Sandschlitten und haben Sie Spaß an den Hängen dieser geologischen Wunder. Verbringen Sie den Rest des Tages am Strand, genießen Sie frische Meeresfrüchte oder lassen Sie sich in einem Spa verwöhnen.

Tag 14: Ho Chi Minh City

Besuchen Sie den Palast der Wiedervereinigung *(siehe S. 68)* und erfahren Sie mehr über die letzten Tage des Vietnamkriegs. Von dort gehen Sie zur Dong Khoi, der Hauptstraße der Stadt, wo die Kathedrale Notre Dame *(siehe S. 67)* und das Hauptpostamt *(siehe S. 68)*, Monumente aus der Kolonialzeit, zu besichtigen sind. Folgen Sie weiter der Dong Khoi Richtung Saigon mit einem Abstecher zum Sitz des Volkskomitees *(siehe S. 65)*. Genießen Sie ein Mittagessen in einem der eleganten Restaurants. Dann fahren Sie in den 49. Stock des Bitexco Financial Tower *(siehe S. 66)* für einen fantastischen Blick über die Stadt. Nahtlos geht der Tag über in das pulsierende Nachtleben mit Streetfood auf dem Ben-Than-Markt *(siehe S. 70)* und einem Cocktail in einem der zahlreichen Clubs und Bars an der Dong Khoi.

Flussdeltas

Von den Bergen Tibets fließt der mächtige Mekong 4500 Kilometer, um südlich von Ho Chi Minh City ins Meer zu münden. Hier wird er zu einem Labyrinth von ökologisch wertvollen und unglaublich malerischen Nebenflüssen. Kleine Inseln im Mekong-Delta bieten idyllische Unterkünfte, ideal, um das Leben vor Ort zu erfahren, die schwimmenden Märkte zu besuchen oder nur um den Vögeln beim Singen zuzuhören und sich in einer Hängematte zu entspannen. Das Delta des Roten Flusses am anderen Ende Vietnams ist kleiner, aber kulturell bedeutsamer, weil es die Wiege der alten vietnamesischen Kultur ist. Seine dichten Mangrovenwälder sind reich an Pflanzen- und Tierarten. Hunderte von Pagoden und viele geschäftige Handwerkerdörfer liegen im Delta verstreut.

→ *Leuchtend grüne Reisfelder im Delta des Roten Flusses*

Schon gewusst?

Mai – Okt ist Regenzeit. Relativ trocken ist es von Nov – Feb, sehr heiß ist es von Feb – Apr.

VIETNAMS WUNDER DER NATUR

Die Fülle der Naturwunder Vietnams lässt dem Besucher die Qual der Wahl. Entspannen Sie sich an unberührten Stränden, genießen Sie tropische Wälder, erkunden Sie riesige Höhlen, planschen Sie in Pools von Wasserfällen oder wandern Sie durch grüne Hügel voller Reisterrassen - es ist Ihre Wahl.

Küste und Inseln

Vietnam bietet eine fantastische Vielfalt herrlicher Küsten: vom südlichen Tropenparadies der Insel Phu Quoc *(siehe S. 108)* bis zu den nördlichen Kalksteininseln und Grotten in der Bucht von Halong *(siehe S. 200)*. Ob Sonnenbaden, Windsurfen, Tauchen, Wellenreiten, Bootsausflüge zu vorgelagerten Inseln oder die frischesten Meeresfrüchte – hier finden Sie einfach alles.

← *Einsamer Strand in der Bucht von Ninh Van bei Tha Trang*

TOP 5 Nationalparks

Phong Nha-Ke Bang
Die größten Höhlen und schöne Kajaktouren *(siehe S. 163)*.

Yok Don
Dschungeltouren, reiche Tierwelt, indigene Völker *(siehe S. 126)*.

Cat Tien
Paradies für Vogelliebhaber *(siehe S. 81)*.

Bai Tu Long
So schön, aber ruhiger als die Bucht von Halong *(siehe S. 206)*.

Cuc Phuong
Wandern, Höhlenerkunden und Vogelbeobachtung *(siehe S. 205)*.

Zentrales Hochland

Diese Region Vietnams, die an Laos und Kambodscha grenzt, ist eine der am wenigsten besuchten des Landes. Aber die dichten Wälder von Bach Ma und Phong Nha-Ke Bang beherbergen eine große Vielfalt an Flora und Fauna, donnernde Wasserfälle und ruhige Seen.

→

Dray-Sap-Wasserfall im zentralen Hochland

Nördliches Bergland

Nordwestlich von Hanoi erhebt sich aus dem Tal des Roten Flusses ein spektakuläres Gebirge, Heimat von zwei Dritteln der indigenen Bevölkerung Vietnams. Der höchste Berg des Landes, der Fansipan, ist mit einer Seilbahn erreichbar. Wanderungen durch die Berge sind ein fantastisches Erlebnis.

→

Die Roten Dao von Sapa, ein Bergvolk, das seine Traditionen wahrt

Pagoden und Tempel

Pagoden wie auch Tempel bestehen in der Regel aus mehreren Bauten mit Statuen der Götter, denen sie gewidmet sind, sowie offenen Pavillons, in denen sich die Gläubigen außerhalb der ehrfürchtigen Atmosphäre des Hauptgebäudes ausruhen und unterhalten können. Verehrt werden Gottheiten des Buddhismus und anderer Glaubensrichtungen.

←

Die Ein-Säulen-Pagode in Hanoi ist buddhistisch, aber voller taoistischer Bilder

VIETNAMS ARCHITEKTUR

Einflüsse aus China, Indien, dem alten Khmer-Reich und in jüngerer Zeit aus Frankreich und anderen Ländern haben sich mit einheimischen Stilen vermischt und bilden eine erstaunliche Vielfalt an architektonischen Highlights – von traditionellen Pagoden und Tempeln bis zu weltlichen Bauwerken.

Unterschiede zwischen Tempel und Pagode

Eine Pagode *(chua)* ist ein Ort buddhistischer oder taoistischer Anbetung, manchmal für beide zusammen. In einem Tempel *(den)* werden Opfer für tatsächliche Menschen dargebracht, für Könige oder Mandarine, deren Erhabenheit ihnen einen halbgöttlichen Status verleiht. Beispiel für eine Pagode ist die Jadekaiser-Pagode in Ho Chi Minh City, wo taoistische, aber auch buddhistische Gottheiten verehrt werden, während der Literaturtempel in Hanoi die historische Person Konfuzius ehrt.

Cham-Stätten

Das hinduistische Champa-Reich, das Teile Vietnams, Laos und Kambodschas beherrschte, hatte seine heiligste Stätte in My Son *(siehe S. 138)*. Obwohl sie von amerikanischen Bomben schwer beschädigt wurde, sind großartige Beispiele ihrer Architektur erhalten.

Traditionelle Röhrenhäuser

Das Konzept dieser hohen, schmalen, langen städtischen Familienwohnungen, die von traditionell bis modern variieren, geht auf das 15. bis 18. Jahrhundert zurück. Die Häuser sind nur zwei Meter breit, aber bis zu 80 Meter tief und fünf Stockwerke hoch oder höher. Jede Familie wählt ihr Farbprofil, was zu einer bunten Palette von Lebensräumen führt. Es gibt viele Röhrenhäuser in Hanoi, Ho Chi Minh City und Hoi An.

→

Röhrenhaus in leuchtenden Farben in der Altstadt von Hanoi

Französische Kolonialarchitektur

Prächtige neoklassizistische, modernistische und Art-déco-Gebäude, oft mit orientalischen Verzierungen, sind das Erbe der französischen Kolonialherrschaft in Vietnam (1880–1954). Gut erhaltene Beispiele finden Sie in Ho Chi Minh City und Hanoi.

←

Die Kathedrale Notre Dame, Ho Chi Minh City, erbaut von den Franzosen, 1863–1880

Zitadelle von Hue

Das Juwel der vietnamesischen Zitadellen liegt in Hue *(siehe S. 142)*, der Hauptstadt der letzten Dynastie Vietnams. Der Komplex aus Palästen, Pavillons und Gärten aus dem 19. Jahrhundert an den Ufern des Parfümflusses ist der Verbotenen Stadt in Peking nachempfunden und bietet einen Einblick in die kaiserliche Geschichte Vietnams.

←

Überreste eines Cham-Turms in My Son, ein UNESCO-Weltkulturerbe

→

Tor zum The Mieu und zu den Hung-Mieu-Tempeln in der Zitadelle von Hue

Theater

Musikalische Elemente – insbesondere Gesang –, die das traditionelle vietnamesische Theater charakterisieren, gehen auf chinesischen Einfluss zurück und führen oft zu opernartigen Shows. *Hat Cheo*, das Theater fürs Volk, erzählt von Legenden und ist oft satirisch, während *Hat Tuong*, das im 19. Jahrhundert in Hue nur am Hof aufgeführt wurde, stark stilisiert und anspruchsvoll ist.

←

Cheo, *eine beliebte Form des Theaters mit Pantomime, Musik und Tanz*

VIETNAMS MUSIK UND THEATER

Mit einem Erbe, das auf die bronzezeitlichen Trommeln und Flöten der Dong-Son-Kultur im Tal des Roten Flusses zurückgeht, ist es nicht verwunderlich, dass die Musik- und Theaterkunst Vietnams ein riesiges Repertoire hat. Zu diesen Künsten sind heute chinesische und europäische Einflüsse hinzugekommen.

Musik

Die traditionelle vietnamesische Musik umfasst mehrere Genres, darunter religiöse, zeremonielle, Hof-, Kammer-, Volks- und Theatermusik. *Cat Tru*, von der UNESCO als immaterielles Kulturerbe anerkannt, ist eine melodische Form der Kammermusik. Sängerinnen, die Holzschlaginstrumente *(Phach)* spielen, werden dabei von einem Lautenspieler begleitet. *Hat Chau Van*, das im 16. Jahrhundert als Beschwörung bei religiösen Ritualen entstand, ist eine Form des rhythmischen Singens und Tanzens. *Quan Ho* sind Volksgesangswettbewerbe aus dem 13. Jahrhundert, die bis heute Teil der Frühlingsfeste sind.

→

Musiker spielen traditionelle Musik am Grab von Tu Duc bei Hue

Wasserpuppen-Theater

Diese einzigartige vietnamesische Theaterkunst, die über 1000 Jahre zurückreicht, entstand in den überfluteten Reisfeldern. Bunt bemalte Holzpuppen werden von Puppenspielern hinter einem Vorhang geführt. Aufgeführt werden Themen des Dorflebens und Legenden, bereichert mit Musik und Effekten. Besuchen Sie eine Show in Hanois Thang-Long-Theater.

Wasserpuppen-Theater und Detail farbiger Holzpuppen (links) ↑

TOP 5 Traditionelle Instrumente

Dan Trung
Das Bambusxylofon aus dem zentralen Hochland ist ein wichtiges Instrument traditioneller Musik.

Broh
Ebenfalls aus dem zentralen Hochland stammt diese zweisaitige Bambuslaute, die auch Musiker wie Stevie Wonder verwenden.

Dan Ty Ba
Diese birnenförmige, viersaitige Gitarre wird gezupft und aufrecht gespielt.

Cong Chien
Gongs aus Bronzelegierung kommen auch bei religiösen Zeremonien zum Einsatz.

Trong
In Vietnam gibt es viele traditionelle Arten von Trommeln *(trong)*.

Streetfood

Einige der besten Speisen Vietnams finden Sie an den Straßenständen. Zu den beliebtesten Gerichten gehören *pho banh mi* (Baguette, gefüllt mit Pastete, Würstchen und Gewürzen, dazu Fischsauce und Mayonnaise) und *banh xeo* (knusprige Reiscrêpes mit Schweinefleisch, Garnelen und Gemüse) – einfach ein Stück in ein Salatblatt wickeln und würzen.

←

Mittagessen auf einem lebhaften Straßenmarkt in Bac Ha

VIETNAM FÜR FOODIES

Die vietnamesische Küche zeichnet sich durch eine subtile Geschmacksvielfalt aus, die durch frische Kräuter wie Minze, Basilikum und Zitronengras ergänzt wird. Balance ist das Ziel der vietnamesischen Köche, die köstliche und gesunde Gerichte kreieren. Vietnamesen essen mit Stäbchen, wenn Sie Gabel *(nia)* und Löffel *(muong)* bevorzugen, einfach fragen.

Expertentipp
Bier

Bars, die erfrischendes *bia hoi* (Bier vom Fass) servieren, sind meist einfache Lokale voller einheimischer Männer. Fremde sind willkommen, solange es ihnen nichts ausmacht, auf niedrigen Hockern zu sitzen. Zum Bier gibt es kleine Snacks. Craft-Biere finden Sie vor allem in Ho Chi Minh City – reichhaltige Gebräue mit lokalen Kräutern, Früchten und Gewürzen wie Zitronengras oder Maracuja.

Nordvietnam

Die regionalen Spezialitäten Nordvietnams ähneln denen des benachbarten China. In Hanoi entstand das legendäre Nudelgericht *pho* (Reisnudeln, serviert in einer Brühe aus Rindfleisch oder Huhn, mit Fleischstücken). Populär sind auch Frühlingsrollen mit Krabben *(nem cua be)* und Reisnudeln mit gegrilltem mariniertem Schweinefleisch *(bun cha)*. Versuchen Sie Letzteres bei Bun Cha Huong Lien (24 Le Van Huu, Hanoi).

→

Die Reisnudelsuppe pho *ist das Nationalgericht Vietnams*

↑ *Die Kartoffelpuffer* banh khoai *sind typisch für Zentralvietnam*

Kaffeekultur

Der im zentralen Hochland angebaute Kaffee ist von bester Qualität und wird sowohl exportiert als auch in großen Mengen lokal konsumiert. Er wird auf verschiedene Weise bereitet, heiß wie auch kalt. Hier einige Beispiele:

Ca phe den
Schwarzer Kaffee mit dem *phin* (Metallfilter) in der Tasse gebrüht.

Ca phe sua
Schwarzer Kaffee mit gesüßter Kondensmilch und Eis.

Sua chua ca phe
Joghurtkaffee, immer kalt serviert.

Ca phe trung
Schwarzer Kaffee mit Creme aus Eigelb und Kondensmilch.

Sinh to ca phe
Früchte-Smoothie mit schwarzem Kaffee.

Zentralvietnam
Der indische Cham-Einfluss bringt Würze in die Speisen Zentralvietnams, so wie *bun bo* (gebratene Nudeln mit Rindfleisch, Knoblauch, Gurke, Paprika und Tomatenmark). Das populärste Gericht ist *banh khoai*, Kartoffelpuffer, gefüllt mit Garnelen und Schweinebauch. Restaurants in Hue bieten immer noch die kaiserliche Küche an. Nha Trang ist bekannt für seine Meeresfrüchte.

Südvietnam
Das warme Klima und der reiche Boden des Südens sorgen für eine Fülle von Obst und Gemüse. Süße Aromen gibt es im Überfluss. Kokosmilch findet sich in milden Currys und Kokosnuss-Pfannkuchen. *Nuoc mam*, Vietnams berühmteste Fischsauce, wird hier durch mehrmonatige Gärung von Sardellen hergestellt. Ein typisches Gericht im Mekong-Delta ist *canh chua ca*, eine süßsaure Welssuppe mit Gemüse und Kräutern.

Schälen einer Kokosnuss zur Zubereitung eines süßen Puddings ↑

Hoi An

Von Hoi An führt eine Fahrradtour (vier Kilometer) oder kurze Taxifahrt zur Küste. Der erste Strand, den Sie erreichen, ist Cua Dai, ideal für einen Sundowner. Etwas weiter nördlich liegt der weiße Sandstrand von An Bang. Beide Strände bieten ausgezeichnete Fischrestaurants und einen schönen Blick auf die Cham-Inseln.

←

Sonnenuntergang am Cua-Dai-Strand in der Nähe von Hoi An

VIETNAMS STRÄNDE

Mit seiner Küste von über 3000 Kilometern am Südchinesischen Meer ist Vietnam ein Paradies für Strandliebhaber. Von den tropischen, palmengesäumten Küsten im Süden bis hin zu den Karstinseln in der Bucht von Halong hat jeder Strand sein eigenes Flair und viele verschiedenen Wassersportangebote. Tauchen Sie ein!

TOP 5 Plätze für Taucher

Phu Quoc
Die besten Plätze liegen an der Südostküste.

Hon Ko
Eine kleine Insel südlich von Phu Quoc, atemberaubende Korallenriffe.

Nha Trang
Bietet gute Tauchkurse und viele Tauchplätze.

Cham-Inseln
Vor der Küste von Hoi An wimmelt es im Meer um die Inseln von Korallen und Fischen.

Con-Dao-Archipel
Das Meer um diese Inseln vor der Südküste ist kristallklar.

Nha Trang

Die Küste bei Nha Trang in Zentralvietnam verfügt über Dutzende schöner Strände. Von November bis März sind viele gut zum Surfen. Ein Erlebnis ist der Besuch der in einer geschützten Bucht gelegenen Insel Hon Ong (dt. Wal), wo manchmal Buckelwale beobachtet werden. Sie können dort tauchen, schwimmen, windsurfen und Kajak fahren.

Bucht von Halong

Von den unzähligen Inseln in der Bucht von Halong ist die winzige Insel Ti Top bekannt für die unglaubliche Aussicht von ihrem Gipfel. Der Aufstieg über 400 Stufen lohnt sich. Danach können Sie baden oder sich am Strand entspannen. Wenn Sie noch Energie haben, fahren Sie mit dem Kajak durch die berühmten Karstformationen.

→

Der Strand von Ti Top mit Blick über die Bucht von Halong

Südlich von Ho Chi Minh City

Zwischen Phu Quoc und Ho Chi Minh City gibt es viele tolle Strände, aber die Nähe zur Stadt hat zu einer Übernutzung geführt. Eine Ausnahme ist der abgelegene Strand von Ho Coc, wo goldene Sanddünen von einem weiten, mit Felsen übersäten Strand ins Landesinnere reichen, perfekt für lange Spaziergänge und Baden in Sonne und Meer.

←

Ho Coc ist einer der unberührtesten Strände Vietnams

Die Insel Phu Quoc

Die Insel Phu Quoc im Golf von Thailand verfügt über einige der ruhigsten und klarsten Gewässer an der Küste Vietnams sowie viele weiße Sandstrände. Ein Paradies zum Tauchen, Schnorcheln und Kajakfahren. Einer der schönsten Strände ist der malerische Star Beach (Bai Sao) nahe der Südspitze der Insel. Das Wasser ist unglaublich klar, der geschwungene Strand erstreckt sich kilometerweit.

←

Strand von Nha Trang, gesäumt von Palmen und Kasuarinen

→

Weißer Sand und kristallklares Wasser am Star Beach, Phu Quoc

Die Bucht von Bai Tu Long

Nur 60 Kilometer östlich der berühmten Bucht von Halong bietet die Bucht von Bai Tu Long ebenso spektakuläre Karstformationen, viele unbewohnte Inseln und eine Ruhe abseits von Touristenhorden, die dem gefeierten Nachbarn fehlt. Die Insel Quan Lan verfügt über den halbmondförmigen Strand Minh Chau. Noch unberührter ist die Insel Tra Ban mit ihren dramatischen Karstformationen und einem Dschungel reich an Flora und Fauna.

↑ *Tor zum schwimmenden Dorf Vung Vieng in der Bucht von Bai Tu Long*

VIETNAM AUF NEUEN WEGEN

Die versteckten Ecken Vietnams zu erreichen, mag manchmal mehr Mühe in Anspruch nehmen als die berühmteren Touristenziele, aber dafür findet man dort traumhafte, unberührte Landschaften und traditionelle Lebensweisen.

Con-Dao-Inseln

Der Archipel von 16 meist unbewohnten Inseln liegt 135 Kilometer vor der Südküste Vietnams. Die fast unberührte Region ist ideal zum Entspannen, Schnorcheln, Tauchen oder Erkunden des Dschungels. Teile des Archipels und der umliegenden Korallenriffe gehören zu einem Nationalpark und sind Heimat einer einzigartigen Flora und Fauna. Die Hauptinsel Con Son bietet eine Reihe von Unterkünften und guten Restaurants.

← *Blaues Meer und weißer Sand – die Cao-Dao-Inseln sind ein unberührtes Paradies*

Naturreservat Pu Luong

50 Kilometer vom Mai-Chau-Tal entfernt liegt abseits der Touristenrouten das Naturreservat Pu Luong in Nordvietnam. Die fruchtbare Region ist von spektakulärer Schönheit: üppige Wälder, Reisterrassen, vielfältige Landschaften und eine reiche Flora und Fauna. Ideal, um in den Bergen zu wandern, in den Flüssen zu schwimmen, die traditionellen Märkte der Weißen Thai und Muong zu besuchen oder einfach zu entspannen.

Reisterrassen im üppigen Grün des Naturreservats Pu Luong

Ben Tre

Die ruhige Uferpromenade von Ben Tre lässt sich zu Fuß oder mit dem Fahrrad erkunden und erlaubt einen Blick in das traditionelle Leben abseits des Trubels anderer Orte im Mekong-Delta. Die malerische Landschaft mit ihren Kokosplantagen und kleinen Dörfern können Sie mit einem kleinen Boot oder per Fahrrad entdecken.

Frau in einem traditionellen Boot im Mekong-Delta bei Ben Tre

Holz-Stelzenhaus im Mai-Chau-Tal inmitten von grünen Reisfeldern

Entdeckertipp

Dong Van Karst Plateau Geopark

Die abgelegene Gegend, der nördlichste Punkt Vietnams an der Grenze zu China, wurde von der UNESCO zum Geopark erklärt. Hier gibt es Minderheitendörfer, einen fantastischen Sonntagsmarkt und eine spektakuläre Berglandschaft mit Traumrouten für Motorradfahrer zu entdecken. Eine Reisegenehmigung ist erforderlich, aber leicht zu bekommen *(siehe S. 214)*.

Zu Gast in einem Stelzenhaus im Mai-Chau-Tal

Südwestlich von Hanoi liegt das unberührte Mai-Chau-Tal, umgeben von grünen Hügeln mit terrassierten Reisfeldern. Es ist die Heimat der Weißen Thai. In den Dörfern Lac und Pom Coong bieten die freundlichen Bewohner Unterkünfte in ihren traditionellen Stelzenhäusern an, eine großartige Möglichkeit, das bäuerliche Leben kennenzulernen.

Kleidung

Vietnam ist bekannt für seine Seidenkleidung, aber auch Baumwoll- und Hanfstoffe. Das traditionelle *Ao dai* kann fertig gekauft, aber auch maßgeschneidert werden. Hoi An gilt als die Welthauptstadt des Schneiderhandwerks und verfügt über eine Vielzahl ausgezeichneter Schneider, ebenso wie Hanoi und Ho Chi Minh City.

←

*Elegantes Seiden-*Ao-dai*, eine Tunika, die über weiten Hosen getragen wird*

SHOPPING IN VIETNAM

Kunsthandwerk und Schmuck der ethnischen Minderheiten in Vietnam gehören zu den besten in Asien. Lokale Märkte sowie Hanoi und Ho Chi Minh City sind gut zum Shoppen. Das ultimative Einkaufsparadies aber ist Hoi An mit seinem erstaunlichen Angebot an Lackwaren, Kleidung und Kunsthandwerk.

TOP 5 Märkte in Vietnam

Traditionelle Märkte in Vietnam bieten nicht nur eine große Auswahl zu besten Preisen, sondern öffnen auch ein Fenster zum Leben der Einheimischen. Hier sind einige der besten Märkte:

Schwimmender Markt Cai Be bei Vinh Long *(siehe S. 103)*

Zentralmarkt Hoi An *(siehe S. 136)*

Dong Ba, Hue *(siehe S. 146)*

Dong Xuan, Hanoi *(siehe S. 172)*

Bac Ha, nördliche Berge *(siehe S. 213)*

Keramik und Lackwaren

Unter Verwendung der weißen Tonvorkommen in der Nähe von Hanoi stellen die vietnamesischen Töpfer schöne Keramikvasen und Teesets mit traditionellen Glasuren und aufwendigen handbemalten Mustern her. Der beste Ort, diese zu kaufen, ist Hanoi. Schöne Lackwaren, oft mit Perlmutt eingelegt, finden Sie überall.

Expertentipp
Handeln

Lächelnd die Hälfte des Kaufpreises bieten. Wenn das Gegengebot zu hoch ist, lehnen Sie es höflich ab und gehen. Meist hören Sie dann ein günstigeres Gebot.

Handstickerei und Webkunst

Die ethnischen Minderheiten des Hochlands sind wahre Kunsthandwerker. Ihre traditionellen Designs und komplexen Textilapplikationen übertragen sie heute auf typische Souvenirartikel wie Halstücher, Kissenbezüge oder Handtaschen.

→ *Hmong-Frau an einem traditionellen Webstuhl*

Schmuck

Silber ist bei vielen Bergvölkern ein traditionelles Symbol für Reichtum. Handgefertigte Silbergürtel, Ohrringe und Armbänder sind in zahlreichen Läden erhältlich. Typisch vietnamesisch ist auch der mit Farbe polierte Goldschmuck. Er wird in den Goldläden nach Gewicht verkauft.

← *Traditionelle Armreife aus Silber mit Vogel- und Blumenmotiven*

↑ *Dekorative vietnamesische Keramik in attraktiven Designs*

Malerei

Hanoi hat eine lebendige Kunstszene. Und während berühmte vietnamesische Maler hohe Preise aufrufen, leisten weniger bekannte Namen ausgezeichnete Arbeit zu realen Preisen. Jeder Kunstliebhaber sollte die angesagten Galerien in Hanoi besuchen, etwa Thang Long (41 Hang Gai).

→ *Künstler malt Szenen des ländlichen Lebens in einer Galerie in Hanoi*

◁ **Trekking**
Sapa in Nordvietnam ist der Trekking-Treff. Für den Besuch abgelegener Gebiete und lokaler Bergstämme buchen Sie am besten eine Trekkingtour bei Topas Adventure (www.topastravel.vn). Die meisten Wanderungen sind steil und anspruchsvoll, einschließlich der zweitägigen Tour zum Fansipan, dem höchsten Gipfel Vietnams. Andere großartige Ziele für Trekking sind die Nationalparks Cat Ba und Bach Ma mit ihren atemberaubenden Wasserfällen und Seen.

VIETNAM FÜR AKTIVURLAUBER

Von Tauchen und Schnorcheln zwischen Korallenriffen bis hin zu Wanderungen auf schwindelerregenden Bergpfaden - Vietnam bietet Outdoor-Erlebnisse für jeden. Während einige Aktivitäten Können und Fitness erfordern, sind andere wie Vogelbeobachtung oder kurze Wanderungen in der Natur für alle möglich.

◁ **Surfen, kitesurfen und windsurfen**
Mui Ne ist aufgrund seiner nahezu konstanten Winde weltbekannt bei Wind- und Kitesurfern. Kurse und Leihausrüstung erhalten Sie in zahlreichen Surfertreffs wie Jibe's Beach Club (www.windsurf-vietnam.com). Die perfekte Welle finden Surfer am ehesten an den Stränden von Danang und Nha Trang. Wenn Sie noch kein erfahrener Surfer sind, sollten Sie es zuerst mit dem leichten Boogiebrett versuchen.

Vogelbeobachtung ▷
Mit mehr als 800 einheimischen Vogelarten und vielen Schmetterlingen sind die Nationalparks, insbesondere Cuc Phoung und Bach Ma, Paradiese für Vogelbeobachter. Vietnam Birding (www.vietnambirding.com) ist der führende Spezialist vor Ort für Vogelbeobachtungstouren.

◁ Schnorcheln, tauchen und schwimmen

Wer die Unterwasserwelt des Südchinesischen Meers mit Maske und Schnorchel erkunden will, findet auf Phu Quoc und den Con-Dao-Inseln ideale Voraussetzungen. Taucher finden die besten Reviere um Nha Trang und die Cham-Inseln. Tauchfahrten organisieren Rainbow Divers (www.divevietnam.com), die Niederlassungen an den besten Tauchplätzen haben. Die schönsten Badestrände finden Sie um Mui Ne und Nha Trang sowie Hoi An, Danang und südlich von Quy Nhon.

Expertentipp
Sicherheit

Recherchieren Sie Tourveranstalter sorgfältig und überprüfen Sie, ob Ihre Reiseversicherung Ansprüche für Aktivitäten, die Sie ausüben, nicht ausschließt. Behalten Sie das Wetter im Auge – Stürme können hier sehr schnell aufziehen. Anfänger sollten kein Motorrad fahren, der Verkehr ist zu chaotisch. Verlassen Sie beim Wandern die Wege möglichst nicht, in Vietnam gibt es noch nicht entschärfte Minen.

△ Kajakfahren

Ruhiges Wasser und die spektakuläre Szenerie machen die Bucht von Halong Bay zum idealen Kajakrevier. Touren mit Übernachtung können über Asia Outdoors (www.asiaoutdoors.com.vn) gebucht werden. Weitere Kajak-Spots sind die Con-Dao-Inseln, die Insel Cat Ba, Dalat und das Gebiet um Hoi An.

△ Rad und Motorrad fahren

Ob eine zweiwöchige Radtour von Hanoi nach Ho Chi Minh City oder ein Nachmittagsausflug zum Strand von Hoi An, das Fahrrad ist eine großartige Möglichkeit, Vietnam zu erkunden. Die Route von Dalat nach Mui Ne führt meist bergab, das Mekong-Delta mit seinen Reisfeldern ist ebenes Gelände. Spice Roads (www.spiceroads.com) bietet Radtouren mit Übernachtungen bei Einheimischen an. Motorradfahren ist nur für gute Fahrer zu empfehlen *(siehe S. 245)*. Alternativ können Sie ein Motorrad mit Fahrer buchen.

◁ Buon Ma Thuot
Die letzte große Schlacht des Vietnamkriegs fand im März 1975 in Buon Ma Thuot im südlichen zentralen Hochland statt. Mit Panzern und schwerer Artillerie versuchte der Vietcong, den Feind endgültig zu besiegen. Heute erinnert ein Denkmal im Zentrum der Stadt an die Schlacht.

Ap Bac ▷
Südlich von Ho Chi Minh City, im Mekong-Delta, war Ap Bac *(siehe S. 100)* im Januar 1963 der Ort des ersten großen Siegs des Vietcong gegen die von den USA unterstützte südvietnamesische Armee. Der Vietcong fügte dem Feind schwere Verluste zu und mischte sich dann unter die lokale Bevölkerung, eine klassische Technik der Guerillakriegsführung. Heute gibt es an der Stelle der härtesten Kämpfe ein Denkmal und ein Museum, in dem zahlreiche Relikte der Schlacht ausgestellt sind.

SPUREN DES VIETNAMKRIEGS

Vietnam hat in seiner langen Geschichte viele Kriege durchlitten. Spuren des jüngsten Konflikts, des Vietnamkriegs (in Vietnam als Amerikanischer Krieg bezeichnet), verdienen Beachtung und sind ein Weg, die Geschichte und das Volk des Landes besser zu verstehen.

◁ Ho-Chi-Minh-Pfad
Der Bau des riesigen Wegenetzes, auch Duong Truong Son genannt, begann 1959 und erstreckte sich von Vinh in Nordvietnam bis in den Süden und führte dabei oft auch durch Laos und Kambodscha *(siehe S. 163)*. Die Tunnel, eine erstaunliche Ingenieursleistung, wurden von den kommunistischen Kräften benutzt, um Männer und Ausrüstung aus dem Norden zur Front im Süden zu schaffen. Das Tunnelnetz umfasste Lagerhallen, Feldkrankenhäuser und sogar eine Kraftstoffleitung. Heute können Sie den Ho-Chi-Minh-Pfad mit dem Motorrad entlangfahren.

△ **Demilitarisierte Zone**
Der schmale Landstreifen, der 1954 als Pufferzone zwischen Nord- und Südvietnam geschaffen wurde, erlebte während des Krieges schwere Kämpfe. Besichtigen Sie die Vinh-Moc-Tunnel *(siehe S. 161)*, in denen die Menschen vor Bomben Schutz suchten, Camp Carroll, eine ehemalige amerikanische Basis, und den Hamburger Hill. Es werden geführte Tagestouren von Hue aus angeboten.

◁ **Denkmal für Massaker von My Lai**
Am 16. März 1968 massakrierte die US-Infanterie rund 500 vietnamesische Zivilisten im Dorf My Lai in der Provinz Quang Ngai. Eine Grausamkeit, die die Welt erschütterte. Heute dokumentiert das Son-My-Mahnmal *(siehe S. 127)* dieses Kriegsverbrechen mit einer bewegenden Ausstellung und der Steinskulptur einer Frau mit einem toten Kind im Arm. Der Wunsch der Vietnamesen, über den Krieg hinwegzukommen, zeigt sich hier darin, dass das Museum auch die GIs ehrt, die versuchten, das Massaker zu stoppen, und diejenigen, die den Vorfall publik machten.

Museen zum Vietnamkrieg

Das Vietnamesische Museum für Militärgeschichte in Hanoi (28 Dien Ben Phu; +84 24 6253 1367) zeigt Waffen und militärische Ausrüstung, darunter einen B-52-Bomber. Das Museum für Kriegsrelikte in Ho Chi Minh City *(siehe S. 73)* dokumentiert die Schrecken des Kriegs unter anderem mit Fotografien von Folter- und Napalmopfern sowie von ungeborenen Babys, die durch die Entlaubungsmittel der US-Streitkräfte deformiert wurden. Nichts für schwache Gemüter.

△ **Versteckte Tunnel**
Nördlich von Ho Chi Minh City dienten die Cu-Chi-Tunnel *(siehe S. 76)* als Versteck und Munitionslager für die Vietcong-Guerillas. Von hier führten die Kämpfer Angriffe auf die Hauptstadt durch und tauchten hier auch wieder unter. Die Tunnel, die sehr eng gebaut wurden, um Eindringlinge abzuschrecken, wurden zwar vergrößert, sind aber für klaustrophobische Besucher immer noch sehr beengend. Im Gegensatz zu den Cu-Chi-Tunneln wurden die Tunnel in Vinh Moc für eine langfristige Nutzung größer gebaut. Die Abschnitte werden in gutem Zustand erhalten und sind leicht zu besichtigen.

DAS JAHR IN VIETNAM

Januar

△ **Tet Nguyen Dan** *(Ende Jan/Anfang Feb)*. Das Hauptfest Vietnams markiert den Beginn des neuen Mondjahres, eine Zeit der Wiedergeburt und Erneuerung. Die bunten Feiern dauern drei volle Tage.

Februar

△ **Gründung der kommunistischen Partei Vietnams** *(3. Feb)*. Gedenkt des Tages, an dem Ho Chi Minh die Partei 1930 gründete.

Lim-Festival *(Feb)*. Einheimische in traditioneller Kleidung singen Volkslieder im Dorf Lim.

Parfümpagoden-Fest *(Mitte Feb)*. Tausende Pilger kommen zu der buddhistischen Pagode.

Mai

Tag der Arbeit *(1. Mai)*. Arbeiter ziehen durch die Straßen, um ihre Solidarität mit der internationalen Arbeiterklasse zu feiern.

△ **Buddhas Geburtstag** *(Mitte – Ende Mai)*. Zur Feier von Buddhas Geburtstag, Erleuchtung und Tod werden überall Laternen aufgehängt.

Juni

△ **Tet Doan Ngo** *(Anfang Juni)*. Zur Feier der Sommersonnenwende werden dem Gott des Todes in taoistischen Tempeln Opfer gebracht.

Chem-Tempelfest *(Mitte Juni)*. Im Dorf Thuy Phuong in Hanoi finden Drachenbootrennen zu Ehren des Kriegers Ly Ong Trong aus dem 3. Jahrhundert statt.

September

△ **Nationalfeiertag** *(2. Sep)*. Der Nationalfeiertag erinnert an die Unabhängigkeitserklärung von Ho Chi Minh 1945.

Trung Thu/Mittherbstfest *(Mitte Sep)*. Das Mittherbstfest ist eine bunte Feier mit vielen Veranstaltungen für Kinder. Sie bekommen Spielzeug und Mondkuchen.

Oktober

Kate-Festival *(Okt)*. Das Hauptfest der Cham findet in der südlichen Provinz Ninh Thuan statt. Scharen von Gläubigen in bunten Prozessionen machen sich auf den Weg zu den Türmen, um den Cham-Gottheiten zu huldigen.

△ **Konfuzius' Geburtstag** *(Ende Okt/Anfang Nov)*. Zeremonien und Gebete in Konfuzius-Tempeln im ganzen Land ehren den Weisen.

März

Hai-Ba-Trung-Festival *(Anfang März)*. Die Statuen der berühmten Trung-Schwestern werden vom Tempel zu einem zeremoniellen Bad im Roten Fluss getragen.

△ **Thay-Pagodenfest** *(Ende März – Anfang Apr)*. Die Gläubigen beten zum Schutzpatron der Wasserpuppen, dem buddhistischen Mönch Tu Dao Hanh. Zwei Tage lang wird Wasserpuppen-Theater aufgeführt.

April

△ **Hung-Könige-Tempelfest** *(Anfang – Mitte Apr)*. Viertägiges nationales Fest zum Gedenken an die Hung-Könige mit Veranstaltungen und Prozessionen rund um die Tempel.

Tag der Befreiung von Saigon *(30. Apr)*. Feiertag zum Gedenken an die Eroberung Saigons und das Ende des Vietnamkriegs 1975.

Hue-Festival *(Apr, Mai oder Juni)*. Das einwöchige traditionelle Fest der Nguyen-Kultur wird in geraden Jahren in Hue gefeiert.

Juli

Streetfood-Festival in Mui Ne *(Jan, Apr, Juli)*. Dreimal jährlich wird eine Woche lang Streetfood aus aller Welt zelebriert.

△ **Hanoi Pride** *(Juli, Aug oder Sep)*. Eine Woche lang wird das farbenfrohe Schwulenfestival mit vielen Veranstaltungen gefeiert.

August

△ **Trung Nguyen/Vu Lan** *(Mitte Aug – Anfang Sep)*. Taoisten und Buddhisten verbrennen Papiergeld, um umherirrende Geister zu besänftigen.

Le-Van-Duyet-Tempelfest *(Ende Aug – Anfang Sep)*. Tanz und Gesang zum Gedenken an den Todestag des großen Staatsmannes.

November

△ **Oc-Om-Boc-Fest und Ngo-Bootsrennen** *(Mitte Nov)*. Das Khmer-Fest im Mekong-Delta feiert den Mond, es beginnt in den Tempeln und findet seinen Höhepunkt in den Kanurennen auf dem Fluss.

Dezember

△ **Dalat-Blumenfest** *(Dez)*. Eine Explosion von Farben und Düften erwartet Sie bei dieser Feier von vor Ort angebauten Blumen, Gemüse und Zierpflanzen von Dalat.

Weihnachten *(25. Dez)*. In zahlreichen Kirchen und Kathedralen in Hanoi und Ho Chi Minh City wird Weihnachten gefeiert.

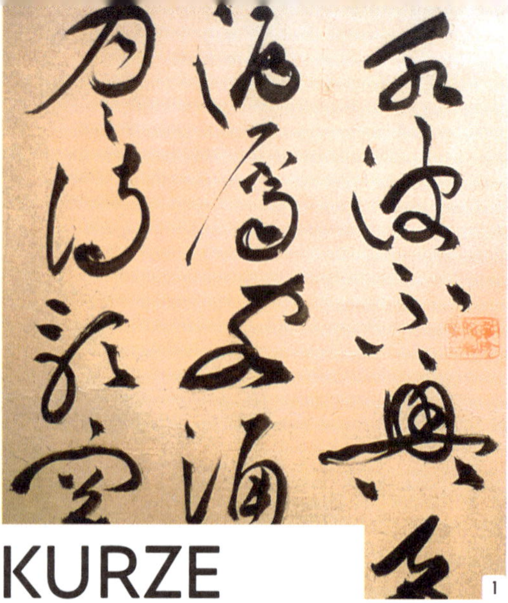
1

KURZE GESCHICHTE

Vietnams Geschichte ist in seine Landschaft geschrieben. Nachdem das Land im Lauf der Jahrtausende viele Konflikte durchlebt hat, darunter einen langen Kampf um die Unabhängigkeit, wurde es als eine vereinte und wohlhabende Nation wiedergeboren.

Ursprung und Ära der Hung-Könige

Obwohl es Hinweise darauf gibt, dass das Land seit der Jungsteinzeit bewohnt war, wird angenommen, dass die Viet-Völker ihren Ursprung im heutigen Südchina haben. Der Legende nach wurden die lose verbündeten Stämme der Region im späten 29. Jahrhundert v. Chr. von der Gottheit Viem De nach Süden in das Delta des Roten Flusses geführt. Sein Sohn Hung Vuong erklärte sich zum Herrscher eines Königreichs namens Xich Qui und gründete so die Hong-Bang-Dynastie der Hung-Könige (2879–258 v. Chr.). Das Delta des Roten Flusses wurde zu einem landwirtschaftlichen Zentrum.

1 *Eine traditionelle Grasschrift oder Caoshu aus der Ming-Dynastie* ↑

2 *Volksmalerei der Trung-Schwestern im Kampf mit den fliehenden Chinesen*

3 *Ruinen eines Hindu-Tempels bei My Son*

Chronik

9000–6500 v. Chr.
Jungsteinzeit

2879 v. Chr.
Gründung des Königreichs Xich Qui der Hung-Dynastie, später umbenannt in Van Lang

1000 v. Chr.
Van Lang erblüht unter den Hung-Königen; Entwicklung des Nassreisanbaus und der Bronzegießerei

258 v. Chr.
Thuc Phan stürzt die Hung-Dynastie und gliedert die Region ins Königreich Au Lac ein

2

3

Chinesische Herrschaft

Die Hung-Dynastie endete 258 v. Chr., als Völker aus Südchina das Königreich stürzten. Das Land wurde 207 v. Chr. in das südchinesische Königreich Nam Viet eingegliedert. Das führte zu einer fast ein Jahrtausend lang währenden chinesischen Herrschaft. Aber das vietnamesische Volk lehnte sich gegen die Dominanz Chinas auf, es gab zahlreiche Revolten. Übernommen wurden jedoch die chinesische Schrift und Architektur sowie der buddhistische, taoistische und konfuzianische Glaube.

Der Süden

Im Süden entstanden zwei von Indien beeinflusste Königreiche, Funan und Champa. Als Vorläufer des Khmer-Reichs war Funan eine Handelsnation mit Verbindungen bis in den Mittelmeerraum. Das Reichsgebiet erstreckte sich bis nach Nordthailand. Die Champa betrieben neben Landwirtschaft und Fischerei einen lebhaften Seehandel entlang der vietnamesischen Küste vom Mekong-Delta bis nach Vinh.

Spuren des alten Vietnam

Nordwestlich von Hanoi sind die Tempel der jüngeren Hung-Könige zu sehen; im April gibt es einen Feiertag zu Ehren der Hung-Könige. Spuren aus der Zeit der Cham sind ihre Türme und Hindu-Tempel in My Son, bei Nha Trang und im gesamten Mekong-Delta.

207 v. Chr.

General Trieu Da gliedert Au Lac in sein Reich Nam Viet ein

111 v. Chr.–939

Nam Viet wird zur chinesischen Provinz Giao Chi; Teile der chinesischen Kultur werden angenommen

1. Jh.

Gründung des Funan-Königreichs

2. Jh.

Gründung des Champa-Königreichs

Dai-Viet-Reich

Chinas Tang-Dynastie kollabierte Anfang des 10. Jahrhunderts. Angeführt von Ngo Quyen, erlangte Vietnam 938 als Dai Viet die Unabhängigkeit. Nach seinem Tod stürzte das Land in den Bürgerkrieg. Kriegsherr Dinh Bo Linh vereinte das Land 968 wieder. Er machte es zum Vasallenstaat, benannte das Land in Dai Co Viet um und erklärte sich selbst zum Kaiser. Seine Dynastie währte jedoch nur zwölf Jahre, danach bestieg Le Dai Hanh den Thron und begründete die Le-Dynastie (980–1009).

Ly-Dynastie

Nach dem Tod des letzten Kaisers von Le wurde ein pflichtbewusster und aufgeklärter Wachmann des Palasts, Ly Thai To, vom Hof zum neuen Kaiser gewählt. Er gründete die Ly-Dynastie (1009 - 1225), die den Grundstein für das heutige Land legte und allgemein als das Goldene Zeitalter Vietnams gilt. Obwohl auf der Grundlage der chinesischen Kultur, entstanden unter der Ly-Dynastie in Dai Viet eine zivile Verwaltung und ein stehendes Heer. Der Status von Frauen und Bürgern wurde verbessert, die Infrastruktur ausgebaut. Bildung, Kunst und Kultur erlebten eine Blütezeit.

1 *Ngo Quyen (897 - 944), König der Ngo-Dynastie* ↑

2 *Die Schlacht am Fluss Bach Dang – das Ende der Ly-Dynastie und der Beginn der Tran*

3 *Filigrane rote Tore in der Kaiserstadt Hue*

Schon gewusst?

Dinh Bo Linh wurde im Schlaf ermordet. Sein sechsjähriger Sohn wurde sein Nachfolger.

Chronik

938

Ngo Quyen vertreibt die Chinesen und gründet die Ngo-Dynastie

1009–1225

Kunst und Kultur in Vietnam erblühen unter der Ly-Dynastie

1407–1428

China kontrolliert den Norden Vietnams, bis Le Loi die Besatzer vertreibt

1428–1788

Spätere Le-Dynastie

3

Tran-Dynastie

Nach dem Putsch des mächtigen Stammesführers Tran Hung Dao im Jahr 1225 war die Ly-Dynastie am Ende. Unter der Tran-Dynastie dehnte sich das Territorium von Dai Viet nach Süden ins Gebiet der Champa aus. Drei große Invasionen der Mongolen wurden ebenfalls abgewehrt.

Spätere Le- und Nguyen-Dynastien

Die Tran wurden durch einen Coup gestürzt. Das führte zu einer Invasion der Ming, das Reich wurde wieder zu einer Provinz Chinas. Ein Aufstand unter der Führung von Le Loi begründete die spätere Le-Dynastie. Dai Viet wurde zu einem starken Regionalstaat. Nach 1539 wurde die Macht zwischen den kriegsführenden Clans der Nguyen und Trinh aufgeteilt, das Land war geschwächt. Die ersten europäischen Schiffe brachten Händler auf der Suche nach Reichtum und christliche Missionare ins Land. Nach einer Zeit des Bürgerkriegs wurden die Nguyen gestürzt und zur Flucht gezwungen. Nguyen Anh kehrte 1788 zurück und eroberte mit Unterstützung der Franzosen Saigon. 1802 erklärte er Hue zur neuen Hauptstadt und sich selbst zum ersten Herrscher der Nguyen-Dynastie.

↑ *Feldherr Tran Hung Dao (1228–1300)*

1471
Dai Viet erobert weite Teile des südlichen Champa-Reichs

1773
Die Tay Son stürzen die Nguyen und kontrollieren den Süden Dai Viets

1802
Nguyen Anh schlägt die Tay Son und vereinigt Vietnam

1802–1945
Die Nguyen-Dynastie mit ihrer Hauptstadt Hue

1

2

Kolonialmacht Frankreich

Die Nguyen-Herrscher, die Nguyen Anh folgten, führten wieder den Feudalismus ein und unterdrückten den Katholizismus. Diese Maßnahmen führten 1858 zum Angriff der Franzosen auf Danang. 1887 wurden das gesamte heutige Vietnam, Laos und Kambodscha zu Französisch-Indochina, das von Frankreich regiert und ausgebeutet wurde. 1940 folgte die Invasion der Japaner. Nach der Befreiung im August 1945 erklärte der Führer des Widerstands, Ho Chi Minh, am 2. September die Unabhängigkeit. Die Demokratische Republik Vietnam (DRV) wurde jetzt von einem kommunistischen Regime geführt.

Erster Indochinakrieg

Im September 1945 schickte Frankreich Truppen, um die Kontrolle über das Land zurückzugewinnen – Beginn des Ersten Indochinakriegs. Trotz eines Marionettenstaats im Süden und Unterstützung durch die USA wurde Frankreich 1954 von den Viet Minh besiegt. Auf der Genfer Konferenz desselben Jahres wurde Vietnam offiziell geteilt. Der Norden stand unter Ho Chi Minhs kommunistischer DRV-Regierung, der Süden wurde von Ngo Dinh Diem, einem Verbündeten der USA, regiert.

↑ *Französischer Militärorden aus dem Indochinakrieg*

Chronik

1858–1887

Frankreich erobert Vietnam, das Teil von Französisch-Indochina wird

1940–1945

Vietnam wird von den Japanern besetzt, aber vom französischen Vichy-Regime verwaltet

1941

Ho Chi Minh organisiert den Widerstand der Viet Minh

1945

Die Franzosen wollen Vietnam zurückerobern, Erster Indochinakrieg

1954

Die Viet Minh besiegen die Franzosen bei Dien Bien Puh

3

Vietnamkrieg (Amerikanischer Krieg)

Die Repression der Katholiken im Norden führte zur Flucht fast einer Million Menschen in den Süden, die Verfolgung der Kommunisten im Süden zur Bildung der National Liberation Front (NLF), des Vietcong (VC). Dessen Guerillakämpfe eskalierten 1959 in einen Krieg. Während die USA und ihre Verbündeten den Süden unterstützten, konnte der Norden auf die UdSSR, China und andere kommunistische Staaten zählen. Ein Schlüsselereignis war der Zwischenfall im Golf von Tonkin (1964), nach dem die USA die NLF beschuldigten, einen Angriff auf zwei Zerstörer gestartet zu haben. Das nutzte Präsident Lyndon Johnson als Vorwand, um den Norden zu bombardieren und die Zahl der US-Truppen dramatisch zu erhöhen.

Über den Ho-Chi-Minh-Pfad *(siehe S. 163)* führten die Kämpfer des Vietcong einen Guerillakrieg gegen die Truppen der USA und Südvietnams. Die mobilen Einheiten waren ihren besser ausgerüsteten Gegnern aber immer wieder überlegen. Nach der massiven Tet-Offensive (1968) war den Amerikanern klar, dass sie diesen Krieg nicht gewinnen würden. Und nach der Osteroffensive (1972) verließen die letzten US-Kampftruppen im März 1973 das Land.

1 *Paul Beau, französischer Generalgouverneur in Indochina, bei seiner Ankunft in Saigon 1902* ↑

2 *Viet-Minh-Siegesparade in Hanoi, 1954*

3 *Artillerie der US-Armee, 1968*

Schon gewusst?

US-Soldaten erweiterten die Reichweite ihrer Funkgeräte durch Slinkys aus Metall als Antennen.

1959
Rebellion gegen die Regierung Südvietnams, Beginn des Vietnamkriegs (Zweiter Indochinakrieg)

1965
Erste US-Kampftruppen landen bei Danang in Vietnam

1968
Kämpfer des Vietcong und Truppen Nordvietnams beginnen die Tet-Offensive

1969
Ho Chi Minh stirbt

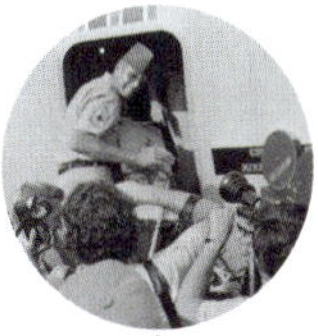

1973
Abzug der US-Truppen aus Vietnam

1

2

Wiedervereinigung und Isolation

Am 30. April 1975, zwei Jahre nach dem Rückzug der USA, wurde Saigon von den Nordvietnamesen erobert. Le Duan, Generalsekretär der Kommunistischen Partei, wurde zum neuen Machthaber. Saigon wurde nach dem verstorbenen Anführer in Ho Chi Minh City umbenannt. Im Juli 1976 wurde Vietnam offiziell wiedervereint und die Sozialistische Republik Vietnam ausgerufen. Die Verstaatlichung von Industrie und Handel im Süden und ein hartes US-Handelsembargo lähmten die Wirtschaft. Grenzüberschreitende Angriffe der Roten Khmer im Jahr 1977 führten dazu, dass die Vietnamesen in Kambodscha einmarschierten und 1978 das von China unterstützte Regime stürzten. Im Jahr darauf fiel China im Rahmen des strafenden Dritten Indochinakriegs in Nordvietnam ein. Vietnam war damit zu einem engeren Bündnis mit der UdSSR gezwungen.

Erneuerung

Beim Tod von Le Duan 1986 stand Vietnam kurz vor dem wirtschaftlichen Zusammenbruch. Bis zu zwei Millionen »Boat People« waren aus dem Land geflohen. Ein Wandel war nötig. Der neue Führer Nguyen Van Linh führte Wirtschaftsreformen

↑ *Vietnams Premierminister Nguyen Tan Dung grüßt die Menge*

Chronik

1975

Südvietnam ergibt sich dem Norden. USA verhängen Wirtschaftsembargo

1976

Wiedervereinigung von Nord- und Süd- zur Sozialistischen Republik Vietnam

1978–1979

Vietnam dringt in Kambodscha ein und stürzt die von China unterstützte Regierung der Roten Khmer, China nimmt kurze, aber blutige Vergeltung

1986

Tod von Le Duan, Beginn der *doi moi* durch Nguyen Van Linh

3

4

ein, die *doi moi* (wörtlich »Erneuerung«). Privater Unternehmensbesitz, ausländische Investitionen und wirtschaftliche Deregulierung waren Teil dieser Erneuerung.

Der Zusammenbruch der Sowjetunion 1991 ermöglichte Vietnam eine Wiederannäherung an China und eine Öffnung seiner Wirtschaft. 1994 hoben die USA ihr Handelsembargo auf und nahmen wieder diplomatische Beziehungen auf. Ein Jahr später wurde Vietnam Mitglied der ASEAN-Staaten (Association of Southeast Asian Nations).

Nguyen Tan Dung, ein entschlossener Modernisierer, wurde 2006 Vietnams jüngster Premierminister. Die Wirtschaft Vietnams florierte 2010 mit einem massiven Zustrom ausländischer Marken und dem Bau moderner Wolkenkratzer. Trotz anhaltenden Streits mit China über das Südchinesische Meer blüht Vietnam seitdem weiter auf.

Vietnam heute

Vietnam hat heute eine relativ starke Wirtschaft, seine Bürger genießen mehr Freiheit und einen höheren Lebensstandard als zu jedem anderen Zeitpunkt der Geschichte. Der Tourismus ist ein großer Teil dieses wirtschaftlichen Erfolgs.

1 *Chinesen fallen in Nordvietnam ein, 1979* ↑

2 *Südvietnamesen verlassen Saigon, 1975*

3 *US-Präsident Bill Clinton besucht Hanoi, 2000*

4 *Ho Chi Minh Citys moderne Skyline*

Schon gewusst?

Nguyen Tan Dung war der erste Nachkriegspräsident, der nicht in Unabhängigkeitskämpfe verwickelt war.

1994

USA beenden ihr Handelsembargo, und Vietnam wird Mitglied der ASEAN-Staaten

2011

Nguyen Phu Trong wird Präsident

2012

Spannungen mit China über Streitigkeiten im Südchinesischen Meer wachsen

2018

Sonderwirtschaftszonen für ausländische Investitionen führen zu Protesten gegen China

VIETNAM
ERLEBEN

Schwimmende Kerzen auf dem Parfümfluss

Ho Chi Minh City **54**

Mekong-Delta und Südvietnam **86**

Südliches Zentralvietnam **112**

Zentralvietnam **128**

Hanoi **164**

Nordvietnam **190**

Abstecher nach Angkor **216**

Räucherspiralen hängen von der Decke der Thien-Hau-Pagode (siehe S. 74f)

Ho Chi Minh City

Ho Chi Minh City, das ursprünglich zum Königreich Kambodscha gehörte, war bis Ende des 17. Jahrhunderts eine kleine Hafenstadt. Im 18. Jahrhundert wurde sie Teil von Vietnam, nun Saigon genannt und zur Festung ausgebaute Provinzhauptstadt der Nguyen-Dynastie. Ab 1862 kontrollierte die französische Kolonialmacht Saigon, das jetzt Hauptstadt des französischen Cochinchina war.

Aus dieser Zeit stammt ein Großteil der Infrastruktur und Architektur, Saigon galt damals als das »Paris des Fernen Ostens«. 1954 wurde Saigon zur Hauptstadt Südvietnams ausgerufen, 1975 endete hier mit dem Einmarsch der nordvietnamesischen Armee der Vietnamkrieg. Saigon wurde von den neuen Machthabern in Thanh Pho Ho Chi Minh umbenannt.

Heute verändert sich Ho Chi Minh City dank der wirtschaftlichen und kulturellen Liberalisierung in einem atemberaubenden Tempo: Die Metropole mit knapp acht Millionen Einwohnern modernisiert und erfindet sich praktisch jeden Tag aufs Neue und war lange das Industrie-, Entertainment- und Gourmetzentrum Vietnams.

Ho Chi Minh City

Highlights

1. Jadekaiser-Pagode
2. Cao-Dai-Tempel

Sehenswürdigkeiten

3. Stadttheater
4. Zentralmoschee Saigon
5. Continental Hotel
6. Sitz des Volkskomitees
7. Ho-Chi-Minh-City-Museum
8. Bitexco Financial Tower
9. Rex Hotel
10. Kathedrale Notre Dame
11. Hauptpostamt
12. Palast der Wiedervereinigung
13. Mariamman-Hindu-Tempel
14. Ben-Thanh-Markt
15. Museum der Schönen Künste
16. Museum der Geschichte Vietnams
17. Le-Van-Duyet-Tempel
18. Vinh-Nghiem-Pagode
19. Museum für die Frauen Südvietnams
20. Museum für Kriegsrelikte
21. Xa-Loi-Pagode
22. Nghia-An-Hoi-Quan-Pagode
23. Thien-Hau-Pagode
24. Quan-Am-Pagode
25. Binh-Tay-Markt
26. Phung-Son-Pagode
27. Ein-Säulen-Pagode von Thu Duc
28. Cu-Chi-Tunnel
29. Giac-Vien-Pagode
30. Nui Ba Den
31. Vung Tau
32. Long Hai
33. Ho Coc Beach
34. Heiße Quellen von Binh Chau
35. Nationalpark Cat Tien
36. Naturpark Can Gio

Restaurants

① Xu Restaurant Lounge
② Pizza 4P's
③ Bun Cha
④ Noir
⑤ Deng Long

Bar

⑥ EON Heli Bar

Hotel

⑦ Caravelle Hotel

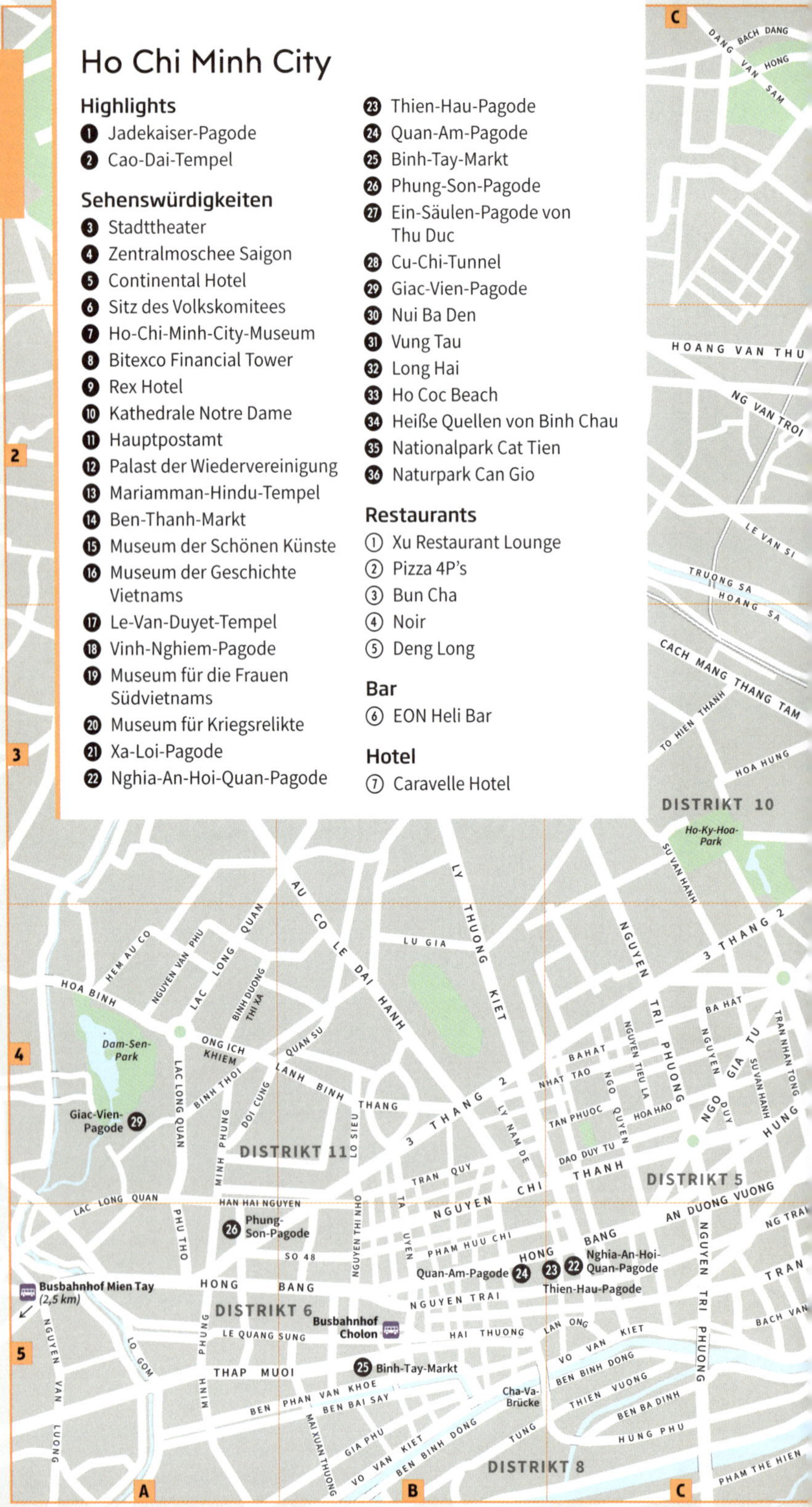

D
E
F
1
2
3
4
5
0 Meter
800
N
Ho Chi Minh City
PHU NHUAN
BINH THANH
DISTRIKT 3
DISTRIKT 1
DISTRIKT 2
Saigon
Le-Van-Duyet-Tempel 17
Busbahnhof Mien Dong (2,5 km)
Cong Vien Van Thanh
Bong-Brücke
Dien-Bien-Phu-Brücke
Thi-Nghe-Kanal
Kieu-Brücke
Jadekaiser-Pagode 1
Cong-Ly-Brücke
Thi-Nghe-Brücke
Vinh-Nghiem-Pagode 18
Museum der Geschichte Vietnams 16
Thao-Cam-Park
Truong-Minh-Giang-Brücke
19 Museum für die Frauen Südvietnams
Bahnhof Saigon
Hauptpostamt 11
Kathedrale Notre Dame 10
Museum für Kriegsrelikte 20
Continental Hotel 5
Sitz des Volkskomitees 6
21 Xa-Loi-Pagode
Palast der Wiedervereinigung 12
3 Stadttheater
4
Ho-Chi-Minh-City-Museum 7
9 Rex Hotel
Zentralmoschee Saigon
Van-Hoa-Park
Mariamman-Hindu-Tempel 13
14
8 Bitexco Financial Tower
Ben-Thanh-Markt
Museum der Schönen Künste 15
Khanh-Hoi-Brücke
Chu-Y-Brücke
NGUYEN KIEM
TRUONG DANG QUE
HIEN
THU ONG
LE QUANG DINH
PHAN VAN TRI
NGO DUC KE
NGUYEN VAN DAU
HOANG HOA THAM
THICH QUANG DUC
PHAN DANG LUU
BUI HUU NGHIA
VAN KIEP
DINH TIEN HOANG
PHAN XICH LONG
TRAN QUANG DIEU
PHAN DINH PHUNG
TRUONG SA
TRAN KHANH DU
TRAN QUANG KHAI
DIEN BIEN PHU
NGUYEN CUU VAN
XO VIET NGHE TINH
NGO TAT TO
VO DUY NINH
PHAM VAN CHANH
NGUYEN BINH KHIEM
HAI BA TRUNG
NAM KY KHOI NGHIA
NGUYEN DINH CHIEU
QUOC TOAN
PHAM NGOC THACH
PASTEUR
MAC DINH CHI
TON DUC THANG
LE DUAN
NGUYEN DU
LE THANH TON
TRAN QUOC THAO
LY CHINH THANG
VO THI SAU
THANH QUAN
NGUYEN THI MINH KHAI
DAI LO VONG CUNG
LE LOI
HAM NGHI
CAO THANG
BAN CO
NGUYEN THIEN THUAT
VO VAN TAN
BUI THI XUAN
CONG QUYNH
PHAM NGU LAO
BUI VIEN
NGUYEN THAI HOC
DE THAM
NGUYEN CONG TRU
NGUYEN TRUONG TO
NGUYEN TAT THANH
LY THAI TO
VUONG
TRAN PHU
LE HONG PHONG
TRAN BINH TRONG
NGUYEN VAN CU
NGUYEN TRAI
NGUYEN CU TRINH
TRAN HUNG DAO
NGUYEN BIEU
HUNG DAO
VO VAN KIET
PHAM THE HIEN
NGUYEN THI TAN
CAO LO
Großraum Ho Chi Minh City
Dong Xoai
Nationalpark Cat Tien 35
Nui Ba Den 30
Dan-Tieng-See
Be
Tay Ninh
Cao-Dai-Tempel 2
Cu-Chi-Tunnel 28
Tri-An-See
Go Dau
Thu Dau Mot
Cu Chi
Ein-Säulen-Pagode von Thu Duc 27
Tan Son Nhat International Airport
Zentrumskarte Ho Chi Minh City
Bun Luc
Heiße Quellen von Binh Chau 34
Tan Thanh
Naturpark Can Gio 36
Ba Ria
33 Ho Coc Beach
Vung Tau 31
32 Long Hai
0 km
40
22
14
13
20
1A
1
51
55
50

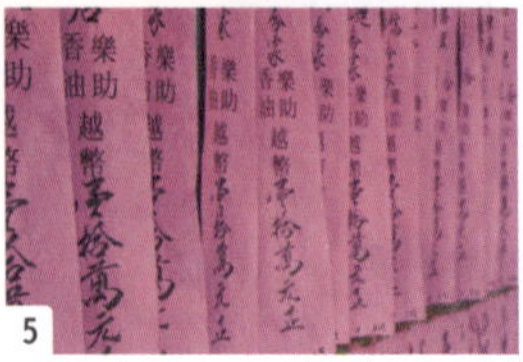

←

1 *Sitz des Volkskomitees*

2 *Bitexco Financial Tower*

3 *Nachtleben rund um den Ben-Thanh-Markt*

4 *Obstverkäufer auf dem Binh-Tay-Markt*

5 *Gebetsfahnen in der Thien-Hau-Pagode*

2 TAGE
in Ho Chi Minh City

Tag 1

Vormittags Beginnen Sie den Tag am Lam-Son-Platz im Herzen Saigons, an dem das neoklassizistische Stadttheater zwischen den berühmtesten Hotels der Stadt steht: dem Continental *(siehe S. 64f)* und dem Caravelle *(siehe S. 65)*. Gehen Sie dann einen Block westwärts und bewundern Sie die Fassade des Sitzes des Volkskomitees *(siehe S. 65)*. Zwei Blocks nordwärts steht die Kathedrale Notre Dame *(siehe S. 67)* mit ihren Doppeltürmen, die das Stadtbild bestimmen. Verbringen Sie den restlichen Vormittag im ausladenden Palast der Wiedervereinigung *(siehe S. 68)*, ein bedeutendes Symbol der vietnamesischen Geschichte.

Nachmittags Besuchen Sie das Museum für Kriegsrelikte *(siehe S. 73)*, das den Horror des Vietnamkriegs wiederaufleben lässt. Gehen Sie danach zur Aufmunterung zum Ben-Thanh-Markt *(siehe S. 70)* und kaufen Sie ein paar Souvenirs. Besuchen Sie später den Bitexco Financial Tower *(siehe S. 66)*, genießen Sie den fantastischen Panoramablick und zählen Sie, wie viele Sehenswürdigkeiten Sie von hier oben sehen.

Abends Nehmen Sie in der EON Heli Bar auf dem Saigon Skydeck einen Sundowner und essen Sie danach in einem der vielen Restaurants in Distrikt 1 *(siehe S. 67–73)* zu Abend. Später können Sie noch ein bisschen im Viertel herumspazieren und die lebendige Atmosphäre genießen.

Tag 2

Vormittags Besuchen Sie im Norden des Stadtzentrums die Jadekaiser-Pagode *(siehe S. 60f)* mit vielen Sehenswürdigkeiten auf einem relativ kleinen Areal und sehen Sie sich auch den Le-Van-Duyet-Tempel *(siehe S. 71)* an, der General Le Van Duyet, einem Nationalhelden Vietnams, gewidmet ist. Legen Sie auf dem Weg zurück ins Zentrum einen Stopp im Museum der Geschichte Vietnams *(siehe S. 71)* ein und erfahren Sie mehr über die Landesgeschichte.

Nachmittags Gehen Sie nach Cholon, die größte Chinatown im ganzen Land. Tauchen Sie in den Binh-Tay-Markt *(siehe S. 75)* und seinen frenetischen Handelsgeist ein, bevor Sie sich in den Seitenstraßen die alten Tempel ansehen. Verpassen Sie nicht die Quan-Am-Pagode *(siehe S. 75)*, Heimstatt vieler Gottheiten, und die schön dekorierte Thien-Hau-Pagode *(siehe S. 74)*. Beenden Sie den Tag mit einem Besuch von Distrikt 11 und der friedvollen Giac-Vien-Pagode *(siehe S. 78)*, einem der ältesten Tempel von Ho Chi Minh City.

Abends Fahren Sie mit dem Taxi oder dem Motorrad zurück in Distrikt 1 und essen Sie in der Xu Restaurant Lounge *(siehe S. 67)* zu Abend. Spazieren Sie danach am Flussufer entlang und trinken Sie in einer der berühmten Hotelbars in Dong Khoi, etwa in der Level 23 Wine Bar im Sheraton Saigon (88 Dong Khoi), einen Absacker.

❶

Jadekaiser-Pagode

E2 · 73 Mai Thi Luu, Distrikt 1 · tägl. 7–18

Der kleine Tempel ist eine der am reichsten verzierten Pagoden der Stadt. Sie ist dem Weltenherrscher, dem Jadekaiser Ngoc Hoang, geweiht, der wichtigsten Gottheit im taoistischen Pantheon. In dem 1909 von der kantonesischen Gemeinde erbauten Tempel finden sich viele exzellente Holzschnitzereien und Statuen von vielen buddhistischen und taoistischen Gottheiten.

Die rosafarbene Fassade der Pagode ist recht simpel, doch das Dach aus Keramikfliesen ist ebenso wie die großen, mit Göttern und Menschen verzierten Holztüren ein Kunstwerk. Am auffallendsten sind die farbenprächtigen, vergoldeten buddhistischen und taoistischen Gottheiten im Inneren, darunter auch eine Statue des Jadekaisers. Fast jede Oberfläche ist mit Keramikfliesen oder Schnitzereien verziert. Im Vorhof befindet sich ein Teich, dem der Tempel seinen Beinamen »Schildkrötenpagode« verdankt.

Expertentipp
Le-Van-Tam-Park

Gleich südwestlich des Tempels liegt an der Hai Ba Trung der Le-Van-Tam-Park – eine Oase der Ruhe mit vielen Schatten spendenden Bäumen.

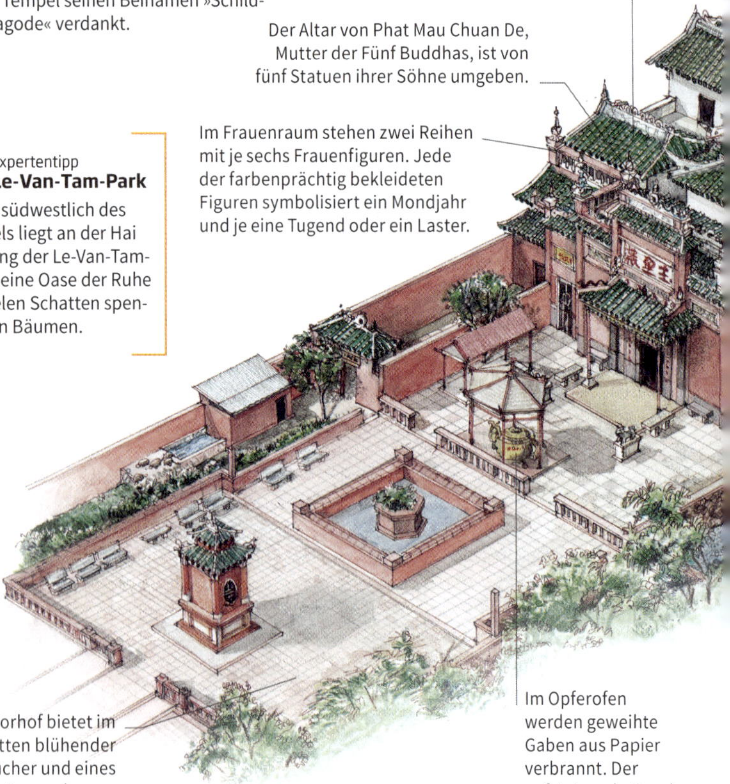

↑ *Die Jadekaider-Pagode mit Vorhof*

Im rauchgeschwängerten Inneren der Pagode entzünden Gläubige Räucherstäbchen ↑

↑ *Buddha-Statuen in farbenprächtigen Gewändern*

Flankiert von Wachen, beherrscht der kostbar bekleidete Jadekaiser das Haupttheiligtum.

Zwei riesige Dämonenwachen aus Pappmaschee, bunt bemalt und prächtig bekleidet, halten einen bösen Drachen und einen wilden Tiger unter ihren Füßen in Schach.

In diesem grünen Idyll leben zahlreiche Schildkröten, die in Vietnam als Glücks- und Wohlstandsbringer gelten.

→ *Der Opferofen vor dem Eingang der Jadekaiser-Pagode*

2

Cao-Dai-Tempel

E5 Long Hoa, 4 km östl. von Tay Ninh; 96 km nordwestl. von HCMC
Tay Ninh Tourist, 210B 30 Thang 4, Tay Ninh; +84 276 82 3378 tägl.

Das Zentrum der 1926 im Süden Vietnams gegründeten Religion des Caodaismus, auch »Heiliger Stuhl« genannt, zieht jährlich drei Millionen Gläubige an. Hauptattraktion ist der Große Himmelstempel, ein Bau mit einer Stilmischung europäischer und asiatischer Architektur.

Das geistige Zentrum des Cao-Dai-Komplexes, der Große Himmelstempel, entstand von 1933 bis 1955. Das dreireihige Dach, die Buntglasfenster und die vielen verschiedenen Farben schaffen eine höchst ausgefallene Ästhetik. Inmitten der leuchtenden Farben des Dekors befinden sich Schnitzereien von sich windenden Schlangen und Drachen sowie Lotosmotiven und eine Vielzahl von Göttlichen Augen, die einen aus allen Richtungen anstarren. Das wichtigste Symbol des Caodaismus, das allsehende Göttliche Auge, steht für Allwissenheit und Weisheit. Gebete, die von Hunderten Geistlichen in sehr farbenfrohen Roben besucht werden, finden viermal am Tag statt und sind ein atemberaubender Anblick. Bei den Mittagsgebeten sind Besucher willkommen, solange sie die Gläubigen nicht stören.

Neben dem Großen Himmelstempel sind in dem Komplex noch Verwaltungsbüros, Unterkünfte für Hunderte Priester und ein Krankenhaus für traditionelle vietnamesische Kräutermedizin untergebracht, das Menschen aus dem ganzen Land anzieht.

↑ *Die lang gestreckte, bunt geschmückte Gebetshalle mit geschnitzten Säulen*

Feine Schnitzereien verzieren die Traufen.

Eine Buddha-Statue thront auf dem mittleren Turm der Frontfassade – im Caodaismus wird auch Buddha verehrt.

← *Bild von drei Heiligen des Caodaismus im Großen Himmelstempel*

Der Große Himmelstempel ist eines des meistfotografierten Motive in Vietnam

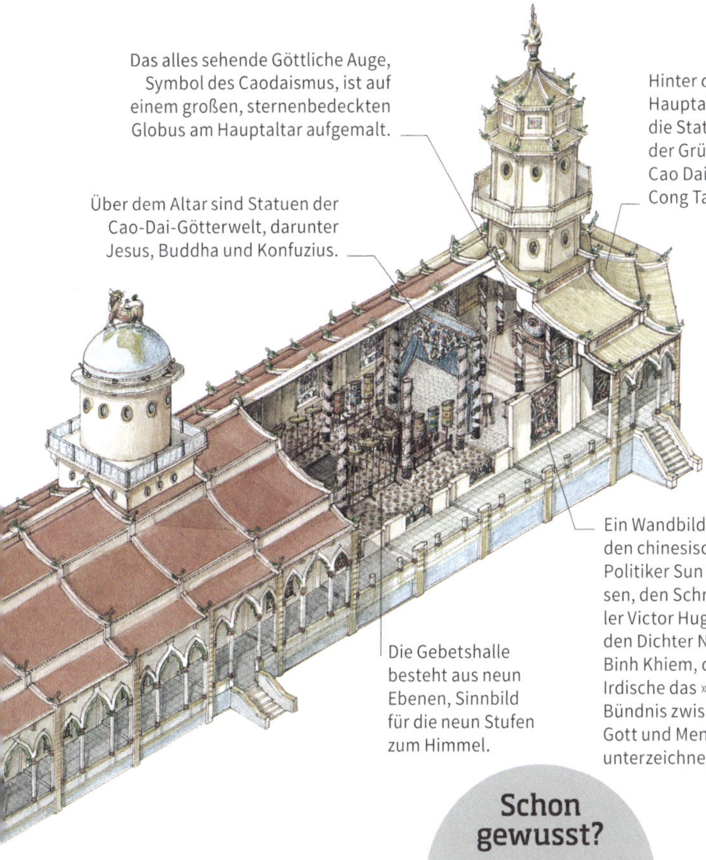

Das alles sehende Göttliche Auge, Symbol des Caodaismus, ist auf einem großen, sternenbedeckten Globus am Hauptaltar aufgemalt.

Hinter dem Hauptaltar steht die Statue eines der Gründer von Cao Dai, Phan Cong Tac.

Über dem Altar sind Statuen der Cao-Dai-Götterwelt, darunter Jesus, Buddha und Konfuzius.

Ein Wandbild zeigt den chinesischen Politiker Sun Yat-sen, den Schriftsteller Victor Hugo und den Dichter Nguyen Binh Khiem, die als Irdische das »Dritte Bündnis zwischen Gott und Mensch« unterzeichnen.

Die Gebetshalle besteht aus neun Ebenen, Sinnbild für die neun Stufen zum Himmel.

Der Große Himmelstempel ist eine Mischung aus asiatischem und europäischem Architekturstil

Schon gewusst?

Das Symbol des Göttlichen Auges ist ein linkes Auge, da Yang die linke Seite repräsentiert.

SEHENSWÜRDIGKEITEN

3 Stadttheater

E3 · 7 Lam Son, Distrikt 1 · +84 28 3829 9976 · siehe Website · hbso.org.vn

Der herausragende französische Kolonialbau, in dem das Stadttheater (Nha Hat Thanh Pho) zu Hause ist, wurde 1899 als Konzerthalle erbaut (bis heute spricht man vom Opernhaus) und diente 1956 als Sitz der südvietnamesischen Nationalversammlung. Eine elegante Treppe führt zum Eingang, den zwei riesige wie griechisch-römische Göttinnen geformte Säulen rahmen. Geflügelte Figuren und feine Ornamente verzieren die Dachtraufe. Auf dem Gelände stehen Statuen und Brunnen.

Innen ist der Bau nicht so reich verziert, bietet aber gleichwohl einen sehr eleganten Rahmen für traditionelles vietnamesisches Theater oder westliche klassische Dramen und eine regulär stattfindende einstündige Kulturshow. Das Programm ist an der Kasse angeschlagen oder online abrufbar.

4 Zentralmoschee Saigon

F3 · 66 Dong Du, Distrikt 1 · tägl. 8–20

Obwohl man die vier vergoldeten Minarette der gepflegten weiß-pastellblauen Moschee in allen Straßen rund um Dong Du sieht, verpassen doch die meisten Passanten dieses kleine Juwel. Die 1935 von südindischen Muslimen gebaute Moschee bietet einen Blick in das Leben und den Glauben von Vietnams 75 000 Muslimen und ist ein ruhiger Rückzugsort in Dong Khoi. Besucher sind willkommen, im kühlen Inneren oder auf der schattigen Veranda zu sitzen. Denken Sie daran, Ihre Schuhe vor dem Betreten auszuziehen und sich entsprechend zu kleiden. In der Umgebung der Moschee gibt es etliche Streetfood-Stände mit Halal-Essen.

5 Continental Hotel

E3 · 132–134 Dong Khoi, Distrikt 1 · +84 28 3829 9201 · tägl. · continentalsaigon.com

Am Lam-Son-Platz im historischen Zentrum von Ho Chi Minh City und direkt neben dem Stadttheater liegt das

> **Der britische Schriftsteller Graham Greene (1904 -1991) machte das Hotel mit seinem Roman *Der stille Amerikaner* (1955) berühmt.**

←

Der Sitz des Volkskomitees am Lom-Son-Platz ist eine Erinnerung an die koloniale Vergangenheit der Stadt

Schon gewusst?

1975 wurde aus dem Hôtel de Ville der Sitz des Volkskomitees.

berühmte Continental Hotel. Mit seiner herrschaftlichen Fassade gilt es als Grande Dame unter den Hotels aus der Kolonialzeit.

Das Hotel gruppiert sich um einen Hof, dessen Frangipani-Bäume Schatten bieten. Innen kann man die mit roten Teppichen ausgelegten alten Böden aus tropischen Hölzern bewundern. Überhaupt hat das Continental seinen Charme und alten Glanz bewahrt und auf eine historisierende Modernisierung verzichtet.

Seit seiner Eröffnung im Jahr 1886 kann das Hotel auf eine illustre Gästeschar zurückblicken. Während des Vietnamkriegs wohnten im Continental berühmte Journalisten wie der Amerikaner Walter Cronkite (1916–2009), der hier seine Zeit an der Bar mit dem Spitznamen »The Continental Shelf« verbrachte. Andere prominente Gäste waren Schriftsteller wie der indische Nobelpreisträger Rabindranath Tagore (1861–1941), der französische Autor André Malraux (1901–1976) und der Brite W. Somerset Maugham (1874–1965).

Doch erst der britische Schriftsteller Graham Greene (1904–1991) machte das Hotel mit seinem Roman *Der stille Amerikaner* (1955) berühmt. Greene wohnte hier monatelang, um die Atmosphäre auch angemessen schildern zu können.

6 Sitz des Volkskomitees

E3 Kreuzung Le Thanh Ton und Nguyen Hue, Distrikt 1 für Besucher

Das vom französischen Architekten P. Gardes entworfene und 1908 eingeweihte Hôtel de Ville (Rathaus) der französischen Kolonialzeit gehört zu den meistfotografierten Gebäuden der Stadt. Bei Ho Chi Minhs Unabhängigkeitserklärung und der Gründung des provisorischen Verwaltungskomitees für Südvietnam im Jahr 1945 versammelten sich hier, direkt im Zentrum der Stadt, Tausende von Menschen, um zu feiern.

Bei der Planung des zweistöckigen Gebäudes orientierte man sich am 20 Jahre davor fertiggestellten Hôtel de Ville (Rathaus) von Paris. Mit seinen zwei Flügeln rund um eine Zentralhalle, dem Uhrenturm, dem roten Ziegeldach und vor allem mit der üppig verzierten cremefarbenen Fassade mit Arkaden macht der Bau deutliche Anleihen beim europäischen Zuckerbäckerstil. Doch trotz dieser »fremden« Architektur harmoniert er hervorragend mit dem Stadtbild, besonders wenn er abends in beeindruckender Illumination erstrahlt.

Leider können Besucher die mit Kronleuchtern prunkenden Innenräume nicht besichtigen. Am Platz vor der Haupthalle steht eine Statue von Ho Chi Minh, der ein Kind im Arm trägt.

Hotel

Caravelle Hotel
Die Terrassenbar im neunten Stock war während des Vietnamkriegs ein Diplomatentreffpunkt. Große Zimmer, hervorragender Service und Pool.

E3 19–23 Lam Son, Distrikt 1
caravellehotel.com

$$$

7

Ho-Chi-Minh-City-Museum

E3 65 Ly Tu Trong, Distrikt 1 +84 28 3829 9741 tägl. 7:30–18 hcmc-museum.edu.vn

Die frühere Residenz des französischen Generalgouverneurs sieht wie viele Bauwerke der Stadt so aus, als stehe sie in Frankreich. Das Stadtmuseum mit Zierleisten und Kolonnade ist imposant. Die Hallen mit hohen Decken und Lüstern sind ein beliebtes Motiv für Hochzeitsfotos.

Das Museum erstreckt sich über zwei weitläufige Stockwerke und erhebt den Anspruch, die 300-jährige Stadtgeschichte in all ihren Facetten zu dokumentieren. Allerdings charakterisiert der ursprüngliche Museumsname, »Museum der Revolution«, Inhalt und Tendenz der Ausstellung wohl treffender. Im Erdgeschoss findet man einige Fotos des französisch-kolonialen Saigon, alte Stadtpläne und Dokumente aus der Zeit der Stadtgründung im 17. Jahrhundert. Dazwischen finden sich Exponate aus Vietnams alter Geschichte sowie Ausstellungen von Trachten. Das Museum beherbergt darüber hinaus eine Sammlung zur vietnamesischen Währung.

Der erste Stock widmet sich ganz dem Kampf Vietnams gegen den Imperialismus: Zu sehen sind Waffen wie die AK-47 und Bomben, daneben Fotos von Soldaten, Briefe von der Front und politische Pamphlete.

Draußen steht Kriegsmaschinerie, darunter ein Huey-Helikopter, ein Kampfjet sowie ein US-amerikanischer Panzer.

8

Bitexco Financial Tower

F3 2 Hai Trieu, Distrikt 1 +84 28 3915 6156 tägl. 9:30–21:30 bitexcofinancialtower.com

In den Jahren seit der Eröffnung 2010 hat sich das Gebäude zu einem Wahrzeichen von Ho Chi Minh City und Zeichen der Verjüngung der Stadt entwickelt. Den schlanken Turm mit der Plattform sieht man von überall im Stadtzentrum.

Hauptattraktion ist das Saigon Skydeck im 49. Stock des Bitexco Financial Tower mit fantastischem Blick auf das Stadtzentrum und den durchfließenden Saigon. Auf dem Aussichtsdeck gibt es auch Informationen über die Geschichte und Kultur der Stadt. In die Glaswände sind Ferngläser eingelassen, sodass man sich viele Sehenswürdigkeiten auch von nah ansehen kann. Darüber hinaus gibt es viele luxuriöse Läden und etliche feine Restaurants und Cafés.

Bootstouren

Von Ho Chi Minh City starten mehrere Bootstouren: von zweistündigen Frühstücks- und Sonnenuntergangsfahrten über Eintagestrips nach Cao Dai und zu den Cu-Chi-Tunneln bis zu ein- bis dreitägigen Touren ins Mekong-Delta. Die meisten starten am Passenger Ferry Port. Am besten bucht man vorab mit Transfer.

↓ *Das Saigon Skydeck im Bitexco Financial Tower bietet einen tollen Blick*

Vor der Kathedrale Notre Dame steht eine Statue der Muttergottes ↑

Vom Aussichtspunkt auf 178 Metern sieht man viele Highlights der Stadt, darunter das Stadttheater, den Sitz des Volkskomitees und den Ben-Thanh-Markt. Der Blick von oben vermittelt auch eine Ahnung davon, wie schnell sich die Stadt entwickelt hat mit ihren vielen Hochhäusern.

9

Rex Hotel

E3 141 Nguyen Hue, Distrikt 1 +84 28 3829 2185 tägl.
rexhotelvietnam.com

Das Rex Hotel hat seit seinem Bau mitten im Stadtzentrum in den 1950er Jahren eine wichtige Rolle in der Stadtgeschichte gespielt. Ursprünglich wurde es von französischen Investoren finanziert, im Vietnamkrieg stieg es rasch zum Mittelpunkt des gesellschaftlichen und militärischen Lebens der US-Soldaten auf. Hier verkündeten die US-Presseoffiziere die täglichen Lagenachrichten, die wegen ihrer offensichtlichen Subjektivität als »The Five O'Clock Follies« verhöhnt wurden.

Auch heute ist das Rex mit seiner Dachbar ein wichtiger Treffpunkt. Unternehmen tagen hier, Spieler versuchen ihr Glück im Bingosaal, und der zentrale Innenhof ist für Hochzeitsfeiern beliebt.

10

Kathedrale Notre Dame

E3 1 Cong Xa Paris, Distrikt 1 Mo–Sa 8–10:30, 15–16

Die basilikaähnliche Kathedrale Notre Dame oder Nha Tho Duc Ba ist die größte jemals in den französischen Kolonien erbaute Kirche. Bei ihrer Vollendung im Jahr 1880 waren ihre 40 Meter hohen Türme die höchsten Bauten Saigons.

Auf den ersten Blick wirkt die Kirche wie ein Backsteinbau, doch es sind rote Fliesen aus Marseille, die den Granitsteinbau verkleiden. Die Kirche hatte sogar Buntglasfenster aus Chartres, die im Zweiten Weltkrieg zerstört und gegen herkömmliches Glas ausgetauscht wurden. Das Innere ist schmucklos, aber das stimmungsvolle Licht sorgt für andächtige Stille.

Vor der Kirche steht eine Marienstatue, die man in Rom fertigte, 1959 nach Vietnam brachte und in der Hoffnung auf Frieden für Vietnam »Heilige Maria, Königin des Friedens« taufte.

Die Katholiken sind heute in Vietnam keine politische Kraft mehr, aber die Messe ist stets gut besucht. Der nur sonntags geöffnete Glockenturm bietet eine hervorragende Aussicht.

Bar & Restaurant

EON Heli Bar

In der höchsten Bar der Stadt ist immer viel los, obwohl die Drinks ziemlich teuer sind. Um den tollen Blick auch genießen zu können, sollte man früh kommen, um einen Fensterplatz zu ergattern.

F3 52F Bitexco Financial Tower, 2 Hai Trieu, Distrikt 1
eon51.com

$$

Xu Restaurant Lounge

In dem ultraschicken Restaurant gibt es perfekt präsentierte moderne vietnamesische Küche. In der Lounge werden leckere Cocktails serviert.

F3 71–75 Hai Ba Trung, Distrikt 1
xusaigon.com

$$$

↑ *Die große, geflieste Halle des Hauptpostamts mit hoher Gewölbedecke*

11 Hauptpostamt

E3 2 Cong Xa Paris, Distrikt 1 +84 28 3829 3274 Mo–Fr 7–19, Sa 7–18, So 8–18

Der französische Architekt Marie-Alfred Foulhoux erbaute von 1886 bis 1891 das Hauptpostamt, Buu Dien Trung Tam. Er schuf damit einen Hohetempel des Postwesens und eines der schönsten Baudenkmäler der Stadt. Die korallenfarbene Fassade hat eine cremefarbene Dachtraufe und weist steinerne Gesichter von Philosophen und Wissenschaftlern sowie Inschriften auf.

Die Innenhalle erinnert auf merkwürdige Weise an einen Bahnhof, die Gewölbedecke ruht auf schmiedeeisernen grünen Säulen mit vergoldeten Kapitälen. Die Fliesenmosaike auf dem Fußboden sind sehr filigran, vor allem im Foyer, in dem riesige alte Karten mit Stadt- und Landansichten von Kronleuchtern zur Geltung gebracht werden. Eine der Karten zeigt die Stadt 1892, eine andere die Region 1932. Ein Porträt von Ho Chi Minh blickt gelassen auf das Kommen und Gehen. Kunden können Holzschreibbänke nutzen oder einfach nur auf den bequemen Bänken ausruhen. Ein Stand verkauft Souvenirs und Briefmarken.

12 Palast der Wiedervereinigung

E3 135 Nam Ky Khoi Nghia, Distrikt 1 +84 28 3822 3652 tägl. 7:30–11, 13–16 (außer bei offiziellen Anlässen)
dinhdoclap.gov.vn

Die »Reunification Hall« (Hoi Truong Thong Nhat) ist umgeben von einer weitläufigen Anlage und gilt als bedeutendes Symbol vietnamesischer Geschichte. Im 19. Jahrhundert stand hier der Norodom-Palast, die Residenz des französischen Generalgouverneurs, der spätere Präsidentenpalast, in dem der südvietnamesische Präsident Ngo Dinh Diem residierte. 1962 wurde der Bau bei einem Attentatsversuch auf Diem durch zwei Piloten seiner eigenen Luftwaffe weitgehend zerstört. Zwar baute man den Palast wieder auf, doch Diem wurde ermordet, bevor er nach der Fertigstellung 1966 wieder einziehen konnte.

Im Palast empfing Diems Nachfolger, Präsident Van Thieu, Machthaber und Präsidenten – bis er 1975 vor den nordvietnamesischen Truppen flüchten musste und per Hubschrauber ausgeflogen wurde. Im selben Jahr kapitulierte Südvietnam, die Palasttore wurden von einem nordvietnamesischen Panzer überrollt – festgehalten in einem für Vietnam symbolischen Foto.

Das Innere ist heute mit seinen Korridorfluchten und Empfangssälen weitgehend

Expertentipp
Gong-Vien-Van Hoa-Park

Um dem Verkehr und dem geschäftigen Treiben auf den Straßen zu entkommen, besuchen Sie den Park neben dem Palast der Wiedervereinigung mit Bänken und viel Grün.

intakt. Die Wohnräume sind rund um ein Atrium gruppiert und mit Kronleuchtern und feinen Antiquitäten neben Mobiliar aus den 1960er Jahren eingerichtet. Interessant sind die Elefantenfüße in der Ausstellung präsidialer Geschenke und die Lackkunstwerke mit Szenen aus der Le-Dynastie. Im Keller verstecken sich ein Bunker und ein Befehlsstand mit Funkgeräten und Karten. Im zweiten Stock befindet sich ein Spielsalon.

13 ♿

Mariamman-Hindu-Tempel

E3 45 Truong Dinh, Distrikt 1 +84 28 3823 2735 tägl. Sonnenauf- bis -untergang

Der hinduistische Tempel ist Mariamman, einer Inkarnation von Shakti, der Hindu-Göttin der Stärke, geweiht und wird nicht nur von der Hindu-Gemeinde besucht, sondern auch von anderen Gläubigen, darunter auch vietnamesische Buddhisten, die hier um Glück bitten.

Der Ende des 19. Jahrhunderts errichtete Tempel ist zwar klein, aber sehr schön und gepflegt, da er von der Regierung unterhalten wird. An den korallenfarbenen Außenmauern befinden sich zahlreiche Götterbildnisse, Kühe und Löwen, die alle in grellen Rosa-, Grün- und Blautönen bemalt sind. Über dem Eingang erhebt sich ein Turm mit Stufenpyramide als Dach, auf dem weitere Skulpturen, vor allem Göttinnen, emporragen.

Innen bewacht die Statue eines rot gewandeten Löwen den Eingang, der zu einem offenen Säulengang rund um das Hauptheiligtum führt. In drei Mauern des Hofs sind Altarnischen mit verschiedenen Götterbildnissen eingelassen. In der Mitte des Säulengangs erhebt sich das Allerheiligste: Der Steinbau orientiert sich an Angkor Wat *(siehe S. 220f)* und enthält das Bildnis der vielarmigen Mariamman. Die Göttin wird in Begleitung anderer Gottheiten dargestellt, an jeder Seite steht eine Göttin, außerdem entdeckt man Ganesha, den Elefantengott. Davor ragen zwei *lingam* auf.

Den Altar umgeben Weihrauchfässer und Öllampen in Figurenform. Die Gläubigen halten die Weihrauchstäbchen beim Beten in beiden Händen, im hinteren Bereich pressen Betende ihren Kopf gegen eine Gebetswand – in der Hoffnung, die Göttin werde ihre Wünsche und Gebete besser hören.

Restaurants

Pizza 4P's

Nicht weit vom Ben-Thanh-Markt entfernt, serviert das stylishe italienische Restaurant hervorragende Pizzas und Nudelgerichte aus hausgemachten Zutaten sowie exzellenten Kaffee und Craft-Bier.

E3 8 Thu Khoa Huan, Distrikt 1 pizza4ps.com

$$$

Bun Cha

Das kleine Lokal, dessen Spezialität *bun cha* (gegrilltes Schweinefleisch mit weißen Reisnudeln) ist, bietet zwar keine große Auswahl, aber die Schlangen davor zeugen von der Qualität des frisch zubereiteten Essens, den guten Preisen und dem großartigen Service.

E4 145 Bui Vien, Distrikt 1 buncha145.restaurantwebx.com

$$$

→ *Hindu-Gottheiten auf dem Dach des Mariamman-Tempels*

14 Ben-Thanh-Markt

E3 Kreuzung Le Loi und Ham Nghi, Distrikt 1 tägl. 6–17 Uhr; im Außenbereich länger

↑ *Haupteingang zum Ben-Thanh-Markt; Auslage eines Obsthändlers* (links)

Der auffallende, riesige Einkaufskomplex, eines der sichtbarsten Bauwerke der Stadt, wurde 1914 von den Franzosen als zentrale Markthalle geplant und Les Halles Centrales genannt.

Auf dem Markt tummeln sich Hunderte von Verkäufern an ihren Ständen und Läden, die eine erstaunliche Vielfalt an Waren und Produkten anbieten – von Lebensmitteln über Lederwaren, Haushaltsgeräte und Kleidung bis hin zu Eisenwaren und Tieren. Kein Wunder, dass der ganze Bau von einem lebhaften Treiben erfüllt ist (Achtung Taschendiebe!), vor allem wenn neue Waren aus dem ganzen Land eintreffen, die Marktschreier ihre Waren anbieten oder lautstark mit Kunden verhandeln. In all dem Trubel stöbern viele Besucher auf der Suche nach Schnäppchen. Früher wurde hier um jede Ware hart gehandelt, heute gibt es jedoch Festpreise, zu handeln ist nicht mehr erlaubt.

Betritt man den Markt durch den Haupteingang am Le Loi Boulevard, findet man allgemeine Waren links. Rechts werden Bekleidung und Textilien verkauft. Etwas weiter innen gehört der rechte Bereich Trockenwaren wie Tee, Kaffee und Gewürzen sowie abgepackten Lebensmitteln. Etwa in der Mitte der Markthalle findet man rechts frische Lebensmittel und links kleine Imbissstände. Sie sind sowohl für ihre gute Qualität als auch die niedrigen Preise bekannt. Da es die Speisekarte auch auf Englisch gibt, kann man hier problemlos Gerichte bestellen.

15 Museum der Schönen Künste

E4 97A Pho Duc Chinh, Distrikt 1 +84 28 3829 4441 Di–So 9–17

Auf den ersten Blick wirkt der hübsche Bau mit seiner gelben Fassade und der weißen Dachtraufe typisch französisch: ein großzügiges, säulengeschmücktes Gebäude mit schmiedeeisernen Fenstern und Balkonen, darüber ein chinesisches Ziegeldach.

In den Innenräumen des Museums wird anhand von mehr als 2000 Ausstellungsstücken die Geschichte der bildenden Kunst in Vietnam aufgezeigt. Auf drei Stockwerken wird vietnamesische Kunst präsentiert, darunter Keramik, Lackarbeiten, Skulpturen und Ölgemälde einheimischer und ausländischer Künstler. Im Erdgeschoss findet man Wechselausstellungen zeitgenössischer Kunst. Im ersten Stock steht politische Kunst, fast ausschließlich zum Vietnamkrieg, im Mittelpunkt. Gezeigt werden auch einige Gemälde führender Künstler des Landes. Außerdem ist hier auch eine sehenswerte Ausstellung chinesischen Porzellans untergebracht.

Am interessantesten sind die Kunstwerke der Cham, Funan, Khmer, aus China und Indien im zweiten Stock: Antiquitäten, Oc-Eo-Keramik und Skulpturen, chinesische Kunstobjekte und Holzschnitzereien sowie Cham-Statuen. Highlights sind einige hölzerne Grabstatuen des 20. Jahrhunderts aus dem zentralen Hochland. Leider sind nur sehr wenige Exponate auf Englisch erläutert.

Produkte aus dem ganzen Land werden auf dem Markt verkauft. Händler zeichnen ihre Waren aus, während Besucher nach Schnäppchen suchen.

16 Museum der Geschichte Vietnams

F2 · 2 Nguyen Binh Khiem, Distrikt 1 · +84 28 3829 8146 · Di – So 8 –11, 13:30 –17

Das im klassischen Pagodenstil erbaute Museum Bao Tang Lich Su lohnt wegen seiner riesigen Sammlung mit Exponaten aus der gesamten Geschichte Vietnams unbedingt einen Besuch. Relikte aus der frühen Kultur des Landes sind prähistorische Werkzeuge und Geräte. Die Ära der Hung-Könige ist durch Bronzeobjekte vertreten. Highlights sind Bronzetrommeln der Dong-Son-Kultur und Münzen der Oc-Eo-Kultur, aber auch eine römische Münze aus dem 2. Jahrhundert n. Chr.

Überreste der Nguyen-Dynastie umfassen eine kostbare Sammlung mit Kleidung und Schmuck. Ausgestellt sind auch etliche Cham- und Khmer-Fundstücke, darunter Keramikarbeiten und ein Stein-*lingam*. Auffallend ist die Mumie einer adligen Dame aus dem Jahr 1869, die im Dorf Cui gefunden wurde und mit ihren Besitztümern gezeigt wird.

Ungewöhnlich für Südvietnam, aber gleichwohl interessant sind die täglichen Aufführungen des eigentlich in Hanoi beheimateten Wasserpuppen-Theaters.

Das Museum liegt im Botanischen Garten – ideal für einen entspannenden Spaziergang im Grünen.

17 Le-Van-Duyet-Tempel

E1 · 1 Bis Phan Dang Luu, Distrikt Binh Thanh · +84 28 3841 2517 · Sonnenauf- bis -untergang · Tempelfest (Ende Aug/ Anf. Sep)

Der General Le Van Duyet (1763 –1831) gewidmete Tempel ist ein Beispiel für eine Anlage, die keiner Gottheit oder Religion geweiht ist. Le Van Duyet spielte in der Niederwerfung des Tay-Son-Aufstands *(siehe S. 47)* eine wichtige Rolle und wurde von Kaiser Gia Long geehrt. Nach seinem Tod fiel der General bei Kaiser Minh Mang (reg. 1820 – 41) in Ungnade, wurde aber in den 1840er Jahren rehabilitiert und erhielt sogar zu seinen Ehren einen Tempel.

Im Hauptheiligtum hängt nichts außer einem Bildnis von Le Van Duyet, das daran erinnert, dass man hier zu einem Sterblichen betet. Innen findet man eine Sammlung persönlicher Gegenstände des Generals, darunter Kristallwaren, Waffen, zwei lebensgroße Pferdestatuen und ein ausgestopfter Tiger. Hier kann jeder meditieren, Opfergaben darbringen oder einen Schwur ablegen.

Seit seiner Gründung hat sich der Tempel zu einem Komplex aus mehreren Gebäuden mit Kreuzgängen, Patios und Höfen erweitert. Von der Straße führt ein Tor in eine Parklandschaft mit Bäumen und schattigen Sitzbänken. Die Fassade fällt durch Wandmosaike und Reliefs auf, dagegen zeigt sich die Vorhalle des Heiligtums äußerst schlicht: Säulen und Altar sind aus poliertem Holz, ebenso die riesigen Kranich- und lebensgroßen Pferdefiguren. Das innere Heiligtum bietet mit seinen rotgoldenen Drachensäulen eine wahre Farbenpracht. Das Grab des Generals, ebenso wie das seiner Gattin, liegt ebenfalls auf dem Gelände.

Alljährlich feiert man an Tet und an seinem Todestag ein Fest zu Ehren des Generals. Dann hat man gute Chancen, dem traditionellen Gesang *boi* zu lauschen.

Schon gewusst?

Die Vögel, die man beim Le-Van-Duyet-Tempel kaufen kann, werden zum religiösen Verdienst freigelassen.

→ *Bunt bemalte Wandfliese aus Porzellan im Le-Van-Duyet-Tempel*

18 Vinh-Nghiem-Pagode

D2 · 339 Nam Ky Khoi Nghia, Distrikt 3 · +84 28 3896 6798 · tägl. Sonnenauf- bis -untergang

Die Pagode wurde 1971 mit Unterstützung der Gesellschaft zur japanisch-vietnamesischen Freundschaft errichtet. Mit ihrem achtstöckigen Turm ist sie die höchste der Stadt. Beide Seiten des Turms sind mit Buddha-Abbildungen in Hochreliefs verziert. Rechts vom Tor steht ein fünf Meter hoher Turm aus Betonblöcken, die in Struktur und Farbe wie Granit wirken.

Auf der anderen Seite des 20 Meter breiten Innenhofs liegt das Haupthaus, zu beiden Seiten eingerahmt von einem Garten. Eine steile Treppe führt hinauf in das Heiligtum. Hier gelangt man durch fünf massive Türen mit schönen Lackverzierungen in den riesigen ersten Raum. Die Wände sind mit Bildern religiöser Szenen geschmückt. Man findet sogar Erläuterungen daneben. Weiter hinten im Saal sitzt am Hauptaltar ein riesiger Buddha, neben sich seine Schüler.

Hinter dem Heiligtum wacht eine Statue von Quan Am, der Göttin der Barmherzigkeit, in einem feierlichen Andachtsraum über Fotos und Erinnerungsstücken von Toten. Im ersten Stock führen Arkaden zu einer Galerie, in der Werke einheimischer Künstler ausgestellt sind.

Vietnam im Film

Kein anderes Land Südostasiens spielt in Hollywood-Filmen eine so große Rolle wie Vietnam, nicht nur in Kriegsfilmen. Um Politik und Ethik ging es in beiden Verfilmungen des Romans von Graham Greene *Der stille Amerikaner*: 1957 mit Audie Murphy und im Jahr 2002 mit Michael Caine. Unter den vielen Antikriegsfilmen sind Francis Ford Coppolas *Apocalypse Now* (1979) und Oliver Stones *Platoon* (1986) am bekanntesten. Andere Filme, die in Ho Chi Minh City spielen, sind Régis Wargniers *Indochine* (1991) sowie der in Vietnam verbotene, da systemkritische Film *Cyclo* (1995) des französisch-vietnamesischen Regisseurs Tran Anh Hung.

19 Museum für die Frauen Südvietnams

D3 · 202 Vo Thi Sau, Distrikt 3 · +84 28 3932 0322 · tägl. 7:30–12, 13:30–17

Bao Tang Phu Nu Nam Bo, das 1985 eröffnete Frauenmuseum, widmet sich auf 2000 Quadratmetern der Rolle, die Frauen für die Kultur und in der Militärgeschichte Südvietnams spielten. Zehn Säle, auf drei Stockwerke verteilt, sind voller faszinierender Exponate – von Militärabzeichen und Medaillen bis hin zu wunderschönen Volkstrachten.

Ein Rundgang beginnt am besten im zweiten Stock, dessen Ausstellung über Frauen im Unabhängigkeits- und Einigungskampf Vietnams im 20. Jahrhundert berichtet. An den Wänden hängen Fotografien dieser Frauen, persönliche Gegenstände sind in Schaukästen ausgestellt. Sie zeigen eindrücklich, dass Frauen auch in Kampfhandlungen eine wichtige Rolle spielten.

Das Thema setzt sich im ersten Stock mit Statuen und großflächigen Gemälden historischer Ereignisse mit bedeutenden Frauen fort. Auch

← *Stufenturm der historisch wichtigen Xa-Loi-Pagode*

eine nachgebaute Gefängniszelle, in der eine Nationalheldin einsaß, ist zu sehen.

Am meisten Farbe und Abwechslung bietet das Erdgeschoss mit einer Ausstellung über traditionelles Kunsthandwerk und Gebräuche. Im Vorraum, der wie ein Tempeleingang mit Kunstwerken dekoriert ist, geht es um die Tradition der Göttinnenverehrung. Im nächsten Raum tragen Puppen fein gearbeitete Trachten, in einem Schaukasten ist Schmuck zu sehen. In einem großen Saal links geht es darum, wie Frauen Baumwollstoffe und Schilfmatten herstellen.

Zum Komplex gehören auch ein Kino, eine kleine Bibliothek sowie ein Museumsshop.

Restaurants

Noir

Das Noir, eines der berühmtesten Concept-Restaurants der Stadt, bietet großartige vietnamesische, asiatische und europäische Gerichte, die von blinden Servicekräften in einem absolut dunklen Speisesaal serviert werden.

E2 Lane 178-180D, Distrikt 1 noirdininginthedark.com

$$

Deng Long

Zu den hier kredenzten Hausmannsgerichten gehören Ingwer-Huhn und Kokosnuss-Garnelen-Salat. Viele vegetarische Optionen.

E4 130 Nguyen Trai, Distrikt 1 +84 90 994 9183

$$

↑ *Militärhelikopter und -fahrzeuge im Museum für Kriegsrelikte*

20

Museum für Kriegsrelikte

E3 28 Vo Van Tan, Distrikt 3 +84 28 3930 5587 tägl. 7:30–12, 13:30–17 warremnantsmuseum.com

Das Museum dokumentiert mittels Filmen, Fotos und anderen Exponaten vor allem den Vietnamkrieg – aus vietnamesischer Perspektive, bewegend und erschreckend zugleich: Zu den besonders aufwühlenden Ausstellungsobjekten zählen die in Formaldehyd erhaltenen Föten mit Deformationen als Folge des im Vietnamkrieg eingesetzten Entlaubungsmittels Agent Orange. Gezeigt werden auch Fotos der Folgen von Folter, Nachbildungen von Gefängniszellen und ein Video, in dem ein Gefangener aus einem Hubschrauber geworfen wird, außerdem viele Waffen, Militärfahrzeuge und sogar eine Guillotine.

21

Xa-Loi-Pagode

D3 89B Ba Huyen Thanh, Distrikt 3 +84 28 3930 0114 tägl. 7–11, 14–17

Die 1956 errichtete Pagode ist eine der historisch bedeutendsten Südvietnams. Anfang der 1960er Jahre war sie ein Widerstandszentrum gegen das korrupte, antibuddhistische Regime von Ngo Dinh Diem. Drei Mönche verbrannten sich hier als Zeichen des Protests öffentlich, ein anderes Mal wurden 400 Gläubige und Geistliche verhaftet. Dieser vehemente Widerstand trug entscheidend dazu bei, die Opposition gegen das Diem-Regime großflächig zu verstärken – bis hin zum Umsturz, bei dem der General 1963 getötet wurde.

Von diesen Ereignissen ist heute in der farbenprächtigen siebenstöckigen Pagode nur noch wenig zu sehen. Der Turm ist 15 Meter hoch, bemalte Paneele an der oberen Kante der Mauern erzählen vom Leben Buddhas.

Die Unterkünfte der Mönche liegen im Erdgeschoss des zweistöckigen Hauptgebäudes, das schlichte Hauptheiligtum befindet sich darüber. Der große Saal präsentiert sich ohne die üblichen Einrichtungsgegenstände, Säulen und Weihrauchgefäße, sodass die riesige bronzene Buddha-Statue hinter dem einzigen Altar noch besser zur Geltung kommen kann.

In der Thien-Hau-Pagode werden Räucherstäbchen in Gefäßen abgebrannt

22 Nghia-An-Hoi-Quan-Pagode

C5 678 Nguyen Trai, Cholon +84 28 3853 8775 tägl. Sonnenauf- bis -untergang

Die für ihre Holzarbeiten und filigranen Schnitzereien berühmte Pagode ist eine der ältesten der Stadt. Der Tempel aus dem frühen 19. Jahrhundert ist Quan Cong (198–249) geweiht, einem zum Gott erhobenen chinesischen General, sowie Nghia An, seinem in vielen Gefechten treuen Stallknecht.

Links vom Eingang fallen die großen Holzstatuen von Quan Congs rotem Pferd und Nghia An auf. Die Gläubigen beten an diesen Statuen und berühren sie, um den Segen zu erbitten. Auch das Pferd gilt als heilig: Die Betenden klingeln mit dem Glöckchen am Halfter und kriechen unter der Statue durch, um den Segen »aufzuwischen«.

Rechts davon thront hinter dem Hauptaltar in einem Glaskasten der Hüter von Glück und Tugend, Ong Bon. Das Hauptheiligtum betritt man durch hölzerne Gittertüren. Innen sieht man Friese mit einem Tiger und einem Drachen. Der Glaskasten hinter dem Altar zeigt Bildnisse von Quan Cong und seinen Beratern: Quan Binh, sein wichtigster Mandarin, sitzt rechts von ihm, sein General Chau Xuong links.

Die Gläubigen geben eine Spende und hängen ein Zettelchen mit ihrem Namen an eines der Bilder. Bei jeder Drehung der Säule wird ihr Gebet »erhört«.

Am 14. Tag des ersten Mondmonats treten vor dem Tempel Einhorn-, Löwen- und Drachengruppen auf. Nach den Gebeten finden in den folgenden Nächten artistische Darbietungen statt.

23 Thien-Hau-Pagode

C5 710 Nguyen Trai, Cholon +84 28 3855 5322 tägl. 8–16:30 Pagodenfest (Apr)

Der Tempel wird auch Hoi Quan Tue Thanh genannt und ist ebenfalls als Chua Ba (»Frauen-Pagode«) bekannt. Geweiht ist er Thien Hau, der Meeresgöttin und Schutzpatronin der Seeleute. Die von der kantonesischen Gemeinde im frühen 19. Jahrhundert errichtete Pagode ist einer der beliebtesten und am reichsten verzierten Tempel der Stadt. Den Vorhof umgeben hohe Mauern mit fein gestalteten Friesen und geschnitzten Paneelen. Die Decke am Eingang weist Schnitzarbeiten und Vergoldungen auf.

Kostbare Friese und Reliefs schmücken das Atrium innen, aus Weihrauchfässern steigen duftende Rauchschwaden empor. In der großen Haupthalle fallen Messingwasserrohre mit chinesischen Inschriften auf – Reste der Feuerwehrschläuche, mit denen 1898 ein Brand im Tempel gelöscht wurde. An den Wänden hängen Gebetsfahnen, rote Papierstreifen,

auf die Gläubige ihr Gebet notieren. Weht ein Lufthauch durch das Papier, werden die Gebete zu Thien Hau gebracht.

Reihen von Weihrauchspiralen hängen im Hauptheiligtum an der Decke. Am Altar thronen drei Statuen von Thien Hau, von zwei Helfern flankiert. An der Decke entdeckt man ein geschnitztes Holzboot, rechts ein Bildnis von Long Mau, der Göttin der Mütter und Neugeborenen.

24 Quan-Am-Pagode

B5 · 12 Lao Tu, Cholon
+84 28 3855 3543
tägl. 8–16:30

Diese auch Ong Lang genannte Pagode, 1816 von chinesischen Kaufleuten errichtet, ist der chinesischen Göttin der Barmherzigkeit geweiht, die Quan Am oder Kwan Yin heißt. Der ungewöhnliche Bau wird durch eine Straße in zwei Bereiche getrennt: Auf der Südseite liegt eine kleine Plaza mit einer Grotte an einem Teich, auf der Nordseite der Haupttempel.

Das auffallende Dach und der Eingangsbereich sind geschmückt mit Heiligenbildern, vergoldeten Ornamenten und geschnitzten Holzpaneelen voller Drachen, Häuser, Menschen und Szenen aus dem traditionellen Leben Chinas.

Im Inneren ist der erste Altar Buddha geweiht, danach geht man ins Hauptheiligtum mit zwei lotosförmigen Gebetsmühlen. Die rotierenden Säulen zeigen unzählige Buddha-Bildnisse. Die Gläubigen geben hier eine Spende und hängen ein Zettelchen mit ihrem Namen an eines der Bilder. Bei jeder Drehung der Säule wird ihr Gebet »erhört«.

Neben dem Hauptaltar steht Quan Am inmitten anderer Götterstatuen, etwa Amida, dem glücklichen Buddha der Zukunft, oder A Di Da, dem Buddha der Vergangenheit, und Thich Ca, dem Buddha Siddhartha. Zu beiden Altarseiten kann man in Öfen Papiergeld für die Verstorbenen verbrennen. In einem Hof dahinter stehen weitere Altäre und Götterbildnisse. Lebende Schildkröten, die man hier hält, sollen Glück bringen.

Schon gewusst?

Cholon ist Vietnams größte Chinatown, ihre Wurzeln reichen bis 1778 zurück.

25 Binh-Tay-Markt

B5 · Thap Muoi, Cholon
tägl. 8–17
chobinhtay.gov.vn

Der »Große Markt«, so die Bedeutung von *cho lon*, wird seinem Anspruch voll gerecht. Aus einer kleinen Ansammlung von Marktständen unter freiem Himmel machte ein chinesischer Kaufmann bereits im Jahr 1826 einen dauerhaften Marktplatz, der sich zum heutigen riesigen Handelszentrum entwickelte.

Der gelbe Bau hat vier Flügel um einen Innenhof mit Brunnen. In der Mitte überragt ein Uhrenturm das Gelände. Unter den übereinanderliegenden Pagodendächern spielt sich das Markttreiben ab. Als Großmarkt ist Binh Tay weniger touristisch als der Ben-Thanh-Markt *(siehe S. 70)*. Im Angebot sind die verschiedensten Heilkräuter, aus China importiertes Spielzeug und Singvögel.

→ *Dach und Außenbereich des großen Binh-Tay-Markts in Cholon*

26

Phung-Son-Pagode

A5 1408 3 Thang 2, Distrikt 11 +84 28 3969 3584 tägl. 5–19

Der auch als Go-Pagode bekannte Komplex entstand von 1802 bis 1820 auf den Ruinen eines älteren Gebäudes. Archäologen wiesen nach, dass hier einst ein Gebäude des Funan-Reichs *(siehe S. 45)* stand.

Der Legende nach sollte der Tempel an einen anderen Ort versetzt werden, doch als man die Schätze auf einen weißen Elefanten packte, stürzte das Tier – ein Omen, den Tempel am angestammten Platz zu belassen.

Im Tempel gibt es zwei Mönchsunterkünfte, das Hauptheiligtum mit verschiedenen Buddha-Statuen erstreckt sich auf der linken Seite. Daran schließt sich ein Hof an mit Bildnissen von Buddha und Quan Am, der Göttin der Gnade, sowie einer Trommel und einer Bronzeglocke.

27

Ein-Säulen-Pagode von Thu Duc

F5 100 Dang Van Bi, Distrikt Thu Duc +84 28 3896 0780 tägl. Sonnenauf- bis -untergang

Nach ihrer Flucht aus Hanoi 1954 errichteten Mönche die kleine Pagode und versuchten, die Lien-Phai-Pagode in Hanoi *(siehe S. 179)* zu kopieren. Während des Vietnamkriegs *(siehe S. 49)* nutzte der Vietcong sie als Lager. Trotz der Bemühungen des Regimes unter Präsident Diem, die Pagode zu zerstören, blieb sie dank des Engagements der Mönche und lokaler Unterstützung unversehrt.

↑ *Betende mit Räucherstäbchen in der Phung-Son-Pagode*

Wie ihr Vorbild erhebt sich auch diese Pagode in einem Lotosteich. Eine enge Treppe führt vom Teichufer zu einem portalähnlichen Eingang empor. Dank der vielen Fenster hat man oben eine hervorragende Rundumsicht. Der Innenraum der Pagode ist sehr schlicht gehalten.

28

Cu-Chi-Tunnel

E5 40 km nordwestl. von HCMC +84 28 3794 8768 13 nach Cu Chi, dann Taxi tägl. 7:30–17

Der kleine Ort Cu Chi ist wegen der ausgedehnten Tunnelsysteme rund 15 Kilometer außerhalb der Stadt berühmt. In dem Gebiet verstecken sich zwei Tunnelsysteme: Das rund um das Dorf Ben Dinh nutzte der Vietcong im Vietnamkrieg.

Die Tunnelführung beginnt in einem Lageraum, dessen Karten die Ausdehnung der Tunnel in diesem Bereich nordöstlich von Ho Chi Minh City zeigen. Nach einer audiovisuellen Einführung in die Geschichte der Tunnel und einer Beschreibung der Wohnquartiere, Küchen usw. geht es weiter an nachgebauten Sprengfallen und Vietcong-Soldatenfiguren vorbei. Hier sieht man Falltüren, die in unglaublich enge Tunnel führen: Sie wurden für westliche Besucher zwar erweitert, dennoch bekommt man leicht Platzangst. Noch tiefer im Inneren wurden die Kammern mit Betten, Herd und Munitionsdepots wie im Krieg hergerichtet.

Das zweite Tunnelsystem findet man in Ben Duoc. Die Tunnel wurden hier eher als Sehenswürdigkeit angelegt und sind daher etwas geräumiger.

Cu Chi selbst ist für seine Schießstände bekannt, aber auch eine Gedenkpagode mit Wandbildern und einer auffallenden Skulptur in Tränenform ist sehenswert. Von der Straße aus sieht man überall schlichte Friedhöfe mit Gefallenengräbern des Vietnamkriegs.

→ *Ein Führer zeigt einen gut versteckten Eingang zu den Cu-Chi-Tunneln*

Tunnelsysteme

Schon seit Jahrhunderten nutzten Vietnamesen ausgeklügelte Tunnelsysteme wie die in Cu Chi und Vinh Moc *(siehe S. 161)*. Im Vietnamkrieg *(siehe S. 41)* waren sie der Schlüssel im Guerillakampf und trugen zum Sieg über die US-Armee bei. Die Tunnelsysteme erstreckten sich über mehr als 200 Kilometer und wurden von Bauern nur mit Schaufeln gegraben.

Aufbau der Tunnel

Manche der Tunnel waren mehrstöckig, mit Wohnräumen, Küchen und Lazaretten ausgestattet. Von hier konnte der Vietcong – vor Angriffen sicher – Überraschungsangriffe starten. Die Tunneleingänge waren sehr klein und mit Blättern abgedeckt. Die US-Armee wusste zwar von den Tunneln und versuchte, sie mit Infrarotlicht, Stethoskopen und Spürhunden zu finden – meist jedoch ohne Erfolg, da man die Eingänge immer wieder umlegte. Die schmalen Gänge wurden so eng und kompakt wie möglich gebaut, damit die viel größeren US-Soldaten nicht durch die Tunnel kriechen konnten. Einfallsreiche Sprengfallen nutzten alles von Bambus über Eisenstäbe bis zu Sprengstoff und machten die Tunnel zu Todesfallen.

In den Tunneln

Die meisten Tunnel waren primitiv, aber die größeren erstreckten sich über drei Stockwerke bis zu zehn Meter tief. Trotzdem war es sehr heiß, beengt und feucht, was den Aufenthalt sehr unangenehm gemacht hat.

»Tunnelratten«

»Tunnelratten« war der Spitzname für besondere US-amerikanische Einheiten, die in Tunnel kriechen und sie mit Tränengas ausräuchern mussten, um die Vietcong-Soldaten an die Oberfläche zu treiben. Eine Methode, Tunnel aufzuspüren, war, den Boden mit Stethoskopen abzuhören.

Aus gut getarnten Feuerstellungen konnten die Vietnamesen auf Feinde schießen.

Der Kochbereich bot einfallsreiche Lösungen, damit kein Rauch nach oben stieg.

Lage- und Strategiebunker

Luftschutzbunker schützten in den tiefsten Tunnelschichten vor Bombenangriffen.

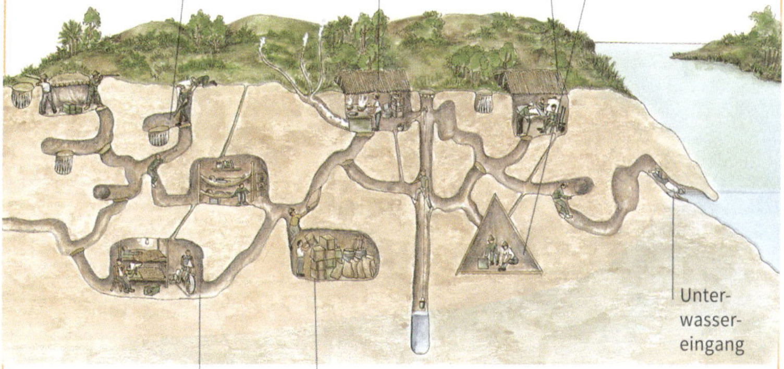

Unterwassereingang

Im Lazarett wurden nicht nur Verwundete versorgt, sondern auch Kinder geboren.

Munitionslager

↑ *Querschnitt durch einen Tunnel*

↑ *Buddha-Statuen in der Giac-Vien-Pagode*

29

Giac-Vien-Pagode

A4 161/35/20 Lac Long Quan, Distrikt 11 tägl. 7–19

Der 1744 von dem Mönch Hai Tinh Giac Vien gegründete Tempel liegt am Stadtrand und ist einer der ruhigsten Orte der Metropole. Die Pagode ist wegen ihrer Sammlung von 150 Holzstatuen bekannt und dient vor allem der Totenehrung. Etliche große und wunderschön verzierte Gräber liegen gleich rechts vom Eingang, jeweils geschmückt mit den Bildern von Verstorbenen. In einem Kolumbarium stehen Urnen: Zwar ist es innen dunkel, aber durch geschickt platzierte Dachöffnungen fällt Licht hinein und schafft eine fast filmreife Atmosphäre.

Der Altar im inneren Heiligtum ist eine bunte Mischung aus Buddha-Statuen verschiedenster Größen und Stile, manche sind vergoldet, andere schlicht aus Holz oder Keramik gefertigt. Ein großer A-Di-Da-Buddha thront am Raumende, zwei kleine Bodhisattvas ducken sich davor, dazwischen sitzen über ein Dutzend weitere. Am Altar erheben sich auf reihenförmigen Stufen kleine, in sanftes Licht getauchte Buddhas. Zu beiden Seiten des Heiligtums findet man Bonsaibäume und Grotten.

Entspannung und Abwechslung vor allem für Kinder bietet der nahe gelegene **Dam Sen Water Park** mit Wasserrutschen und -fahrten, einem künstlichen Fluss, einem See und schattigen Plätzen. Der Park wartet auch mit Landschaftsgärten mit Lagunen, Pagoden und einigen ungewöhnlichen Tierskulpturen auf.

Dam Sen Water Park

3 Hoa Binh, Distrikt 11 Mo–Sa 9–18, So 8:30–18 damsenwaterpark.com.vn

30

Nui Ba Den

E4 106 km nordwestl. von HCMC am Hwy 22; 15 km nordöstl. von Tay Ninh 4 nach An Suong, dann Minibus nach Tay Ninh Nui-Ba-Den-Fest (Juni)

Die Provinz Tay Ninh lockt mit zwei Sehenswürdigkeiten, dem Cao-Dai-Tempel *(siehe S. 62f)* und Nui Ba Den, dem »Berg der Schwarzen Frau«. Beide Attraktionen sind nicht weit von Tay Ninh entfernt, Nui Ba Den liegt aber etwas abseits, sodass sich nur wenige Besucher hierher verirren, zumal es keine Verbindung mit öffentlichen Verkehrsmitteln gibt. Doch wer Nui Ba Den besucht, wird reich belohnt. Der Berg diente als Vietcong-Basis und wurde im Vietnamkrieg bombardiert. Heute sind die von Buddhisten als heilige Stätten genutzten Höhlen so schön wie einst.

Die Jahrmarktatmosphäre am Fuß des Bergs kann man zugunsten des idyllischen bewaldeten Gipfels getrost links liegen lassen. Der 986 Meter hohe Berg erhebt sich in einer grünen Tiefebene mit Seen. Der Gipfel bietet eine herrliche Aussicht und den Schrein der »Schwarzen Frau«, einer gläubigen Frau namens Huong, die einst für ihre Ehre starb. Man kann den Berg zu Fuß erklimmen, bequemer ist der Sessellift. Im Juni finden hier Opfer, Gesang und Tanz statt.

31

Vung Tau

F5 130 km östl. von HCMC am Hwy 51 250 000 Hubschrauber von HCMC Tragflächenboot von HCMC 29 Tran Hung Dao vungtautourist.com.vn

Die Stadt Vung Tau liegt auf einer Halbinsel und war einst ein eleganter französischer Badeort namens Cap St Jacques. Als Urlaubsort ist Vung Tau immer noch beliebt, aber Wasser- und Strandqualität haben durch die starke Bebauung und die Ölbohrinseln vor der Küste gelitten. An Wochenenden ist die Stadt überlaufen, teuer und laut. Während der Woche geht es ruhiger zu.

→ *Fischerin am Long Hai Beach mit Booten im Hintergrund*

Der 986 Meter hohe Nui Ba Den erhebt sich aus einer saftig grünen Tiefebene mit schimmernden Seen.

Die zwei wichtigsten Strände sind Bai Truoc (Vorderer Strand) im Westen und der lange, breite Bai Sau (Hinterer Strand) an der Ostküste der Halbinsel. Am Bai Truoc stehen mehr Hotels, Bars und Lokale, der ruhigere Bai Sau ist preiswerter.

In der Nähe von Vung Tau lohnen zwei Felsgipfel, Nui Lon (Großer Berg) und Nui Nho (Kleiner Berg), wegen der Aussicht einen Ausflug. Auf Nui Nho steht eine riesige Jesus-Statue. Man kann sie besteigen und von oben die Aussicht genießen. Alternativ kann man auch mit der Bahn auf den Gipfel von Nui Lon fahren. Eine schöne Aussicht bietet der Leuchtturm Vung Tau, etwa 1,5 Kilometer vom Fähranleger entfernt.

Die 1902 erbaute »Weiße Villa« **Bach Dinh** war Wohnsitz von Kaiser Thanh Thai, als er von den Franzosen unter Hausarrest gestellt wurde. Heute kann man hier Objekte der chinesischen Qing-Dynastie besichtigen, die aus einem Wrack (17. Jh.) geborgen wurden.

Bach Dinh
12 Tran Phu
+84 254 351 2258
tägl. 7–11:30, 13:30–17

32

Long Hai

F5 130 km östl. von HCMC am Hwy 19; 40 km nordöstl. von Vung Tau
von HCMC Vung Tau Tourist, 29 Tran Hung Dao; +84 254 385 7527
Fischerfest (Feb/März)

Am früher menschenleeren Küstenabschnitt zwischen Vung Tau und Phan Thiet stehen einige Ferienresorts, und das Gebiet rund um das Städtchen Long Hai wird etwas übertrieben als »Riviera Vietnams« angepriesen. Immerhin ist das Wasser sauber, die Strände sind teilweise noch immer paradiesisch unberührt, die Preise niedrig, die Fischgerichte frisch und die Atmosphäre entspannt. Sehenswert ist der bei Long Hai gelegene Mo-Co-Tempel, wo zum Fischerfest Hunderte von Booten festmachen. Weiter östlich steht eine der Villen von Bao Dai, in der sich heute das schicke Resort Alma Oasis befindet. Der Strand ist privat, gegen eine kleine Gebühr kann man jedoch den ganzen Tag lang die Hoteleinrichtungen nutzen. Von Vung Tau gibt es keine direkte Verbindung mit öffentlichen Verkehrsmitteln, aber die Fahrt von Ho Chi Minh City nach Long Hai führt an interessanten Kirchen und Tempeln vorbei.

Schon gewusst?

Eine Delikatesse von Vung Tau ist *tiet canh tom hum*, ein Hummergericht, das es nur hier gibt.

↑ *Der Krokodilsee und ein Grünscheitelpitta* (links) *im Nationalpark Cat Tien*

33 Ho Coc Beach

F5 190 km östl. von HCMC; 36 km nordöstl. von Long Hai von Busstation Mien Dong

Der Strand von Ho Coc ist nach wie vor unbebaut. Die relative Einsamkeit ist der größte Reiz. Zwar strömen am Wochenende viele Einheimische hierher, doch es gibt nur wenige öffentliche Verkehrsmittel, ein paar Unterkünfte und nur eine Handvoll einfacher Lokale. Am langen, sauberen weißen Strand fallen riesige Felsbrocken auf.

Ho Coc liegt direkt am Naturpark Binh Chau-Phuoc Buu. Dessen Bäume wachsen bis hinunter zum Strand, etliche Wanderpfade (für die man für wenig Geld auch Guides buchen kann) führen vom Strand aus in den Dschungel. Einst lebten hier viele größere Tiere, doch die meisten sind zu ihrem Schutz umgesiedelt worden. Dennoch kann man viele Affen- und Vogelarten beobachten – ein grünes Idyll.

34 Heiße Quellen von Binh Chau

F5 150 km südöstl. von HCMC; 50 km nordöstl. von Long Hai
W saigonbinhchau.com

Die über 100 heißen Naturquellen, denen therapeutische Wirkung nachgesagt wird, ziehen in Binh Chau vor allem rheuma- und arthritiskranke Menschen an. Zwar sind der mineralstoffreiche Schlamm und die Quellen die Hauptattraktion, aber man kann sich hier auch gut ohne Therapie amüsieren.

Das Binh Chau Hot Springs Resort ist heute ein beliebtes Urlaubsziel, es bietet Tennisplätze und Billardtische sowie eine Karaokebar. Private und öffentliche Einrichtungen für Bäder in den heißen Quellen sind ebenfalls vorhanden.

Die privaten Bäder sind mit Holzpaneelen zum Umkleiden abgeschirmt und haben Sonnenschutzdächer. Sie bieten zwischen zwei und zehn Gästen Platz, sind jedoch teurer als die öffentlichen Bäder, die auch noch einen Pool haben. Die Wassertemperaturen liegen bei durchschnittlich 40 °C, einige Thermen von Binh Chau erreichen jedoch fast siedende 82 °C. An manchen Stellen werden Körbchen mit Eiern verteilt, die man zum Kochen in die Pools oder in die heißen Quellen hält – große Hühnerfiguren werben für diese Form der »Unterhaltung«.

Sehr empfehlenswert sind auch die medizinischen Schlammbäder. Zwischen den heißen Quellen liegen grüne Marschregionen mit gut ausgeschilderten Wanderwegen.

35 Nationalpark Cat Tien

F4 · 160 km nordöstl. von HCMC · von Busstation Mien Dong nach Dalat; der Park liegt auf halber Strecke · namcattien.org

Das UNESCO-Biosphärenreservat Cat Tien ist zweifellos einer der artenreichsten Parks seiner Art. Das ist umso erstaunlicher, als die Gegend während des Vietnamkriegs mit Entlaubungschemikalien bombardiert wurde. Vor Urzeiten war dies sogar eine Pilgerstätte, wie die Entdeckung alter religiöser Artefakte aus den Funan- und Champa-Reichen *(siehe S. 45)* zeigt.

> Fotomotiv
> **Riesige Bäume**
> Ein markierter Trekking-Weg führt an vielen der riesigen Bäume im Regenwald von Cat Tien vorbei. Neben den jahrhundertealten Tung-Bäumen sieht man wie ein Winzling aus – ein gelungenes Fotomotiv.

Heute gedeiht in dem 718 Quadratkilometer großen Park eine abwechslungsreiche Pflanzenwelt mit über 1600 Arten – es werden immer noch neue entdeckt. Die Tierwelt ist ebenfalls beeindruckend, aber teils stark bedroht, Banteng, Kouprey und Java-Nashorn sind ausgestorben. Trotzdem stellt der Park für viele andere Tierarten wie Hirsche, Elefanten und über 300 Vogelarten ein Refugium dar. Affenvölker, u. a. seltene Kleideraffen-Arten, leben in den Bäumen, 440 verschiedene Schmetterlingsarten flattern über Wildblumen. Da wundert es nicht, dass der Park eines der beliebtesten Reiseziele für Naturliebhaber ist. Die Parkunterkünfte liegen auf der anderen Seite des Flusses Dong Nai.

36 Naturpark Can Gio

F5 · 60 km von HCMC · von Ben-Thanh-Markt · Binh Kanh · 90

An der Mündung des Flusses Dong Nai liegt das große Mangroven-Biosphärenreservat, das auch als grüne Lunge von Ho Chi Minh City gilt. Man kann es einfach bei einem Tagesausflug besuchen. In den Feuchtgebieten, Schlammflächen und Salzmarschen mit einer riesigen Vielfalt an Mangrovenarten leben über 200 Tierarten, darunter auch Seevögel wie Graupelikane, Krokodile, die gefährdeten Fischkatzen und mehrere Tausend wilde Makaken.

Nach Betreten des Parks bringt ein Boot Besucher flussaufwärts zu Monkey Island, vorbei an baufälligen Dörfern, die einen ungeschönten Blick auf das Landleben ermöglichen, und durch den feuchten Mangrovenwald. Auf Monkey Island angekommen, ist man sofort von Makaken aus dem umliegenden Wald umringt, die Snacks, Getränke und alles andere Mögliche von den Touristen klauen. Man muss wirklich auf der Hut sein und auf seine Sachen gut aufpassen!

Das Boot fährt nach diesem Zwischenstopp weiter den Fluss hoch bis zum rekonstruierten Vietcong-Guerillacamp Rung Sac.

Spaziergang in der Dong Khoi

Länge 0,8 km **Dauer** 15 Minuten

Die Gegend rund um die Dong Khoi ist sicher das pulsierendste Viertel von Ho Chi Minh City. Die Straße erlangte unter dem Namen Rue Catinat schon in der französischen Kolonialzeit Berühmtheit: Luxushotels, elegante Boutiquen und gemütliche Cafés lagen hier direkt neben Bars und Bordellen. Kein Wunder, dass der Roman *Der stille Amerikaner* von Graham Greene hier spielt. Mit der Ausgelassenheit war es unter den Kommunisten vorbei, doch seit der wirtschaftlichen Liberalisierung 1986 erlebt das Viertel mit gehobenen Hotels, Restaurants und Designerläden eine Wiedergeburt. Nirgendwo sonst im Land vibriert das Großstadtleben so wie hier und erinnert an Ho Chi Minh Citys historischen Ruf als »Paris des Fernen Ostens«.

Das labyrinthartige Hauptpostamt ist eines der schönsten französischen Kolonialdenkmäler der Stadt. Sitzbänke in der kühlen Halle laden zur Erholung von der Hitze draußen ein.

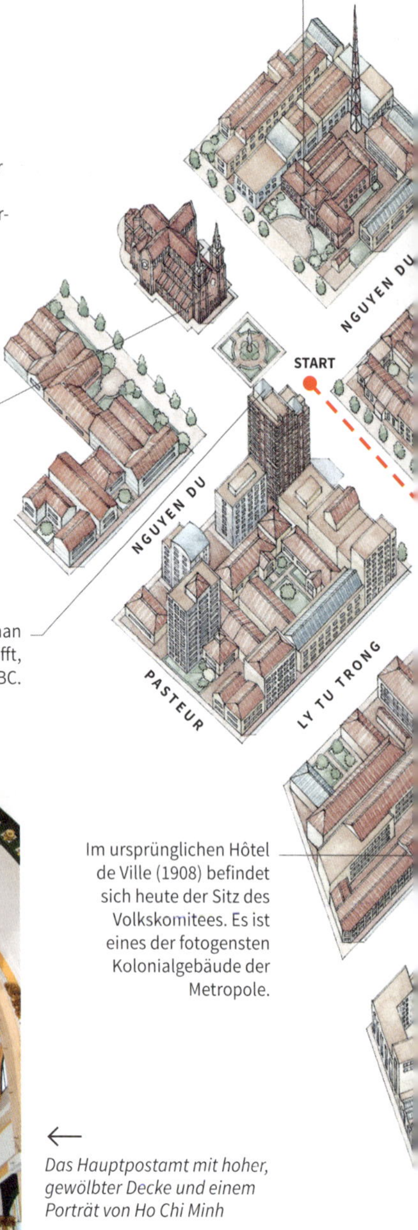

Im späten 19. Jahrhundert baute man die große Kathedrale Notre Dame aus einheimischen Steinen und verkleidete sie mit roten Keramikfliesen aus Frankreich. Die Marienstatue auf der kleinen Grünanlage davor stammt aus den 1950er Jahren.

Im Metropolitan Building, in dem man sich gern auf einen Kaffee trifft, befindet sich der Hauptsitz von HSBC.

Im ursprünglichen Hôtel de Ville (1908) befindet sich heute der Sitz des Volkskomitees. Es ist eines der fotogensten Kolonialgebäude der Metropole.

←

Das Hauptpostamt mit hoher, gewölbter Decke und einem Porträt von Ho Chi Minh

↑ *Die imposante Kolonialfassade des Sitzes des Volkskomitees*

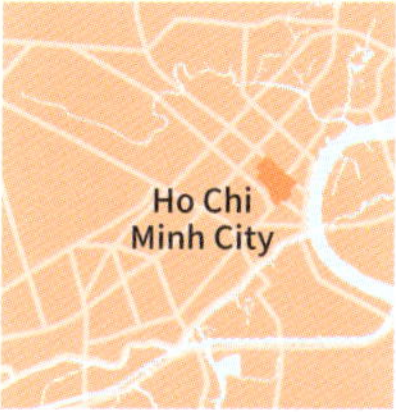

Zur Orientierung
Siehe Karte S. 56f

0 Meter 100 N

Schon gewusst?

Im Hauptpostamt gibt es einen Schreiber, der Analphabeten Briefe vorliest oder sie schreibt.

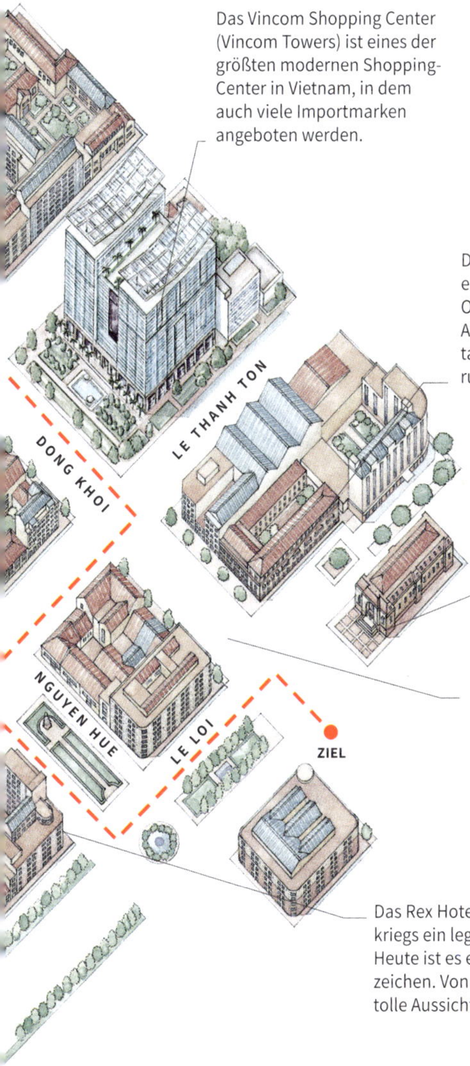

Das Vincom Shopping Center (Vincom Towers) ist eines der größten modernen Shopping-Center in Vietnam, in dem auch viele Importmarken angeboten werden.

Das im französischen Kolonialstil errichtete Continental Hotel ist eine Oase mitten im Trubel der Stadt. Im Atrium trifft man sich zum Nachmittagstee oder hat ein Rendezvous in ruhiger, entspannter Atmosphäre.

Das reizvolle, neoklassizistische Stadttheater war zur Kolonialzeit als Opernhaus das Zentrum der französischen Gesellschaft.

In dem Gebiet um die Lower Dong Khoi haben sich die schicksten Boutiquen von Ho Chi Minh City angesiedelt. Neben bekannten internationalen Designern wie Louis Vuitton findet sich hier auch die einheimische Marke Khaisilk.

Das Rex Hotel war während des Vietnamkriegs ein legendärer Journalistentreff. Heute ist es eines der bekanntesten Wahrzeichen. Von der Dachbar hat man eine tolle Aussicht.

Spaziergang durch Cholon

Länge 2 km **Dauer** 30 Minuten
Achtung Vor allem entlang der Hung Vuong herrscht starker Verkehr, seien Sie vorsichtig

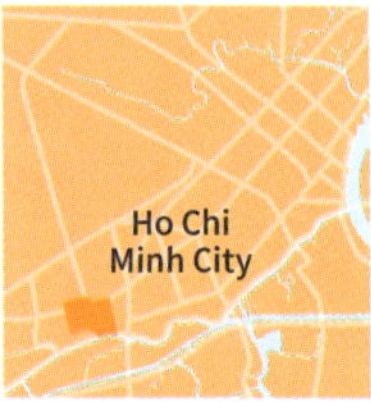

Zur Orientierung
Siehe Karte S. 56f

Cholon wird seit über drei Jahrhunderten als chinesisches Händler- und Marktviertel seinem Namen »Großer Markt« gerecht. Das auch schlicht »Distrikt 5« genannte Viertel lockt mit einer verwirrenden Vielfalt an Läden, in denen von früh bis spät mit Seide, Gewürzen, Heilkräutern, aber auch mit Hüten, Jade, Kuriositäten und Keramik gehandelt wird. Da hier die meisten Hoa (chinesischstämmige Vietnamesen) der Stadt leben, ist Cholon mit seinen chinesischen Pagoden und Tempeln auch ein religiöses Zentrum. Die auffallenden Bauten säumen vor allem die Hauptstraße des Viertels, Nguyen Trai. Die engen Straßen erkundet man am besten zu Fuß.

Die von der Fujian-Gemeinde 1902 erbaute Phuoc-An-Hoi-Quan-Pagode ist Quan Cong geweiht. Die historischen Speere am Hauptaltar symbolisieren die Kardinaltugenden.

Auf dem Markt für Elektroartikel findet man einen bunten Mix: Fernseher, Toaster, Klimaanlagen und vieles mehr.

Die Quan-Am-Pagode ist die einzige durch eine Straße getrennte Tempelanlage. Sie wird auch Ong Lang genannt und hat eine bunte Fassade mit Keramikziegeldach *(siehe S. 75)*.

↑ *Historische Speere vor dem Hauptaltar der Phuoc-An-Hoi-Quan-Pagode*

Die Nghia-An-Hoi-Quan-Pagode ist eine der ältesten der Stadt →

Die Thien-Hau-Pagode fällt vor allem durch den fein geschnitzten Dachfries mit detailliert gestalteten Motiven chinesischer Sagen auf *(siehe S. 74)*.

Der in Rot und Gold prächtig bemalte und mit feinsten Holzschnitzereien verzierte Hauptaltar der Nghia-An-Hoi-Quan-Pagode ist Quan Cong geweiht, einem ochverehrten Nguyen-Fürsten *(siehe S. 74)*.

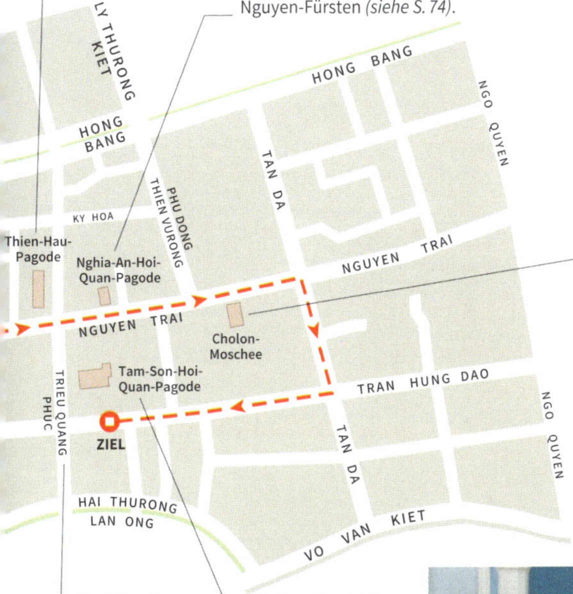

Die kleine Cholon-Moschee aus den frühen 1930er Jahren hat einen heiteren Charme. Die schlichte Architektur steht im Gegensatz zu den verzierten Pagoden des Viertels.

Die Trieu Quang Phuc, eine der lebhaftesten (und lautesten!) Straßen in Cholon, ist vom scharfen Duft der Heilkräuter aus den traditionellen chinesischen Medizinläden erfüllt.

Die Tam-Son-Hoi-Quan-Pagode (19. Jh.) ist der Fruchtbarkeitsgöttin Me Sanh geweiht, farbenprächtig dekoriert und mit Schreinen für verschiedene Götter eingerichtet. Am Altar von Me Sanh beten Frauen in der Hoffnung auf Empfängnis.

↑ *Gläubige beim Gebet in der ruhigen Cholon-Moschee*

Dorf am fruchtbaren Mekong-Delta

Mekong-Delta und Südvietnam

Der mächtige Mekong bahnt sich seinen Weg von einem Hochplateau Tibets 4500 Kilometer lang durch China, Myanmar, Thailand, Laos und Kambodscha, bevor er seine Schlamm- und Erdmassen in die Deltaregion Song Cuu Long, den »Fluss der neun Drachen«, trägt. Die vielen Wasserläufe versorgen die südliche Tiefebene Vietnams mit fruchtbarem Schlamm, der die Region zur Reiskammer und zum Obstgarten des Landes erblühen lässt – mit Kokosnuss-, Longan- und Mangobäumen.

Das Delta wurde lange von Kambodscha beansprucht, 1978 verübten die Roten Khmer blutige Massaker in mehreren Dörfern. Doch die Menschen hier lassen sich nicht unterkriegen: Sie trotzten verheerenden Überflutungen, litten unter der Besetzung durch Frankreich und Kambodscha und überlebten selbst die katastrophalen Folgen des chemischen Entlaubungsmittels Agent Orange, das hier im Vietnamkrieg zum Einsatz kam.

Es scheint so, als folge das Leben an Land von jeher dem jahrhundertealten Auf und Ab des Flusses. Überall finden sich Pagoden der Khmer, im vietnamesischen oder chinesischen Stil und reflektieren so die ethnische Vielfalt des Deltas.

Mekong-Delta und Südvietnam

Highlights

1. Can Tho
2. Con-Dao-Inseln

Sehenswürdigkeiten

3. My Tho
4. Phoenix-Insel
5. Ben Tre
6. Tra Vinh
7. Vinh Long
8. Cao Lanh
9. Soc Trang
10. Bac Lieu
11. Rach Gia
12. Chau Doc
13. Ha Tien
14. Phu Quoc

Trach
Chón Thánh
Prahea
Ho-Dau-Tieng-Stausee
Tây Ninh
TAY NINH
BINH DUONG
DONG NAI
Bén Cát
Svay Rieng
Trang Bang
Ho Chi Minh City
Seiten 54–85
Chiphu
Bien Hoa
Dong Thanh
Vinh Hung
Sa Rai
Tan Hung
Hong Ngu
Moc Hoa
Duc Hoa
Tan Son Nhat International Airport
Ho Chi Minh City
Nationalpark Tram Chin
Cho Vam
Vam Co Tay
LONG AN
Tram Chim
Thanh Hoa
Thanh Binh
DONG THAP
Tan Thanh
Ben Luc
HO CHI MINH
My An
Tan An
Cho Moi
8 Cao Lanh
TIEN GIANG
Can Duoc
Ba Ria
Long Xuyen
Cai Lay
Tien Giang
3 My Tho
Go Cong
Vung Tao
Cai Be
Phoenix-Insel 4
Tan Hoa
Thot Not
Hau Giang
Sa Dec
7 Vinh Long
5 Ben Tre
Cua Tieu
My Tho
BEN TRE
Giong Trom
Binh Dai
O Mon
VINH LONG
Vung Liem
Mo Cay
Co Do
Can Tho Airport
Thoi Lai
1 Can Tho
Ham Luong
Ba Tri
Cai Rang
Cang Long
Tra On
Tra Vinh 6
Thanh Phu
Giong Rieng
CAN THO
Co Chien
Phung Hiep
Hau
Tieu Can
Hang-Pagode
Chau Thanh
Vi Thanh
Ke Sach
Cau Quan
Cau Ngang
Nang Mau
TRA VINH
Ba Dong
Long My
Tra Cu
Soc Trang 9
Long Phu
Duyen Hai
Ngan Dua
My Xuyen
SOC TRANG
Chau Thanh
Phuoc Long
Phu Loc
Huynh Ky
BAC LIEU
Hoa Binh
10 Bac Lieu
Vinh Chau
Vogelschutzgebiet Bac Lieu
Ho Phong
Südchinesisches Meer
Ganh Hao
Con Dao Airport
Con Dao
2 Con-Dao-Inseln
0 Kilometer 40
N

←

1 *Fischer spannen bei Sonnenaufgang Netze auf.*

2 *Obstverkäufer auf dem schwimmenden Markt bei Can Tho*

3 *Mönche in der Khleang-Khmer-Pagode in Soc Trang*

Während sich die berühmtesten Sehenswürdigkeiten in Vietnam zwischen Hanoi und Ho Chi Minh City befinden, lernt man bei einem Besuch des zumeist ländlichen Mekong-Deltas das authentische Vietnam kennen. Das Delta ist darüber hinaus der ideale Ausgangspunkt für einen Besuch des weltberühmten Angkor Wat in Kambodscha.

10 TAGE
im Mekong-Delta mit einem Abstecher nach Angkor

Tag 1: HCMC nach Vinh Long

Fahren Sie frühmorgens von Ho Chi Minh City nach Vinh Long *(siehe S. 103)*. Hier erhalten Sie bei einer Tagestour *(siehe S. 110f)* auf dem Fluss Co Chin und einem Netz von Kanälen rund um die Stadt einen guten Einblick in das ländliche Leben im Mekong-Delta. Sie kommen an traditionellen Dörfern, die seit Jahrhunderten fast unverändert geblieben sind, duftenden Orchideen- und Obstgärten vorbei. Fahren Sie abends mit dem Taxi zu Mr Kiet's Historic House *(siehe S. 102)* und genießen Sie exzellente Speisen in einer herrlichen Umgebung.

Tag 2: Can Tho

Von Vinh Long nach Can Tho *(siehe S. 96)* ist es nur ein Katzensprung. Man sollte früh aufbrechen, damit noch Zeit bleibt, einen der berühmten schwimmenden Märkte zu besuchen. Mieten Sie ein *sampan* und lassen Sie sich zum Cai-Rang-Markt bringen, wo eine chaotische Masse an Händlern ihre Ware anpreist. Besuchen Sie nach dem Mittagessen das Can-Tho-Museum, um der schlimmsten Hitze zu entgehen, und erfahren Sie mehr über die Geschichte der Provinz und der größten Stadt im Delta. Wenn es etwas kühler ist, besuchen Sie den Khmer-Munirangsyaram-Tempel mit seinem an Angkor erinnernden Turm.

Tag 3: Soc Trang

Eine Busfahrt gen Süden liegt Soc Trang *(siehe S. 104)*, das religiöse Zentrum des Deltas und Heimstatt vieler religiöser Gebäude der Khmer, Chinesen und Vietnamesen. Gewinnen Sie zunächst im Khmer-Museum einen ersten Eindruck von der lokalen Kultur, bevor Sie die Khleang-Khmer-Pagode besuchen. Spazieren Sie über das Gelände und essen Sie in einem der vegetarischen Restaurants außerhalb zu Mittag. Einen kurzen Fußweg östlich liegt die Tonpagode, benannt nach den Hunderten fantasievollen Tonfiguren und -statuen im Inneren. Fahren Sie bei Sonnenuntergang mit dem Taxi zur Chua-Doi- oder Flughunde-Pagode, wenn Tausende dieser Tiere aus dem Tempel fliegen und den Himmel verdunkeln. →

1

Tag 4: Ha Tien

Fahren Sie mit dem Auto in fünf Stunden nach Ha Tien *(siehe S. 107)* am Golf von Thailand an der Grenze zu Kambodscha, das von einem Kalksteinvorgebirge umgeben ist. Ha Tien ist eine der schönsten Städte im Delta. Nehmen Sie nach dem Mittagessen ein Taxi und fahren Sie zu den vielen Sehenswürdigkeiten rund um die Stadt, etwa zu den buddhistischen Höhlentempeln bei Thach Dong oder zur Hang-Pagode in Hon Chong mit ihren »musikalischen« Stalaktiten. Genießen Sie während der Fahrt die beeindruckende Szenerie in der Umgebung der Stadt.

Tag 5 und 6: Phu Quoc

Nehmen Sie eine Fähre zur Insel Phu Quoc *(siehe S. 108)* mit ihren goldenen Stränden und Palmen – ideal, um zu entspannen. Es gibt viele Resorts und Hotels an den Stränden, darunter der Bai Truong oder die schönen Strände Bai Sao und Bai Dam, die noch weniger erschlossen sind. Wenn Sie von Sonne und Strand genug haben, können Sie auch auf einem der Wege im Nationalpark Phu Quoc durch den Dschungel gehen, vorbei an unberührten Stränden und Buchten. Oder Sie machen einen Tauch- oder Schnorchel-Tauch-Trip zur Insel Hon Doi Moi, deren Korallenriffe voller Meereslebewesen sind.

Tag 7: Chau Doc

Nachdem Sie mit dem Boot nach Ha Tien zurückgekehrt sind, fahren Sie zur Grenzstadt Chau Doc *(siehe S. 106)*. Gehen Sie nach dem Mittagessen zum Fluss hinunter und sehen Sie sich die faszinierenden schwimmenden Häuser an, in denen die meisten Menschen hier leben und arbeiten, sowie den Markt, einen der betriebsamsten der Region. Verbringen Sie den Nachmittag am Berg Sam, der nur eine kurze Taxifahrt entfernt liegt. Die von Tempeln, Grotten, Pagoden und alten

> **Ha Tien am Golf von Thailand an der Grenze zu Kambodscha ist von einem Kalksteinvorgebirge umgeben.**

Gräbern gesäumten Bergflanken harren der Entdeckung. Außerdem hat man von hier einen spektakulären Blick auf die Landschaft.

Tag 8, 9 und 10: Siem Reap und Angkor

Die Reise nach Angkor ist zwar lang (etwa zwölf Stunden), aber sehr interessant. Nehmen Sie ein Boot nach Kambodscha und fahren Sie flussaufwärts nach Phnom Penh. Von dort geht es mit dem Bus nach Siem Reap *(siehe S. 237)*. Die Anreise wird fast einen ganzen Tag in Anspruch nehmen, aber man hat dabei die Gelegenheit, die kambodschanische Landschaft zu entdecken.

Nehmen Sie sich zwei Tage Zeit, um das prachtvolle Angkor Wat *(siehe S. 220)* und das nahe Angkor Thom *(siehe S. 224)* zu erkunden – entweder auf einer geführten Tour oder auf eigene Faust mit dem Fahrrad. Die zehntägige Tour in Kambodscha enden zu lassen, ist genau richtig: Angkor Wat ist das größte religiöse Monument der Welt, Angkor Thom zwar weniger besucht, aber ebenso Ehrfurcht einflößend.

1 *Phu Quoc* ↑

2 *Traditionelles Stelzenhaus in Chau Doc*

3 *Drachenköpfe an einer Pagode am Fuß des Bergs Sam*

4 *Südtor von Angkor Thom*

Vögel des Deltas

Die üppige Natur des Deltas bietet Nahrung für eine große Bandbreite von Zugvögeln und sesshaften Vogelarten. Das Delta liegt an der Route vieler Zugvögel wie Reiher, Buntstörche oder der seltenen Saruskraniche. Viele tropische Vogelarten, so wie Smaragdspinte, sind das ganze Jahr über hier zu sehen. Mehr als 46 Vogelarten sind in den Mangrovenwäldern des Vogelschutzgebiets Bac Lieu zu Hause. Der Nationalpark Tram Chim, der nur mit dem Boot zu erreichen ist, ist ein beliebter Zwischenstopp für Zugvögel wie Störche und Kraniche, genauso wie die Bang-Lang-Storchengärten in der Nähe des Städtchens Can Tho.

↑ *Smaragdspinte nisten in Stollen im Boden von Flussufern*

MEKONG-DELTA FLORA UND FAUNA

Der satte Boden und das üppige Grün der Mangrovensümpfe und tropischen Wälder des Mekong-Deltas sind Heimat einer Vielzahl von Pflanzen- und Tierarten, von denen immer noch neue entdeckt werden. Die Region ist ein Wunderland der Biodiversität.

Kokospalmen säumen die Flussufer

Kokospalmen sind Nahrungsquelle, Baumaterial und liefern umweltfreundliche Verpackungen. Ob im Curry, als Speiseöl, für Süßigkeiten oder als vitaminreiches Getränk – Kokosnüsse werden in der Küche Vietnams vielfältig genutzt. Die Blätter werden zu Körben geflochten und zum Decken von Dächern genutzt.

← *Flussufer im Mekong-Delta, gesäumt von Hunderten Kokospalmen*

Reptilien

Reptilien wie Schlangen und Eidechsen leben im Ökosystem des Mekong-Deltas. Zu den einheimischen Schlangen gehören die gefürchtete Königskobra und der Riesenpython. Krokodile sind in der Wildnis selten zu sehen. Sie werden auf Krokodilfarmen gezüchtet, um ihre Art zu erhalten.

→ *Krokodile in einer der zahlreichen Krokodilfarmen*

Farbenfrohe Orchideen

Viele Orchideenarten gedeihen auf natürliche Weise im Deltagebiet. Die Zahl ihrer Arten wurde durch importierte Sorten und kultivierte Hybride noch größer. Die meisten Orchideen hängen an den Stämmen größerer Pflanzen, sodass Sie in der Wildnis nach oben schauen müssen, um sie zu sehen.

← *Diese lilafarbenen Orchideen sind im Delta weitverbreitet*

→ *Die schönen, nachtaktiven Fischkatzen leben in der Nähe des Wassers*

Expertentipp

Vogelschutzgebiet Tra Su

23 Kilometer westlich von Chau Doc liegt das große Vogelschutzgebiet Tra Su, Heimat einer großen Zahl von Stelzvögeln. Die beste Zeit für einen Besuch ist zwischen September und November. Die Fahrt durch den Park erfolgt meist mit dem Boot. Selbst wenn Sie kein begeisterter Vogelbeobachter sind, ist das einfach ein einmaliges Erlebnis.

Säugetiere

Das bekannteste Säugetier, das in der Wildnis des Deltas lebt, sind die Javaneraffen. Diese Affen sind Allesfresser, sie ernähren sich von Krabben, Insekten und Pflanzen und plündern gern Obstgärten. Weniger verbreitet ist die Fischkatze, die bei der Jagd nach Beute tatsächlich ins Wasser taucht. Der Haarnasenotter zählt zu den gefährdeten Arten, die im Naturreservat U Minh in der südlichen Deltaprovinz Ca Mau Schutz finden.

↑ *Cai Rang, ein schwimmender Markt südwestlich von Can Tho*

1

Can Tho

C7 · 169 km südwestl. von HCMC · 1 300 000 · 10 km südl. · 50 Hai Ba Trung; +84 292 382 7674 · Binh Thuy-Tempelfest (Jan, Mai) · canthotourist.vn

Can Tho ist die größte Stadt im Delta und eines der interessantesten Reiseziele der Region. Da sie an der Grenze von sechs Provinzen liegt, ist die Stadt Verkehrs- und Landwirtschaftszentrum. Wichtigster Wirtschaftszweig ist die Weiterverarbeitung von Reis. Can Tho ist die ideale Basis für Tagesausflüge zu den schwimmenden Märkten.

①

Ong-Pagode

32 Hai Ba Trung
+84 292 382 3862

In dem Tempel betet man zum Gott des Glücks, Than Tai, und zur Göttin der Barmherzigkeit, Quan Am. Damit die Gebete erhört werden, werden sie auf Papier geschrieben und aufgehängt.

②

Can-Tho-Museum

1 Hoa Binh · +84 292 382 0955 · Di–Do 8–11, Sa, So 8–11, 19–21

Exponate wie ein traditionelles Teehaus, ein lebensgroßes Diorama eines Heilkräuterladens mitsamt Patienten und Kunstobjekte vermitteln einen Einblick in die Geschichte der Stadt und Region. Eines der besten Museen im Flussdelta.

③

Munirangsyaram-Tempel

36 Hoa Binh · +84 292 381 6022 · tägl. 8–17

Ein an Angkor erinnernder Turm erhebt sich über diesem Theravada-Buddhismus-Tempel der Khmer. Innen bilden dorische Säulen und Elemente wie Buddhas und Lotosblüten ein harmonisches Ensemble.

④

Schwimmende Märkte

Rund um Can Tho locken zwei schwimmende Märkte, auf denen die Händler von Boot zu Boot paddeln und ihre Waren im Gewühl der *sampans* verkaufen.

Der Morgenmarkt von Cai Rang ist der größte und mit nur sieben Kilometer Entfernung südlich der Stadt auch der betriebsamste. Von einer Brücke hat man einen guten Überblick, aufregender ist jedoch eine Bootsfahrt durch den Markt. Weitere 14 Kilometer entfernt ist der einfache Markt von Phong Dien.

↑ *Der Munirangsyaram-Tempel wurde für Can Thos Khmer-Gemeinde gebaut*

Man erreicht beide Märkte mit *Sampan*-Booten ab der Straße Hai Ba Trung.

52 Kilometer nördlich von Can Tho liegt der Storchgarten Bang Lang. Jeden Abend sieht man in den Bäumen Tausende von Störchen. Es ist ein wunderbarer Anblick, wenn sie sich an ihren Schlafplätzen niederlassen.

5

Binh-Thuy-Gemeindehaus

Bui Huu Nghia · +84 292 384 1127 · tägl. 8–17

Das 1893 erbaute Gebäude ist eine interessante Mischung architektonischer Stile mit französischer Fassade und Decken, chinesischem Dach und vietnamesischen Holzschnitzereien. Das dunkle Innere ist voller antiker chinesischer Möbel und Kunstobjekten. In dem Haus, in dem einst Gemeindeversammlungen und religiöse Riten stattfanden (auf dem Gelände befinden sich mehrere Schreine), lebt seit fünf Generation dieselbe chinesische Familie. Da es keinen Ticketschalter gibt, sollte man die geringe Gebühr für einen Besuch des Hauses dem nächsten Haushaltsmitglied zahlen. Im Garten kann man auch so herumwandern.

Schon gewusst?

Gläubige schreiben in der Ong-Pagode ihre Gebete oft auf Schriftrollen und hängen diese an den Wänden auf.

6

Tarot-Museum

44 Nguyen Khuyen
tägl. 9–22
museum-tarot.com

Das kleine Museum bietet eine Abwechslung zu den »normalen« Sehenswürdigkeiten. Das von dem Tarot-Experten Philippe geführte Museum ist voller Tarot-Karten, historischer Bücher, okkulten Objekten und Heilsteinen. Unbedingt mindestens zwei Tage vorher reservieren.

Highlight

Hotels

Victoria Can Tho

Das friedvolle Resort mit Spa liegt in einem wunderschönen Kolonialgebäude am Ufer des Hau und bietet zwei Outdoor-Pools in einem schönen Garten.

Cai Khe Ward
victoriahotels.asia

$$$

Nam Bo Boutique Hotel

Das kleine Hotel neben dem Hauptanleger hat sieben Suiten. Alle sind asiatisch eingerichtet, die Wohnzimmer mit Blick auf den Fluss. Von den beiden Dachrestaurants blickt man auch auf den Fluss.

1 Ngo Quyen
nambocantho.com

$$$

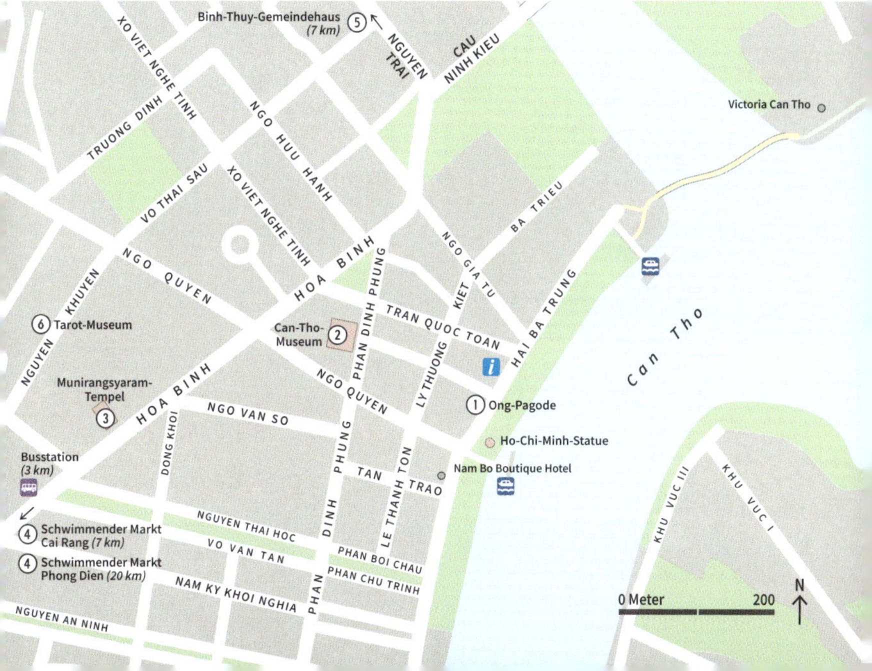

2

Con-Dao-Inseln

C7 · 100 km vor der Südspitze Vietnams · 6000 · von HCMC · von Vung Tao · Nguyen Hue; +84 254 383 0115 · condao.com.vn

Der Con-Dao-Archipel umfasst 16 kleine Inseln und ist wegen seiner dichten Wälder, Wildtiere und Strände eines der überraschendsten Reiseziele Vietnams. Die Inseln werden meist nur von einheimischen Touristen besucht und sind ein wahres tropisches Paradies.

Con Son

Die größte und einzige dauerhaft bewohnte Insel des Con-Dao-Archipels ist Con Son, wegen ihrer Form auch »Bäreninsel« genannt. Sie ist nur zehn Kilometer lang und kann auf gut markierten Wanderwegen leicht an einem Tag durchquert werden.

Trotz allen Idylls hat die Insel jedoch eine düstere Geschichte, denn Con Son wurde nach dem Bau des französischen Phu-Hai-Gefängnisses 1862 zur Hölleninsel. Politische Dissidenten und Revolutionäre waren hier unter schrecklichsten Bedingungen inhaftiert, oft am Boden festgekettet, wie man noch in einem der Zellenblöcke sehen kann, und wurden grausam gefoltert. 1954 übergab man Phu Hai an Südvietnam, das diese »Tradition« u. a. mit unmenschlichen »Tigerkäfigen«, winzigen Erdlöchern unter einem Stahlrost, fortsetzte und hier Vietcong-Agenten verhörte.

Restaurants

Thu Ba Seafood Restaurant
Das moderne Lokal serviert köstliches Seafood – etwas teurer, aber auch besser als die Hütten am Strand. Probieren Sie den Hotpot.
7 Vo Thi Sua, Con Son
+84 254 3830 255
$$$

Villa Maison Con Dao Kitchen & Wine Bar
Hier gibt es großartige vietnamesische und internationale Küche – von Hummer über Zitronengras-Hühnchen bis zu Filet mignon.
46 Nguyen Hue, Con Son
+84 64 383 0969
$$$

← *Sonnenuntergang im Con-Dao-Archipel; Besucher besteigen ein Boot* (links)

Meeresschildkröten

Der Nationalpark Con Dao ist bekannt für seine große Population von Meeresschildkröten, die jedes Jahr zwischen April und September auf vielen der Inseln ihre Eier ablegen. Dazu gehören auch gefährdete Arten wie Grüne Meeresschildkröte und Echte Karettschildkröte. Die Eiablageplätze darf man besuchen. Mehr Infos erteilt das Tourismusbüro Con Dao.

Auch der Friedhof mit seinen unzähligen, namenlosen Grabsteinen zeugt davon, wie viele Menschen in den Gefängnissen ihr Leben verloren haben. Die Geschichte der grausamen Misshandlungen in den Gefängnissen und die der ganzen Insel dokumentiert das Bao-Tang-Con-Dao-Museum anhand von Fotografien und vielen Exponaten.

Erholung versprechen dagegen die vielen Traumstrände und Tauchgründe. Der beliebteste Strand ist Dat Doc auf Con Son, wo in den letzten Jahren auch Dugongs gesichtet wurden. Auf Con Son liegt auch der paradiesisch einsame Nho Beach. Den seltenen Brauntölpel kann man auf Hon Trung erspähen (eine Stunde Bootsfahrt ab Con Son). Der Strand auf der Insel Tre Nho lädt zum Picknicken ein. Die beste Reisezeit für Con Dao liegt zwischen März und Juni.

Nationalpark Con Dao

Der 1993 gegründete Nationalpark Con Dao nimmt mit 40 000 Hektar einen Großteil des Archipels ein. Zwei Drittel davon sind Land, der Rest umfasst Korallenriffe. In den Gewässern rund um die Inseln tummeln sich über 1300 verschiedene Meereslebewesen, darunter auch Meeresschildkröten, Delfine und Dugongs, eine Säugetierart, die mit den Manatis der Karibik die Ordnung der Seekühe bildet. Die Eiablageplätze der Grünen Meeresschildkröte darf man auf Touren besuchen. An Land existieren mehr als 130 Tier- und 880 Pflanzenarten, u. a. Orchideen, die nur hier wachsen. Der Park ist dank der Zweifarben-Fruchttaube auch ein Paradies für Vogelfreunde.

Im Nationalpark gibt es mehrere schöne Strände. Den Ong Dung Beach erreicht man vom Parkeingang am einfachsten, zu den Stränden Bang und Dat Tham muss man wandern. Dank der reichen Meeresfauna sind die Inseln auch ein ideales Tauchrevier. Die beste Zeit ist von März bis Juli, dann ist das Meer am ruhigsten.

SEHENSWÜRDIGKEITEN

3

My Tho

C7 72 km südwestl. von HCMC am Hwy 1 230 000 von HCMC zur Busstation Mien Tay Tien Giang Tourist, 8, 30/4, +84 273 387 3184 tiengiangtourist.com

My Tho ist wegen seiner Nähe zu Ho Chi Minh City am nördlichsten Nebenfluss des Mekong das beliebteste Tagesausflugsziel im Delta. Die Stadt eignet sich für Bootsausflüge auf den Kanälen sowie für Abstecher zu den nahen Inseln. Ein Spaziergang durch die breiten, baumgesäumten Boulevards und den Markt am Flussufer ist wie eine Zeitreise: Die Stadt wurde ursprünglich von chinesischen Immigranten aus Formosa (heute Taiwan) gegründet, später errichteten die Franzosen hier eine Garnison, um die Reis- und Obstproduktion zu überwachen. Hölzerne Boote und Frachtkähne treiben in der Nähe des Ufers, Straßenhändler preisen eine unglaubliche Warenvielfalt an – von Lebensmitteln über Haushaltsartikel bis hin zu riesigen Tontöpfen zum Baden. Die Luft ist erfüllt vom beißenden Geruch der Trockenfische und dem Duft von Ananas, Kokosnuss und Jackfrucht.

My Tho ist darüber hinaus auch ein religiöses Zentrum: Die **Vinh-Trang-Pagode** ist einer der wichtigsten Tempel. Mosaike aus Keramikscherben schmücken seine Fassade, eine Tradition, die man in ganz Südostasien sieht. Lotosteiche und Steingräber sowie ein Bildnis der Göttin der Barmherzigkeit, Quan Am, mitten in einem Banyanbaum vervollständigen das Idyll.

Die große christliche Gemeinde der Stadt versammelt sich in der **My-Tho-Kirche**, die Diözesansitz und katholische Schule zugleich ist. Der massive gelbe Bau aus dem 19. Jahrhundert steht inmitten eines Gartens voller Bäume und Sträucher und fällt durch seine hohe Gewölbedecke und das rote Ziegeldach auf.

Nicht weit entfernt von My Tho liegt der winzige, historisch aber bedeutende Ort Ap Bac. Hier fand im Jahr 1963 ein Gefecht statt, das zum ersten wichtigen Sieg des Vietcong gegen die von den USA unterstützte südvietnamesische Armee führte.

Schon gewusst?

Die 1879 gebaute Nguyen Dinh Chieu High School in My Tho war die erste Südvietnams.

Vinh-Trang-Pagode
60 Nguyen Trung Truc
+84 273 387 3427
tägl. 9–11:30, 13:30–17

My-Tho-Kirche
32 Hung Vuong +84 273 388 0075 tägl. 7–18

Die Vinh-Trang-Pagode in My Tho mit ihren schönen Gärten

4

Phoenix-Insel

C7 · 3 km von My Tho

Auf halbem Weg zwischen My Tho und Ben Tre liegen mehrere kleine Inseln. Die bekannteste heißt Con Phung oder Phoenix-Insel, der Rückzugsort des Kokosnuss-Mönchs. Mitten in die Einöde baute er eine ungewöhnliche kleine **Kultstätte** mit mehreren frei stehenden, blauen und goldenen Drachensäulen, die einen 25 Meter messenden Kreis bilden. In der Nähe steht eine Holzkonstruktion, die wie eine alte Achterbahnanlage wirkt, daneben sind einige Minarette und eine Art Rakete. Flussaufwärts ruht eine riesige Urne auf dem Rücken einer Schildkröte. Am Inselrand stellt eine Fabrik Süßigkeiten aus Kokosnüssen her.

Rund um die Phoenix-Insel gruppieren sich weitere Inselchen, die zum Picknicken einladen, darunter Con Tan Long, die Dracheninsel, auf der Bootsbauer *(siehe S. 103)* und Bienenzüchter leben. Thoi Son, die Einhorninsel, zeichnet sich durch enge Kanäle inmitten üppiger Longan-Obstgärten aus. Con Qui, die Schildkröteninsel, ist bekannt für starken Bananenschnaps und für Ananas, Jackfrucht und Mangos, die hier wachsen. Zwischen den Inseln verkehren Fähren.

Kultstätte
tägl. 8:30–11, 13:30–18

5

Ben Tre

C7 · 86 km südwestl. von HCMC; 14 km südl. von My Tho · 116 000 · von HCMC · von My Tho · 65 Dong Khoi; +84 275 382 9618

Ben Tre liegt abseits der Touristenpfade und wirkt daher verschlafener als andere Städte im Flussdelta, eine Chance, eine traditionelle Flussstadt zu entdecken.

Ben Tre ist die Hauptstadt der gleichnamigen Provinz und wegen seiner Süßigkeiten aus Kokosnuss berühmt. Überall sind Kokosnussplantagen. Bei der Herstellung der Süßigkeiten werden Milch und Fruchtfleisch zu einer Masse verkocht. Diese härtet beim Trocknen aus, wird in Stückchen geschnitten und in essbares Reispapier eingewickelt: Es macht ebenso viel Spaß, den Arbeitern dabei zuzusehen wie das Endprodukt zu essen.

Auf dem Zentralmarkt kauft man vor allem Haushaltswaren, Stoffe und Lebensmittel. Besonders sehenswert ist die Vielfalt der Frisch- und Trockenfische.

Eine Sehenswürdigkeit ist die **Vien-Minh-Pagode**, die um 1900 entstand und heute Sitz der Buddhisten-Vereinigung der Provinz ist. Bunte Wandbehänge und Bildnisse mit Neon-Heiligenscheinen erhellen das Innere.

Vien-Minh-Pagode
156 Nguyen Dinh Chieu · +84 275 381 3931 · tägl. Sonnenauf- bis -untergang

↑ *Traditionelle Holzboote im Mekong-Delta nahe Ben Tre*

Der Kokosnuss-Mönch

Der Kokosnuss-Mönch hieß eigentlich Nguyen Thanh Nam (1909–1990). Ursprünglich wollte er Chemie studieren, verzichtete dann aber darauf, vertiefte sich ganz in Meditation und ernährte sich nur von Kokosnüssen. Nguyen Thanh Nam gründete sogar eine eigene Religion, Tinh Do Cu Si – eine Mischung aus Buddhismus und Christentum. In der Hoffnung, Vietnam den Frieden zu schenken, bedrängte er den Staat nach der Teilung des Landes 1954 mit Ideen zur Vereinigung und saß deswegen mehrfach im Gefängnis. Geblieben ist sein bizarrer Tempelsitz auf der Phoenix-Insel.

Rot gewandete Khmer-Mönche beten im Altarraum eines Tempels in Tra Vinh

6

Tra Vinh

C7 100 km westl. von Can Tho 131 000 von Vinh Long und Can Tho Phan Chau Trinh; +84 294 385 1819

Mit seinen großen Volksgruppen von Khmer und Chinesen bietet Tra Vinh eine ungewöhnliche Religionsvielfalt. Unter den vielen religiösen Khmer-Bauten ist die Ong-Met-Pagode wegen ihres Säulenportals mit viergesichtigen Buddha-Bildnissen sehenswert. Die drei Meter hohen, vergoldeten Stupas erinnern an verstorbene Mönche. Als eine der schönsten chinesischen Pagoden der Stadt gilt die Ong-Pagode, die 1556 dem zum Gott erhobenen chinesischen General Quan Cong aus dem 3. Jahrhundert geweiht wurde. Sie ist vor allem wegen des überaus bunten hinteren Hofs bekannt, dessen Wand mit roten Drachen zwischen blauen Bergen und grünem Meer verziert ist. Interessant ist auch ein Fischteich mit farbenfrohen Skulpturen: Sie zeigen Karpfen mitten im Sprung aus dem Wasser. Die Kunstwerke stammen alle von Le Van Chot, der auf dem Gelände eine Werkstatt hat.

Die Religionsvielfalt zeigt sich am eindrücklichsten in der Tra-Vinh-Kirche. Auf den ersten Blick wirkt sie außen wie ein Kolonialbau, doch die Dachtraufen zeigen die für Khmer-Tempel typischen »Drachenflammen«.

Umgebung: Etwa 6,5 Kilometer südlich erhebt sich die schlichte Hang-Pagode. Hauptattraktion sind hier Hunderte nistender Störche.

Das **Khmer-Museum** zeigt einige interessante Exponate (leider ohne englische Erklärungen). Haushaltsgegenstände, Bekleidung und Schmuck kann man auch so bewundern, für die religiösen Objekte wären Erläuterungen hilfreich. Das Museum liegt neben dem von Bäumen gesäumten Ba-Om-Teich, etwa sieben Kilometer südwestlich von Tra Vinh – ein idealer Ort zum Ausspannen. In der Nähe steht die Ang-Pagode. Schon seit dem 11. Jahrhundert war dies eine religiöse Stätte. Den Eingang bewachen zwei Löwenskulpturen, Wandbilder zeigen Buddha-Motive. Nicht

Restaurants

Meo U Kitchen

In dem hübschen japanisch-vietnamesischen Fusion-Café-Restaurant gibt es asiatische Reis- und Nudelgerichte, auch vegetarisch, und großartige Säfte.

C7 1/7 Hoang Thai Hieu, Vinh Long +84 270 222 0168

Mr Kiet's Historic House

Etwa elf Kilometer außerhalb von Vinh Long serviert das Restaurant in einem Gebäude von 1838 köstliche traditionelle Gerichte. Man kann drinnen oder draußen im Garten essen.

C7 1924, Phu Hoa Village +84 273 382 4498

weit von hier steht die kleine Moschee Hoi Giao der Cham-Gemeinde, die 1921 erbaut wurde.

Fünf Kilometer nördlich von Tra Vinh liegt ein kleiner Tempel für Präsident Ho Chi Minh, der 1971, zwei Jahre nach dessen Tod, erbaut wurde. Zum Tempel gehört ein kleines Museum über das Leben von Onkel Ho.

Khmer-Museum
7 km südwestl. der Stadt an der 3 SEB Luong Hoa
+84 294 384 2188
Fr–Mi 7–11, 13–17

Bootsbauer des Mekong-Deltas

Die Bootsbaukunst ist vielleicht das älteste Handwerk im Flussdelta. Schließlich gäbe es ohne sie keinen Transport, keinen Handel und für viele auch kein Dach über dem Kopf. Das jahrhundertealte Handwerk wird in den Familien mit dem entsprechenden Spezialwerkzeug vererbt. Alte, aber zuverlässige Boote werden meist auseinandergenommen und dann nachgebaut: Jedes heutige Boot könnte also der Nachbau eines Boots sein, das seit 500 Jahren unverändert gebaut wird.

7

Vinh Long

C7 136 km südwestl. von HCMC; 74 km südwestl. von My Tho 145 000
Cuu Long Tourist, 1 Thang 5; +84 270 382 3656

Vinh Long ist eine Stadt am Ufer des Co Chien, die Besuchern vorrangig als Basis für Ausflüge zu den Inseln im Delta dient, aber auch selbst Sehenswertes bietet: Die Kirche aus der französischen Kolonialzeit zeigt, wie wichtig die Region einst für Missionare war. Am Stadtrand steht der **Van-Thanh-Mieu-Tempel**, ein einfacher, aber eleganter, 1866 für Konfuzius errichteter Bau. 1930 wurde ein weiteres Gebäude zu Ehren von Phan Thanh Gian, einem Rebellenführer gegen Frankreich, geweiht.

Verschiedene Bootsausflüge sind im Angebot für die Erkundung des Flusslaufs und der idyllischen, teils in unglaublicher Farbenpracht erblühenden Inseln. An Binh und Binh Hoa Phuoc sind als reizvolle Ausflugsziele beliebt. Auf An Binh steht nördlich des Fähranlegers die von außen unscheinbar wirkende Tien-Chau-Pagode. Innen erschrecken grelle Wandbilder mit den Qualen der buddhistischen Hölle: Sünder werden von Pferden zertrampelt, von Schlangen verschlungen oder verrotten in Ewigkeit.

Inmitten des Gewirrs aus Obstgärten, Booten und Stegbrücken gehen Bootsbauer, Kerzenhersteller, Bienenzüchter und Handwerker ihrer Arbeit nach. Hier kann man den für das Delta typischen Lebensrhythmus authentisch erleben.

Umgebung: Überall im Delta finden schwimmende Märkte statt, u. a. in Cai Be, das per Boot eine Stunde von Vinh Long entfernt ist. Am besten kommt man am Morgen, wenn sowohl Großhandelsware den Besitzer wechselt als auch Waren für den Endverbraucher angeboten werden. Schön zu beobachten ist, wie geschickt Obst, Kaffee und heiße Nudeln von Boot zu Boot umgeladen werden.

Van-Thanh-Mieu-Tempel
3 km südl. der Stadt an der Tran Phu
+84 270 383 0174 tägl. 8–Sonnenuntergang

Boote bringen Waren zum schwimmenden Markt von Cai Be

Fotomotiv
Cai-Be-Markt

Fahren Sie um 6 Uhr morgens zum schwimmenden Markt von Cai Be – dann ist hier am meisten los. Tauchen Sie ins emsige Marktgeschehen ein mit der katholischen Kirche im Hintergrund.

8

Cao Lanh

C7 162 km von HCMC 170 000 Dong Thap Tourist, 6 Do Cong Tuong; +84 277 385 2136 dongthaptourist.com

Zwar ist die Stadt selbst nicht besonders sehenswert, aber die Fahrt nach Chau Doc *(siehe S. 106)* über Cao Lanh ist sehr reizvoll. Das **Dong-Thap-Museum** zeigt traditionelles Werkzeug der Flussbauern und Fischer, darunter ein großes Bootsmodell und Fischfallen. Das sowjetisch wirkende **Kriegerdenkmal** ist ein riesiger, muschelförmiger Bau, der überladen ist mit Hammer, Sichel und Fahnen. Auf dem dazugehörigen Friedhof sind Vietcong-Soldaten bestattet.

Etwa 1,6 Kilometer südwestlich findet man das Grab von Nguyen Sinh Sac, dem Vater von Ho Chi Minh.

Umgebung: Das fruchtbare Sumpfgebiet Dong Thap Muoi (»Schilfebene«) erstreckt sich nördlich von Cao Lanh. Hier leben u. a. im Nationalpark Tram Chim, 45 Kilometer nordwestlich der Stadt, viele Vogelarten. Von Dezember bis Mai kann man im Park den seltenen Mandschurenkranich sehen.

In Vuon Co Thap Muoi, rund 44 Kilometer nordöstlich von Cao Lanh, sind viele Weißstörche heimisch.

Südöstlich von Cao Lanh versteckt sich im Wald von Rung Tram ein ehemaliges Vietcong-Lager, Xeo Quyt. Mit einer Genehmigung des Tourismusbüros darf man das Gelände besichtigen.

Dong-Thap-Museum
162 Nguyen Thai Hoc
+84 277 385 1342
tägl. 7–11, 13–16

Kriegerdenkmal
am Hwy 30 im Osten der Stadt tägl.

9

Soc Trang

C7 63 km südöstl. von Can Tho 165 000 Soc Trang Tourist, Ton Duc Thang; +84 299 382 2024 Oc-Om-Boc-Fest (Mitte Nov)

Der Ort ist für seine religiösen Stätten und Feste bekannt. Die Provinz gehörte

einst zum Reich von Angkor, sodass man heute in der Region 90 Khmer-, 47 chinesische und 30 vietnamesische Pagoden findet, viele davon in Soc Trang. Unter den zehn Festen des Jahres ist das Khmer-Fest Oc Om Boc *(siehe S. 43)* mit seinem Bootsrennen das bedeutendste.

Die Khleang-Pagode ist der bekannteste Khmer-Tempel des Orts: Der orange Bau wird von einem Giebelspitzdach gekrönt. Im Heiligtum

Häuser im Mekong-Delta

Im Mekong-Delta leben Tausende von Menschen nicht nur am Ufer, sondern auch auf dem Wasser, in schwimmenden Häusern oder Bauten auf Pfählen, den beiden ausgefallensten Hausarten Vietnams. Die Pfahlbauten (engl. »stilt houses«, Stelzenhäuser) schmiegen sich oft an die steilen Ufer und sind im Flussbett verankert. Schwimmende Häuser treiben auf Pontons oder leeren Ölfässern und bilden manchmal ganze Dörfer. Beide Haustypen sind vom Ufer meist über wacklige Stegbrücken (engl. »monkey bridges«, Affenbrücken) erreichbar.

hängen Lüster mit Lotosmotiven, ein vergoldeter Buddha beherrscht den Altar.

Rund 200 Meter östlich findet man Chua Dat Set, die Tonpagode mit faszinierenden Tonskulpturen des Mönchs Ngo Kim Tong, der zwischen 1930 und 1970 als »Tonmönch« bekannt wurde. Am Eingang wacht eine fast lebensgroße Elefantenfigur.

Das **Khmer-Museum** dient auch als Kulturzentrum mit traditionellem Tanz und Musik. Ausgestellt sind Trachten, Töpferwaren, Statuen und einige Boote. Der Bau selbst ist ein Stilmix aus französischer Kolonial- und Khmer-Architektur.

Umgebung: Chua Doi, die »Flughunde-Pagode« vier Kilometer westlich an der Le Hong Phong, verdankt ihren Spitznamen den Flughunden in den Wäldern: Bei Sonnenuntergang füllt sich hier der Himmel mit einer riesigen, kreischenden Wolke. Ebenso sehenswert sind im Tempel die Gräber der fünfzehigen Schweine sowie die Wandbilder mit Buddha-Szenen.

14 Kilometer westlich vom Ort steht die Xa-Lon-Pagode, die Ende des 18. Jahrhunderts als strohgedeckter Khmer-Bau entstand, aber 1968 fast ganz zerstört wurde. Der heutige gedrungene Bau mit seinen Fliesen an der Fassade dient als Tempel und Sanskritschule. Sehenswert ist auch die Im-Som-Rong-Pagode, ein Tempel im Khmer-Stil, rund 1,6 Kilometer östlich von Soc Trang.

Khmer-Museum
23 Nguyen Chi Thanh
+84 299 382 2983
Mo – Fr 7:30 –11, 13:30 –17

10

Bac Lieu

C7 280 km von HCMC; 50 km südwestl. von Soc Trang 148 000
2 Hoang Van Thu; +84 781 382 4272
baclieutourist.com

Der Ort ist vor allem ein landwirtschaftliches Zentrum, das von den Garnelen- und Salzfarmen an der Küste lebt. Die meisten Besucher erkunden von hier aus die Region und besuchen das nahe Vogelschutzgebiet. Gleichwohl sieht man im Ort einige interessante Pagoden und hübsche französische Kolonialbauten wie den beeindruckenden Cong Tu Bac Lieu, ein Palast der Fürsten der Provinz Bac Lieu. Das Hotel, das heute hier steht, erstrahlt nach einer Renovierung wieder im Glanz der 1930er Jahre.

Umgebung: Das Vogelschutzgebiet Bac Lieu liegt fünf Kilometer südlich der Stadt. In den Mangrovenwäldern leben über 50 Vogelarten oder machen hier auf ihren Wanderrouten halt. Besonders auffallend sind die großen Schwärme des Östlichen Silberreihers. Abgesehen von primitiven Toiletten und einem Aussichtsturm bietet das Schutzgebiet keine Besuchereinrichtungen. Am besten besucht man das Vogelschutzgebiet zwischen Juli und Dezember, da es in den anderen Monaten nur wenig zu sehen gibt.

↑ *Fischer bringen in Bac Lieu ihre Netze aus*

← *Mit einem Boot kommt man auf dem Mekong schnell von einem zum anderen Dorf*

11 Rach Gia

B7 116 km von Can Tho 228 000 von HCMC Kien Giang Tourist, 11 Ly Tu Trong; +84 297 386 2103

In der Hafenstadt sind einige Tempel sehenswert, etwa die Pho-Minh-Pagode, Sitz eines Nonnenbettelordens. Die Zwillingsbuddha-Statuen, eine im thailändischen, die andere im vietnamesischen Stil, sitzen im Heiligtum nebeneinander.

Zur 200 Jahre alten Phat-Lon-Pagode gehören ein von mehreren Altären umgebenes Haupttheiligtum sowie ein Altar, dessen Buddha Khmer-Insignien trägt. Der Tempel hat ein eigenes Krematorium und einen Friedhof.

Der farbenprächtige Tempel Nguyen Trung Truc ist einem Nationalhelden gewidmet, der von den Franzosen am 1868 auf dem Marktplatz hingerichtet wurde.

Neben den Tempeln lohnt ein Besuch des **Kien-Giang-Museums**, das eine interessante Sammlung aus Oc-Eo-Kunstobjekten und Keramik zeigt.

Umgebung: Die uralte Hafenstadt Oc Eo war im indisierten Funan-Reich, das sich damals von Südvietnam bis nach Malaysia erstreckte, ein wichtiges Handelszentrum. Fundstücke einer Ausgrabungsstätte zehn Kilometer außerhalb von Rach Gia zeigen, dass die Händler vom 1. bis zum 5. Jahrhundert n. Chr. mit vielen Völkern der Region regen Kontakt hatten. Sogar römische Münzen wurden hier gefunden. An der Ausgrabungsstätte ist jedoch außer ein paar Grundmauern nur wenig zu sehen.

↑ *Statue von Nguyen Trung Truc in der Sac-Tu-Tam-Bao-Tu-Pagode*

Kien-Giang-Museum
27-D Nguyen Van Troi +84 297 386 3727
7:30–11, 13:30–17

12 Chau Doc

B7 245 km südwestl. von HCMC; 119 km nordwestl. von Can Tho 158 000 von HCMC, Can Tho und Ha Tien von Phnom Penh, Kambodscha

Leben und Handel in der Grenzstadt Chau Doc werden durch das Wasser bestimmt, viele Menschen leben am Flussufer in schwimmenden Häusern oder Pfahlbauten *(siehe S. 104)*. Auch der selbst für vietnamesische Verhältnisse quirlige Markt liegt am Ufer.

Die Machthaber der Stadt wechselten im Lauf der Jahrhunderte mehrmals: Nach den Funan, den Cham und den Khmer kamen die Vietnamesen – kein Wunder, dass Chau Doc eine der ethnisch und religiös vielfältigsten Städte der Region ist. So entstand hier in den 1930er Jahren die Hoa-Hao-Sekte, ein Buddhistenorden, der Gottesdienste und die Schriftenauslegung durch Priester ablehnt.

Die kleine islamische Cham-Gemeinde kommt in der Mubarak-Moschee am anderen Ufer des Hau Giang und in der größeren Chau-Giang-Moschee zusammen: Beide Moscheen haben keine Straßenadressen, aber die Bootsleute kennen den Weg.

Im Zentrum von Chau Doc steht auf dem Platz Bo De Dao Trang eine Quan-Am-Statue in einem Pavillon. Hinter der Gottheit sitzt eine Buddha-Statue mit Blick auf eine Pagode unter einem Baum. Der nahe Chau-Phu-Tempel ist einem Nguyen-Fürsten und – wie an den vielen Gedenktäfelchen zu erkennen – den Vorfahren geweiht.

Der Berg Sam, sechs Kilometer südwestlich der Stadt, ist seit Jahrhunderten eine heilige Stätte. Seine Hänge sind mit Schreinen, Grotten, Pagoden und alten Gräbern übersät. An den nördlichen Ausläufern steht der Phat-Thay-Tay-An-Tempel mit grell bemalten Elefanten- und Dämonenstatuen. In der Nähe erinnert der Ba-Chua-Xu-Tempel an eine Nationalheldin, die Dame Xu. Ihre Statue wird alljährlich im Mai in einem Ritual gewaschen und kostbar bekleidet.

Die Aussicht vom Gipfel des Sam über die vietnamesischen Reisfelder im Osten und die Tiefebene Kambodschas im Westen ist wunderschön.

13

Ha Tien

B7 306 km westl. von HCMC; 92 km nordwestl. von Rach Gia 120 000 von HCMC und Chau Doc von der Insel Phu Quoc

Ha Tien liegt an den Stränden am Golf von Thailand inmitten einer Kalksteinlandschaft und gilt als eine der schönsten Städte im Delta. Mit der Erneuerung der Promenade und der Entstehung eines neuen Vororts im Westen des Zentrums gehört Ha Tien auch zu einer der sich am schnellsten entwickelnden Regionen des Landes. Das Städtchen hat eine bewegte Vergangenheit und fiel erst 1708 nach einer Schlacht gegen die Thai an Vietnam. Der Kriegsheld Mac Cuu wurde mit seiner Familie in den Mac-Gräbern auf einem Hügel namens Nui Lang, westlich des heutigen Orts, bestattet. Elegante Grabstätten aus dem 18. Jahrhundert birgt die Phu-Dung-Pagode an der Nordseite des Hügels.

Der Thach-Dong-Tempel fügt sich in eine Höhlenlandschaft aus Karstgestein rund vier Kilometer westlich der Stadt ein. Überall im Tempel stehen Altäre, das Allerheiligste versteckt sich in der größten Höhle. Eine Statue der Göttin Quan Am begrüßt die Gläubigen am Eingang. In der Nähe ragt die Stele des Hasses empor und erinnert daran, dass 1978 130 Menschen von den Roten Khmer ermordet wurden.

Umgebung: Rund 30 Kilometer südöstlich lockt der Badeort Hon Chong mit der Hang-Pagode, die am Südende des Strands in einer Grotte liegt. Die Stalaktiten erklingen beim Berühren wie Orgelpfeifen. Weitere Schreine und Höhlen liegen auf der Insel Nghe, eine Stunde per Boot entfernt.

Schon gewusst?

Der chinesische Abenteurer Hac Cuu (1655 –1736) gründete Ha Tien.

↑ *Ein Händler verkauft von seinem Boot auf dem Mekong bei Chau Doc Erfrischungsgetränke*

Hotel & Restaurants

Mango Bay Resort
Die 44 Zimmer und Villen des komfortabel-rustikalen Resorts sind alle individuell eingerichtet und aus Naturmaterialien. Auf den Veranden sind Hängematten, es gibt aber keine Fernseher oder Klimaanlagen.

B7 Ong Lang Beach
mangobayphuquoc.com

$$$

Pepper Tree
Pepper Tree, eines der feinsten Restaurants auf der Insel mit der besten Weinkarte, bietet hervorragendes vietnamesisches und internationales Essen in eleganter Umgebung – perfekt für ein romantisches Abendessen!

B7 La Veranda, Long Beach
laverandaresorts.com

$$$

Crab House
Wenn Sie Seafood mögen, müssen Sie unbedingt hier essen. Neben exzellenten Krebsen gibt es auch allerlei anderes Seafood, serviert mit köstlichen Saucen. Unbedingt vorab buchen, da sehr beliebt.

B7 21 Tran Hung Dao, Duong Dong
+84 297 3845 067

$$$

↑ *Der Sandstrand von Bai Truong (Long Beach)*

14 Phu Quoc

B7 45 km westl. von Ha Tien 91 000 von HCMC von Rach Gia und Ha Tien phuquocislandguide.com

Die von Kambodscha beanspruchte Insel spielte als Sitz der französischen Mission Pigneau de Behaine eine wichtige Rolle in der Geschichte Vietnams. Hier wurde während des Son-Aufstands der künftige Kaiser Gia Long versteckt. Phu Quoc ist 50 Kilometer lang, 20 Kilometer breit und nur wenig erschlossen. Eine nennenswerte Infrastruktur gibt es nur im Hauptort Duong Dong, der zwar wie ein Dorf wirkt, aber einen Leuchtturm und einen Markt hat. Auf Phu Quoc wird von rund 85 Herstellern die ausgezeichnete vietnamesische Fischsauce *nuoc mam* hergestellt. Eine Fabrik in Duong bietet auch Führungen an.

Fast 70 Prozent der Hauptinsel nimmt der 2001 gegründete Nationalpark Phu Quoc ein. Er besteht aus tropischem Regenwald, den man auf einigen wenigen Pfaden durchwandern kann, Wasserfällen und Gipfeln. Die idyllischen Gewässer im südlichen Parkzipfel laden zum Baden ein.

Auf halbem Wege zwischen Duong Dong und dem Park liegt die Schwarzpfeffer-Plantage Khu Tuong.

Phu Quoc betört mit paradiesischen Stränden, die in Vietnam *bai* heißen. Der von Hotels gesäumte Bai Truong an der Südwestküste ist am bekanntesten. Im Norden

Schon gewusst?

Der Phu Quoc Ridgeback, eine Hunderasse, die es nur hier gibt, hat Schwimmhäute.

schmiegen sich kleine Hostels in die Buchten am rauen Bai Ong Lang.

Vor der Küste locken die Korallenriffe von Hon Doi Moi mit vielen Meereslebewesen. Die Inselgruppe An Thoi an der Südspitze hat ebenfalls ein Korallenriff und ist mit Phu Quoc durch eine Seilbahn verbunden.

Noch einsamer, aber ebenso schön sind die weißen Sandstrände Bai Sao und Bai Dam an der Südostküste. Tauch- und Angelausrüstung sowie Inseltouren kann man in Duong Dong buchen. Interessant ist auch eine Perlenfarm mit Galerie an der Südwestküste.

↑ *Schnorchler vor der An-Thoi-Inselgruppe im Süden von Phu Quoc*

↓ *Die üppig grünen Hügel und das türkisblaue Wasser von Phu Quoc*

Voll beladene Boote auf dem schwimmenden Markt bei Cai Be ↑

Bootstour von Vinh Long

Dauer 5 bis 6 Stunden **Rasten** Das Dorf Binh Hoa Phuoc ist ideal für einen Stopp und gutes Essen **Bootsverleih** über W cuulongtourist.com

Zur Orientierung
Siehe Karte S. 88f

Den ländlich zeitlosen Charme des Mekong-Deltas erlebt man am besten bei einer Bootstour durch das dichte Kanalnetz rund um Vinh Long. Dieser Ausflug führt zu den winzigen Inseln An Binh sowie Binh Hoa Phuoc und bietet einen unverfälschten Blick auf das Leben am Fluss – eine Fahrt zu strohgedeckten Hütten inmitten üppiger Obstgärten, mit unzähligen Gerüchen und farbenprächtigen Eindrücken der schwimmenden Märkte.

In dem winzigen Dorf Dong Phu arbeiten Bauern, Obstpflanzer und Bootsbauer wie seit Jahrhunderten.

In den Obstgärten auf An Binh wachsen Longan, Jackfrucht, Rosenäpfel und die Zitrusfrucht »Uglifruit«, die viel besser schmeckt, als sie aussieht.

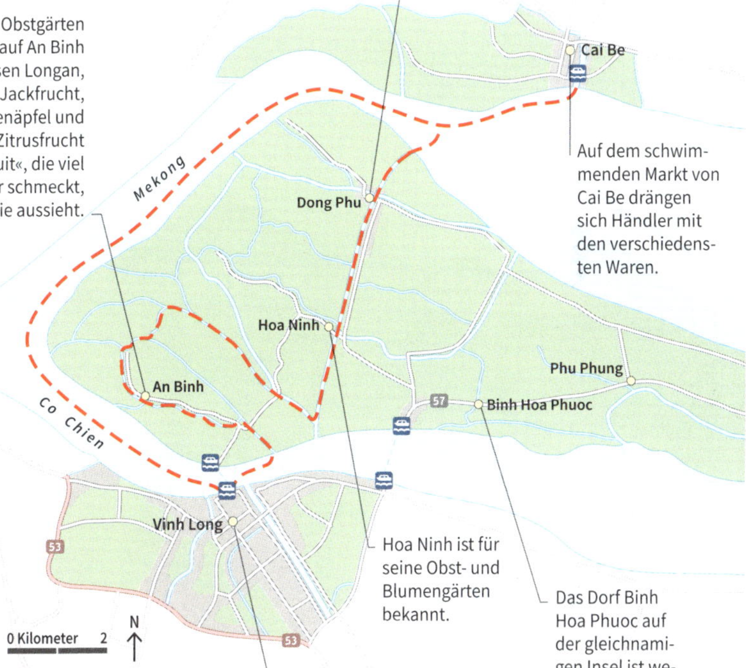

Auf dem schwimmenden Markt von Cai Be drängen sich Händler mit den verschiedensten Waren.

Hoa Ninh ist für seine Obst- und Blumengärten bekannt.

Das Dorf Binh Hoa Phuoc auf der gleichnamigen Insel ist wegen der Bonsai-Obstgärten bekannt und bietet gemütliche Unterkünfte.

Vinh Long versteckt sich in einem Kanal- und Insellabyrinth und wirkt selbst wie eine Insel. Der Ort liegt am Ufer des Flusses Co Chien und ist der ideale Startpunkt für Ausflüge in die Region.

← *Auf An Binh geerntete Jackfrucht*

Fischerhütten an der Küste bei Nha Trang (siehe S. 116–119) *im Sonnenuntergang*

Südliches Zentralvietnam

Der Süden von Zentralvietnam, der einen Großteil des Gebiets des historischen Königreichs von Champa abdeckt, wird an der dicht besiedelten Küste von Fischerstädtchen und stillen Stränden, landeinwärts von den Dörfern ethnischer Minderheiten geprägt.

Champa stieg dank seines weitverzweigten Seehandels im 4. Jahrhundert n. Chr. zu einem mächtigen Königreich auf. In seiner Blütezeit erstreckte es sich vom Ngang-Pass im Norden bis zur heutigen Ho Chi Minh City und dem Mekong-Delta im Süden. Im 11. Jahrhundert zerfiel das Reich, die Vietnamesen verleibten sich ein Fürstentum nach dem anderen ein, bis gegen Ende des 18. Jahrhunderts nur noch das winzige Panduranga zwischen Phan Rang und Phan Thiet übrig blieb, das 1832 ebenfalls an Vietnam fiel.

Das historische Champa ist bis heute in den Tempeln und Türmen des hügeligen südlichen Zentralvietnam lebendig. In der alten Region Panduranga feiern Nachfahren der Cham jeden Herbst das Kate-Festival.

Südliches Zentralvietnam

Highlights

1. Nha Trang
2. Dalat

Sehenswürdigkeiten

3. Dambri- und Bo-Bla-Wasserfälle
4. Buon Ma Thuot
5. Lak-See
6. Ta-Cu-Berg
7. Phan Thiet
8. Mui Ne Beach
9. Phan Rang-Thap Cham
10. Nationalpark Yok Don
11. Kontum
12. Quy Nhon
13. Sa Huynh
14. Quang Ngai

Zentralvietnam
Seiten 128–163
Binh Son
Tra Xuan
Son My
Liem Rang
Lang Moi
Dak Glei
Di Lang
Quang Ngai
Dak Chum
QUANG NGAI
Duc Pho
KONTUM
Phuoc Dien
Ngok Kring 2066 m
Ba To
Plei Kan
Sa Huynh
Dak To
Go Vanth
Dak Ha
Kon Plong
Xuan Phong
Tam Quan
Bong Son
Tang Bat Ho
Sa Thay
Kontum
Duong Lieu
Plei To Ven
BINH DINH
Da Du Boloc
Phu My
Phu Hoa
Xom Moi
Pleiku Airport
Lang Dang
Ia Kha
An Khe
Phu Cat Airport
Pleiku
Phu Phong
Banh-It-Cham-Tempel
Binh Dinh
GIA LAI
Chu Ty
Dieu Tri
Quy Nhon
Kong Chro
Chu Prong
Chu Se
Canh Vinh
Binh Thanh
Yang-Prong-Cham-Tempel
Song Cau
Phu Thien
A Yun Pa
La Hai
Chi Thanh
Van Hoa
Ea Hleo
Nationalpark Yok Don
Phu Tuc
PHU YEN
Tuy Hoa
Dong Tac Airport
DAK LAK
Cung Son
Krong Nang
Hai Rieng
Buon Ho
Dai Lanh
Ea Kar
Ea Knop
Buon Ma Thuot
M Drak
Van Gia
Buon Ma Thuot Airport
Halbinsel Hon Gom
Krong Kmar
Cai
Dak Mil
Lak-See
Ninh Hoa
Halbinsel Hon Heo
Chu Yang Sin 2423 m
Lien Son
Tan Thanh
Tu Xoay
Dak Mam
Khanh Vinh
Nha Trang
Tuy Duc
DAKNONG
Dien Khanh
Hon Tre
Quang Son
KHANH HOA
Lat-Dorf
Cam Ranh International Airport
Kien Duc
Gia Nghia
Dalat
Ta Dung 1972 m
Nam Ban
NINH THUAN
Cam Ranh
Duc Phong
Lien Khuong Airport
Thanh My
LAMDONG
Lien Nghia
Po-Klong-Garai-Cham-Tempel
Dambri-Wasserfälle
Dai Ninh
Phan Rang-Thap Cham
Ninh Chu Beach
Dong Nai
Bao Loc
Di Linh
Bo-Bla-Wasserfälle
Po-Ro-Me-Cham-Tempel
Son Hai
La Nga
Dinh Quan
Cho Lau
Lien Huong
BINH THUAN
Phan Ri Cua
Südchinesisches Meer
Duc Tai
Tuy Hoa
Lac Tanh
Phan Thiet
Mui Ne Beach
Po-Shanu-Cham-Tempel
La Ray
Ta-Cu-Berg
La Gi
0 Kilometer 50
N

Nha Trang und seine schöne Promenade liegen direkt am Meer

1

Nha Trang

D6 · 450 km nördl. von Ho Chi Minh City · 400 000 · 34 km südl. in Cam Ranh · Khanh Hoa Tourism, 61 Yersin; +84 258 382 6713 · Po-Nagar-Fest (Mitte Apr) · nhatrang-travel.com

Nha Trang ist ein wichtiger Fischereihafen und ein etablierter Ferienort mit komfortablen Hotels und guten Restaurants. Das Herz der Stadt schlägt am Zentralmarkt Cho Dam. Außerhalb der Stadt liegen die heißen Quellen von Thap Ba und Ba Ho.

①

Long-Son-Pagode

Thai Nguyen · +84 258 381 6919 · tägl. 8–17

Die Long-Son-Pagode ist der heiligste Tempel von Nha Trang. Der Bau steht auf dem Hügel Trai Thuy südlich der Stadt, fiel jedoch Anfang des 20. Jahrhunderts einem Taifun zum Opfer. Die zuletzt 1940 restaurierte Pagode ist den vielen buddhistischen Mönchen geweiht, die unter dem Regime des südvietnamesischen Präsidenten Ngo Dinh Diem (1955–63) umkamen. In der Tempelanlage leben auch heute noch Mönche.

Der Bau im chinesisch-vietnamesischen Stil ist mit aufwendig verzierten Drachen und Keramikziegeln geschmückt. Das Hauptheiligtum wird von einer 14 Meter hohen weißen Buddha-Statue aus den 1960er Jahren beherrscht. Sie thront hinter dem Tempel direkt auf der Hügelspitze und ist über 150 steile Stufen erreichbar. Von oben hat man einen Panoramablick über Nha Trang. Ein anderer weißer Buddha – diesmal liegend – wartet an den Treppen rechts auf halbem Weg.

②

Kathedrale Nha Trang

31 Thai Nguyen · +84 258 382 3335

Die Kathedrale ist Sitz der katholischen Diözese von Nha Trang und entstand in den 1930er Jahren im neogotischen Stil französischer Landarchitektur. Die Buntglasfenster blicken auf einen Kreuzgang mit Säulen an beiden Seiten des Baus. Die drei 1786 in Frankreich gegossenen Kirchenglocken erklingen auch heute noch.

③

Stadtstrand

Nha Trang hat mitten im Zentrum einen schönen, sieben Kilometer langen Strand, der geschützt zwischen zwei Landspitzen im Norden und Süden liegt. Die

Die elegante, neogotische Kathedrale von Nha Trang nahe dem Bahnhof

Highlight

Straße Tran Phu folgt dem Strand auf seiner ganzen Länge und bietet die Möglichkeit, mit schönster Aussicht auf die Bucht zu flanieren. Hotels und Restaurants säumen die Landseite der Promenade, viele Cafés und kleine Imbissbuden entstanden zwischen Straße und Strand.

④

Alexandre-Yersin-Museum

10D Tran Phu +84 258 382 2355 Mo – Sa 8 – 11, 14 – 16:30

Der Schweizer Arzt Alexandre Yersin (1863 – 1943) reiste 1891 nach einem Studium bei dem Mikrobiologen Louis Pasteur nach Vietnam. Er lernte rasch Vietnamesisch und war 1893 am Aufbau des Bergorts Dalat beteiligt. Yersin führte den Gelben Chinarinden-Baum *(Cinchona officinalis L.)* zur Produktion des Malaria-Medikaments Chinin in Vietnam ein. Yersins größte Leistung war die Entdeckung des Beulenpest-Erregers 1894.

Das Museum in Yersins früherem Büro im Pasteur-Institut zeigt Laborinstrumente, Schreibtisch und Bücher. Das Institut entwickelt noch immer Impfstoffe und führt medizinische Studien durch.

⑤

Po-Nagar-Cham-Türme

2 Thang 4 +84 258 383 1569 tägl. 7:30 – 17

Der Tempel wurde von den Herrschern des Cham-Fürstentums Kauthara im 8. Jahrhundert für die Cham-Göttin Po Yan Inu Nagar erbaut. Sie wird heute als Schutzgöttin von Nha Trang von den Viet ebenso wie von den chinesischen Buddhisten und den örtlichen Cham-Hindus verehrt.

Von den ursprünglich acht Türmen sind vier erhalten. Der 817 erbaute Nordturm, Thap Chinh, ist am beeindruckendsten und enthält ein Bildnis der Hindu-Göttin Uma, dargestellt als Po Nagar. Am Eingang tanzt ihr Gemahl, der Hindu-Gott Shiva, auf dem Rücken des heiligen Bullen Nandi. Die Säulen der Mandapa-Ruinen (Meditationshalle) stehen noch. Ein kleines Museum zeigt Artefakte aus der Cham-Zeit.

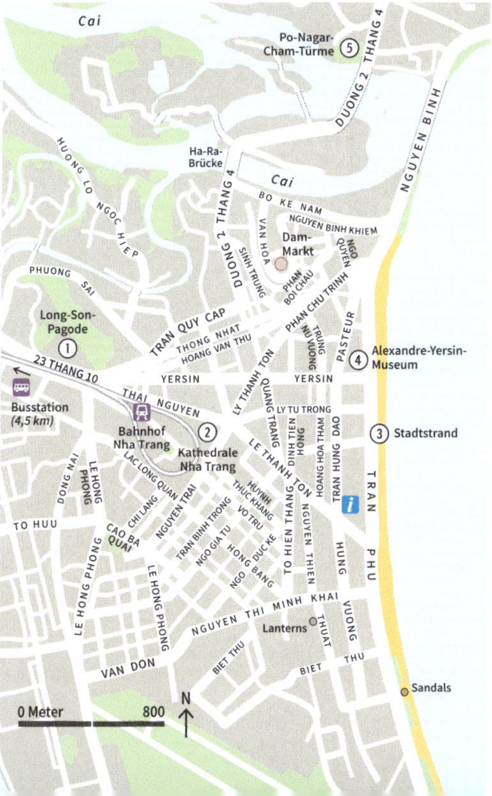

Restaurants

Lanterns

Dieses freundliche Dachlokal, das mit bunten Lampions dekoriert ist, serviert vietnamesische und westliche Gerichte. Besonders das Seafood sollte man probieren. Die Zutaten stammen alle von Anbietern aus den umliegenden Dörfern.

30A Nguyen Thien Thuat
lanternsvietnam.cf

$$

Sandals

Das Sandals bietet gehobene Küche direkt am Strand auf dem Gelände des Sailing Club. Auf der Karte stehen vietnamesisch-mediterrane Fusion-Gerichte. Genießen Sie neben dem Essen auch den fantastischen Blick aufs Meer, besonders bei Sonnenuntergang.

72–74 Tran Phu
sailingclub nhatrang.com

$$$

UMGEBUNG VON NHA TRANG

⑥

Hon Chong

4 km nördl. von Nha Trang

Etwas nördlich von Nha Trang türmen sich einzelne riesige Felsen, Hon Chong genannt, bis hinunter ans Meer und grenzen eine Bucht ab. Einer dieser Felsbrocken mit fünf Einkerbungen gilt als Handabdruck eines Riesen.

Die malerische Bucht eignet sich wegen der Fischerdörfer nicht zum Baden, dafür kann man hier sehr gut und preiswert Fisch essen und die Aussicht auf die Bucht von Nha Trang im Süden und den Nui Co Tien (wegen seiner frauenähnlichen Gestalt »Berg der Himmlischen Frau« genannt) im Westen genießen.

⑦

Heiße Quellen von Thap Ba

10 km nordwestl. von Nha Trang tägl. 7–19:30 thapbahotspring.com.vn

Einheimische wie Touristen wälzen sich in den heißen, schlammigen Quellen von Thap Ba. Der Schlamm enthält Natriumsulfidchlorid und hilft bei der Therapie von Arthritis und Rheuma. Außerdem soll er körperliche Entspannung fördern. Die Gäste reiben sich den Heilschlamm auf den Körper, lassen sich von der Sonne trocknen, bis die Schlammschicht aufbricht und mit heißem Wasser aus der Mineralquelle abgewaschen wird. Nach dem Bad locken Wassermassagen oder der Pool zur Abkühlung.

⑧

Ba Ho (Fluss)

25 km nördl. von Nha Trang

Der Suoi (Fluss) Ba Ho bietet sich für idyllische Picknicks an. Der Fluss beginnt an der Flanke des 1342 Meter hohen Hon Long und fließt dann ostwärts bis ins Südchinesische Meer. Er erweitert sich in drei natürliche Wasserbecken, die durch Wasserstürze miteinander verbunden sind: eine erfrischende Einladung zum Baden. Essen und Getränke sollte man unbedingt mitnehmen. An Wochenenden kann es am Ufer sehr voll und eng werden.

⑨

Cau Da

3 km südl. von Nha Trang

Im Windschatten des Bergs Nui Chut liegt Cau Da, ein Vorort von Nha Trang und Anlegestelle für Fähren und Bootsausflüge zu den Inseln in der Bucht. Viele Unternehmen bieten Bootsfahrten einschließlich Mittagessen und Schnorchelausrüstung für weniger als zehn Dollar an. Das in einer kolonialen Villa am Pier untergebrachte **Oceanographic Institute** zeigt allerlei Meeresgetier, konserviert in Glasflaschen und -kästen. Lebende Tiere kann man in Wasserbecken und den drei Teichen draußen beobachten.

Oceanographic Institute
1 Cau Da +84 258 359 0036 tägl. 6–18

350

unterschiedliche Korallenarten gibt es in der Region rund um Nha Trang.

Strände um Nha Trang

Dai Lanh ▷ 1
Der oft menschenleere, schattige Sandstrand von Dai Lanh versteckt sich am nördlichen Zipfel einer Halbinsel und ist von Bergen umgeben. Das Wasser ist hier ruhig und ideal zum Schwimmen.

Hon Ong
Die einsame Insel Hon Ong (»Walinsel«) liegt geschützt in der Van-Phong-Bucht und ist für gute Restaurants bekannt. Hier sieht man auch viele Meereslebewesen.

Doc Let
Trotz seines weißen Traumstrands ist Doc Let vom Tourismus noch weitgehend unberührt. Der bei Rucksackurlaubern beliebte Jungle Beach ist nur eine kurze Motorradfahrt entfernt.

Hon Lao
Hon Lao, aufgrund der vielen wilden Affen auch als Monkey Island bekannt, liegt etwa zwei Kilometer vor der Küste und hat einen schönen Strand und ruhiges Wasser.

Hon Tre ▷ 2
Hon Tre, die »Bambusinsel«, ist die größte des Archipels. Auf ihr ragt ein 180 Meter hoher Hügel auf. Am weißen Sandstrand von Bai Tru an der Nordostküste liegt das luxuriöse Vinpearl Resort.

Hon Mieu
Von Cau Da fahren regelmäßig Fähren zum Fischerdörfchen Tri Nguyen auf der Insel Hon Mieu, die dem Festland am nächsten liegt. Das Aquarium ist eher eine Fischfarm mit einem Restaurant, in dem man mit Blick auf die Betonpools Seafood verspeisen kann. In der Nähe von Bai Soi gibt es einen Kiesstrand.

Hon Mun ▷ 3
Die Riffe rund um Hon Mun bieten die besten Schnorchelgebiete der Inselgruppe, sind aber durch Bojen nur schlecht vor dem Fischfang geschützt.

Hon Tam ▷ 4
Die Insel, deren Form an eine Seidenraupe erinnert, wird auch Silkworm Island genannt und wartet mit tropischen Wäldern, fantastischen Stränden, klarem Wasser und einem großen Öko-Resort auf.

Hon Mot ▷ 5
Die kleinste Insel im Golf von Nha Trang ist wegen des ruhigen Wassers und der Korallenriffe bei Schnorchlern beliebt.

1

2

3

4

5

↑ *Der schöne See Xuan Huong im Zentrum von Dalat*

2

Dalat

D6 308 km nördl. von HCMC 207 000
Dalat Trip, 27 Truong Cong Dinh; +84 263 351 6888
dalattrip.com

Anfang des 20. Jahrhunderts entwickelte sich Dalat zu einem beliebten, da kühlen Sommerziel der Kolonialelite. Heute zieht es alljährlich Zehntausende vietnamesischer Urlauber und Paare in den Flitterwochen an. Auch immer mehr Besucher aus dem Ausland kommen nach Dalat und genießen die frische Luft, die schöne Landschaft und das gute Essen. Eine kurze Fahrt entfernt liegen einige eindrucksvolle Wasserfälle.

①

Xuan-Huong-See

Der sichelförmige See im Stadtzentrum entstand 1919 durch einen Dammbau und stieg zum Eldorado für das Bürgertum Dalats auf. Der von den Franzosen »Le Grand Lac« genannte See wurde später zu Ehren von Ho Xuan Huong, einer gefeierten vietnamesischen Dichterin des 18. Jahrhunderts, umbenannt, ihr Name bedeutet »Wesen des Frühlings«.

Beliebt sind Ausfahrten mit Tretbooten in Schwanenform oder Kajaks. Ein Spaziergang oder eine Radfahrt auf dem sieben Kilometer langen Uferweg führt zu den städtischen Blumengärten am Nordufer.

②

Kathedrale von Dalat

Tran Phu und Le Dai Hanh +84 263 382 1421 tägl.

Die katholische, dem hl. Nikolaus (St. Nicholas) geweihte Kathedrale trägt zum frankophilen Flair Dalats bei. Der Bau wurde 1931 für die Kolonistengemeinde und die »Bekehrten« begonnen, aber erst nach der japanischen Invasion in den 1940er Jahren vollendet – einem Zeitpunkt, der den Anfang vom Ende Französisch-Indochinas markierte.

Ein 47 Meter hoher Kirchturm überragt den Backsteinbau mit seinen in den 1930er Jahren in Frankreich hergestellten, farbenfrohen Buntglasfenstern.

③

Hang Nga (Nga's Crazy House)

3 Huynh Thuc Khang
+84 263 382 2070 tägl. 8:30–19 crazyhouse.vn

Nga's Crazy House, wie das Gästehaus gern genannt wird, symbolisiert all das, was Besucher an Dalat hassen oder lieben. Für das mit viel Fantasie konzipierte Haus wurde ein Holz- und Drahtgerippe mit Beton übergossen. Riesige Giftpilze und Spinnenweben, Tunnel und Leitern verwandeln es – je nach Sichtweise – in eine Scheußlichkeit oder in ein Miniatur-Disneyland. Gegen eine kleine Gebühr kann man durch diverse Räume schlendern, u. a. durch den Bauch einer Betongiraffe. Die Schöpferin der Anlage, Dr. Dang Viet Nga, ist die Tochter des früheren Hardliners der Kommunistischen Partei, Truong Chinh.

Highlight

④

Bao Dais Sommerpalast

1 Trieu Viet Vuong
+84 263 382 6858
tägl. 7 – 17

Der letzte Nguyen-Kaiser, Bao Dai, der als Marionette der Franzosen galt, lebte von 1938 bis 1945 in Dalat. Seine Zeit verbrachte er mit Jagen und Liebeleien.

Der Sommerpalast ist eine eigenwillige maritime Interpretation des Jugendstils. Mit 25 Räumen wirkt er keineswegs palastähnlich, zumal jeglicher Pomp fehlt. Dennoch ist er bei Besuchern beliebt, die die Gegenstände des Kaisers, etwa seinen Schreibtisch oder eine Landkarte Vietnams, besichtigen.

⑤

Bahnhof von Dalat

1 Quang Trung, nahe der Nguyen Trai
+84 263 383 4409

Der 1932 nach dem Vorbild des Bahnhofs von Deauville errichtete Bau prunkt noch

Sehr beliebt sind Ausfahrten mit Tretbooten in Schwanenform oder Kajaks auf dem Xuan-Huong-See.

im Art-déco-Stil. Die Strecke nach Phan Rang wurde im Vietnamkrieg geschlossen, aber ein alter russischer Passagiertriebwagen fährt vier- bis fünfmal am Tag die reizvollen 17 Kilometer bis zum kleinen Dorf Trai Mat.

⑥

Lam-Dong-Museum

4 Hung Vuong +84 263 381 2624 Mo – Sa 7:30 – 11:30, 13:30 – 16:30

Die Sammlung zeichnet die Geschichte von Dalat und der Umgebung nach. Ausgestellt sind u. a. Keramik aus dem Funan- und dem Champa-Reich, Musikinstrumente, Trachten von Volksgruppen und Fotos.

Das Museum hat seinen Sitz in einer Villa im französischen Stil von 1935, in der Bao Dais Gemahlin, die Kaiserin Nam Phuong, lebte.

⑦

Thien-Vuong-Pagode

4 km vom Zentrum entfernt in der Khe Sanh

Der von der chinesischen Gemeinde 1958 erbaute Tempel besteht aus drei niedrigen Holzgebäuden, die sich auf einem Hügel inmitten von Pinienhainen erheben. Hier leben auch Mönche. Im Hauptheiligtum stehen drei große Statuen, Thich Ca, der historische Buddha, bildet das Zentrum.

Schon gewusst?

»Da Lat« bedeutet in der Sprache der Einheimischen »Fluss des Lat-Stamms«.

↑ *Die Seilbahn von Dalat schwebt über dem Bergwald*

⑧

Zentralmarkt

Stadtzentrum **tägl.**

Einer der größten Lebensmittelmärkte Vietnams liegt im Schatten eines Berghangs und ist von Cafés umgeben. Auf den Treppen, die zum Markt hinaufführen, bekommt man an Straßenständen Fleischspießchen, Maiskolben, Süßkartoffeln, mit Fleisch und Käse gefüllte Waffeln und heiße Sojamilch.

⑨

Linh-Phuos-Pagode

5 km nordöstl. von Dalat, 120 Tu Phuoc, Distrikt Trai Mat **+84 91 772 1280** **tägl. 7–18**

Der Tempel ist eine Mischung aus buddhistischer Architektur und surrealen Elementen, die an Bauwerke von Gaudí erinnern. Die ganze Pagode ist mit Mosaiken bedeckt. Auf dem Gelände steht ein großer Drache mit Schuppen aus 12 000 Bierflaschen. Der Glockenturm hat Intarsien aus zerbrochenen Reisschalen und soll die schwerste Glocke Vietnams tragen.

→ *Die Linh-Phuos-Pagode ist überall mit bunten Mosaiken übersät*

⑩

Lang Ga (Chicken Village)

16 km südl. von Dalat, direkt am Hwy 20

Lang Ga bekam den Spitznamen »Hähnchendorf« und zieht wegen seiner bizarren Hahnenfigur im Zentrum viele Besucher an. Das Dorf wird von den K'ho bewohnt, einer ethnischen Gruppe, die vom Kaffee- und Obstanbau sowie der Textilherstellung lebt. Ihr Dorf liegt am Highway zwischen Dalat und der Küste – ideal für Ausflugsbusse, die hier regelmäßig halten. Besucher können den K'ho-Frauen beim Weben zuschauen und ihre Produkte kaufen. Die Frauen sprechen dank der Nachfrage inzwischen gut Englisch.

⑪

Lat-Dorf

10 km nördl. von Dalat

Das kleine Dorf besteht aus neun Ortsteilen, in denen überwiegend Angehörige der Lat-Volksgruppe, der K'ho und anderer Minderheiten wie Ma und Chill leben. Die früher armen Dorfbewohner leben heute dank des Tourismus recht einträglich: Die Attraktion im Lat-Dorf sind Web- und Stickereiarbeiten.

> Expertentipp
> **Für Abenteurer**
> Dank des kühlen Klimas und der abwechslungsreichen Landschaft ist die Region rund um Dalat ideal für Wanderungen, Kletterpartien, Fahrrad- und Kanutouren. Veranstalter helfen bei der Organisation.

⑫

Dalat-Seilbahn und Thien Vien Truc Lam

3 km südl. von Dalat, nahe der Kreuzung 3 Thang 4 und Hwy 20 **tägl. 7:30–11:30, 13:30–17**

Mit der Seilbahn schwebt man eine 2,4 Kilometer lange Strecke über Bergwälder, kultiviertes Land und malerische Dörfer bis nach Thien

Highlight

Vien Truc Lam, dem Bamboo Forest Meditation Center. In diesem 1993 erbauten Zen-Kloster leben 180 Mönche und Nonnen. Vom Tempel blickt man über den Paradies-See, an dessen Ufer zahlreiche Picknicktische und Bänke stehen.

⑬

Datanla-Wasserfall

3 km südl. von Dalat, Hwy 20 tägl.

Der Wasserfall von Datanla liegt inmitten der Kiefernwälder südlich von Dalat und nur 15 Minuten zu Fuß vom Highway 20 entfernt. Er ist ein bei Vietnamesen beliebtes Ausflugsziel, vor allem am Wochenende. Das Wasser stürzt in zwei Kaskaden in die Tiefe. Man kann entweder zum Wasserfall hinuntergehen oder mit der Achterbahn hinunterfahren – für viele die eigentliche Attraktion. Die umgebende Landschaft ist beeindruckend. In der Trockenzeit lohnt ein Abstecher hierher nicht.

SEHENSWÜRDIGKEITEN

③

Dambri- und Bo-Bla-Wasserfälle

D6 Dambri: 85 km südwestl. von Dalat am Hwy 20; Bo Bla: 80 km südwestl. von Dalat am Hwy 28 tägl. 7–17

Der spektakulärste und am leichtesten erreichbare Wasserfall Südvietnams stürzt bei Dambri 90 Meter in die Tiefe. Ein steiler Aufstieg führt zur Spitze. Weniger fitte Besucher können per Aufzug nach oben schweben. Oberhalb des Wasserfalls kann man auf einem kleinen See Boot fahren. Die Fahrt nach Dambri lässt sich mit einem Abstecher zum Wasserfall von Bo Bla, südlich von Di Linh, kombinieren.

④

Buon Ma Thuot

D6 194 km nordöstl. von Nha Trang 300 000 3 Phan Chu Trinkh daklaktourist.com.vn

Die Hauptstadt der Provinz Dak Lak im zentralen Hochland ist der ideale Ausgangspunkt für Erkundungsfahrten zu Seen und Wasserfällen, in den Regenwald und zu den Dörfern der Bergstämme, in denen auch Ede- und Mnong-Minderheiten leben. Das **Ethnografische Museum Dak Lak** bietet einen guten Einblick in Kultur, Geschichte und Kunsthandwerk der Ede und Mnong sowie anderer Bergvölker der Region.

Die Stadt gilt als inoffizielle Kaffeehauptstadt Vietnams, deren Produktionszahlen das Land zum zweitwichtigsten Kaffee-Exporteur nach Brasilien gemacht haben. Der Besuch einer Plantage ist interessant. Die Elefantenritte, die für Touristen angeboten werden, sollte man im Interesse der Tiere lieber unterlassen.

Buon Ma Thuot war am 10. März 1975 Schauplatz einer der letzten Schlachten des Vietnamkriegs.

Tur, ein Dorf 14 Kilometer südwestlich von Buon Ma Thuot, wird von Mitgliedern der Ede-Minderheit in Holz-Langhäusern bewohnt.

Ethnografisches Museum Dak Lak

12 Le Duan +84 262 385 0426 tägl. 8–16

⑤

Lak-See

D6 32 km südl. von Buon Ma Thuot am Hwy 27 Dak Lak Tourist, 3 Phan Chu Trinh; +84 262 385 2246 daklaktourist.com.vn

Der im Dak-Lak-Hochland gelegene See war ein Rückzugsort von Kaiser Bao Dai, der hier eine seiner Jagdhütten errichten ließ. Zwar sind die Wälder auf den umliegenden Hügeln weitgehend der Axt zum Opfer gefallen, dennoch ist der Blick über den See noch immer hübsch. Das Gebiet ist ideal, um auf der Fahrt über die Bergstraße zwischen Buon Ma Thuot und Dalat für Erfrischungen haltzumachen.

↑ *Kanus treiben auf dem ruhigen Wasser des Sees Lak*

↑ *Der Fang des Tages wird in Phan Thiet an Land gebracht*

Hotels

Xin Chao
Das schöne, kleine, familiengeführte Hotel ist nur eine kurze Fußstrecke vom Strand entfernt und hat zehn Zimmer rund um einen Hof, einen Pool und einen Garten. Preisgünstig, sehr freundlicher Service und gutes Restaurant.

D6 129 Nguyen Dinh Chieu, Phan Thiet W xinchaohotel.com

$$$

Sandunes
Das abgeschiedene Sandunes außerhalb des Zentrums von Mui Ne Village bietet komfortable, stylishe Zimmer und Bungalows nur ein paar Meter vom Strand entfernt. Hier kann man dank Spa, eines guten Restaurants und eines Pools hervorragend entspannen.

D6 5 Quarter, Mui Ne Ward W sandunesbeach.com

$$$

6 Ta-Cu-Berg

D7 30 km südl. der Phan-Thiet-Pagoden i +84 252 386 7484

Der Ta Cu erhebt sich inmitten einer trockenen Tiefebene. Obwohl er nur 650 Meter hoch ist, bietet er an klaren Tagen eine atemberaubende Aussicht bis zum Meer. Die Linh-Son-Truong-Tho-Pagode und die Linh-Son-Long-Doan-Pagode (beide Mitte 19. Jh.) sind für Buddhisten, die zum heiligen Berg pilgern, wichtige Ziele. Hauptattraktion ist jedoch der weiße, 49 Meter lange Liegende Buddha, angeblich der größte Vietnams. Die Skulptur entstand 1962, deutlich später als die beiden Pagoden. Besucher können mit einer Seilbahn (Talstation in der Nähe des Highway 1) den Berg hinauffahren. Der Fußmarsch auf den Gipfel dauert etwa zwei Stunden.

7 Phan Thiet

D6 200 km östl. vom HCMC 216 000 i Binh Thuan Tourism; +84 252 381 0801 Nghinh-Ong-Fest (alle 2 Jahre Aug/Sep)

Die Küstenstadt hat einen Hafen auf beiden Seiten des Flusses Ca Ty und eine größere Fischereiflotte. Wer am benachbarten Mui Ne Beach wohnt, kann hier shoppen und herumschlendern.

Phan Thiet war einst das Zentrum von Panduranga, dem letzten, halb unabhängigen Cham-Fürstentum, das der Nguyen-Kaiser Minh Mang 1832 übernahm. Bis heute leben hier noch etliche Nachfahren der Cham. Der Cham-Name des Orts lautet Malithit. Bei Vietnamesen ist der Ort vor allem wegen seiner *nuoc mam* (Fischsauce) bekannt.

Umgebung: Sieben Kilometer von Phan Thiets Zentrum entfernt erhebt sich auf einem Hügel mit Blick auf die Stadt Thap Poshanu das südlichste religiöse Gebäudeensemble des alten Königreichs Champa. Der Tempelkomplex besteht aus drei *kalan* (heilige Türme) mit Nebenbauten, die teils auf das 8. Jahrhundert zurückgehen und damit die ältesten Cham-Relikte des Landes sind.

8 Mui Ne Beach

D6 östl. von Phan Thiet i +84 252 443 4895

Der weiße, palmengesäumte Sandstrand von Mui Ne, auch Ham Tien genannt, erstreckt sich über 20 Kilometer – von Phan Thiet nach Osten bis

zum Dorf Mui Ne. Auf der gesamten Länge verlaufen zwei Straßen parallel zum Strand.

Die Beliebtheit als einer der besten Strände südlich von Nha Trang führte zu einer zunehmenden Bebauung. Fast auf der gesamten Länge des Strands sind Resorts sowie schicke Bars und Restaurants zu finden. Heute ist das Gebiet eine Enklave für russische Touristen. Einige Resorts, Bars und Restaurants gehören Russen, die Straßenschilder sind auf Vietnamesisch, Russisch und Englisch. Oberhalb des Strands befindet sich bei Sealink ein Golfplatz. Es gibt Pläne für weitere Plätze.

Am Strand kann man nicht nur baden, sondern auch kite- und windsurfen (Nov – März). Zum Tauchen lädt das Meer hier nicht ein, zumal es keine schönen Korallenriffe bietet.

Etwa auf halbem Weg an der Straße in das Dorf Mui Ne schlängelt sich der Suoi Tien (»Märchenfluss«) durch die Dünen ins Meer. Noch weiter östlich, an der Stelle, wo die Straße vom Strand abbiegt und landeinwärts führt, beginnt der Pfad zu den Sanddünen von Mui Ne. Hier vermieten Kinder tablettähnliche Schlitten zum »Sand Sledding«.

In Mui Ne füllen Reifefässer mit guter *nuoc mam* (Fischsauce) Hinterhöfe und Gärten. Die Fischer landen ihren Fang am Morgen an und handeln lautstark mit den Händlern aus Phan Thiet und anderen Orten, die ihre Pritschenwagen am Strand parken. Selbstverständlich bekommt man in Mui Ne hervorragende Fisch- und Meeresfrüchtegerichte.

→ *Shiva-Statue am Eingang des größten Tempels in Po Klong Garai*

← *Der weiße Sandstrand von Mui Ne Beach ist von Palmen gesäumt*

9 Phan Rang-Thap Cham

D6 · 105 km südl. von Nha Trang · 161 000 · Kate-Fest (Herbst)

Die Doppelstadt liegt an einem Küstenstreifen, der für Textilproduktion und Traubenanbau bekannt ist. Zwischen den Küstenprovinzen und dem Hochland bildet Phan Rang-Thap Cham ein wichtiges Straßenkreuz. Thap Cham heißt »Cham-Türme« – und hier stehen auch drei Cham-Tempel.

Po Klong Garai umfasst drei aus Ziegelsteinen errichtete Tempeltürme in hervorragendem Zustand. Der auf einem Hügel im 13. Jahrhundert von König Jaya Simhavarman III. erbaute Tempel zeigt Cham-Inschriften im Eingangsbereich. Im Hauptheiligtum, dem *kalan*, kann man ein *mukha lingam* (Symbolstein, der mit der Hindu-Gottheit Shiva in Verbindung steht) mit dem Gesicht des Königs bewundern. Einer Statue des Bullen Nandi, Shivas Träger, werden regelmäßig Opfergaben dargereicht. Beim Kate-Fest im Herbst treten hier traditionelle Cham-Musikgruppen und Volkstanzgruppen auf.

Po Ro Me stammt aus dem 17. Jahrhundert, als das Cham-Fürstentum Panduranga bereits zerfiel. Er ist einer der größten Türme des Cham-Reichs und der zuletzt erbaute. Auch dieser Tempel erhebt sich auf einer Hügelspitze, ist aber schwieriger zu erreichen als Po Klong Garai. Am besten mietet man ein Motorrad. Der Turm ist König Po Ro Me geweiht. Innen findet sich sein Bildnis auf einem *mukha lingam*. Ein dritter Tempelkomplex, Hoa Lai, ist einige Kilometer nördlich von Phan Rang.

Den schönen Strand Ninh Chu, der sechs Kilometer östlich von Phan Rang liegt, säumen Kasuarinen. Während des Regimes von Präsident Nguyen Van Thieu (1967 – 75) war der Strand allein ihm und seinem Gefolge vorbehalten.

Po Klong Garai
Route 27, 6 km westl. von Thap Cham · tägl. Sonnenauf- bis -untergang

Po Ro Me
9 km südl. von Thap Cham · tägl. Sonnenauf- bis -untergang

10 Nationalpark Yok Don

D5 40 km nordwestl. von Buon Ma Thuot oder Minibus von Buon Ma Thuot
yokdonnationalpark.vn

Der größte Nationalpark Vietnams erstreckt sich auf fast 120 000 Hektar Land an der Grenze zu Kambodscha und wird durch den riesigen Fluss Dak Krong oder Serepok geteilt. Im Park leben Tiger, Leoparden und Wildelefanten, doch von den 67 Säugetierarten sind 38 vom Aussterben bedroht, und größere Tiere wird man nur mit viel Glück entdecken. Die vormals großen Elefantenherden sind auf weniger als 20 Tiere geschrumpft. Halbtagesausflüge führen u. a. zu einem Mnong-Dorf, was für die meisten Parkbesucher das Highlight ist.

Am Parkeingang bieten einige Läden Kunsthandwerk und versiegelte Töpfe mit lokalem Reisschnaps *(ruou can)* an, inklusive Strohhalmen aus Bambusfasern. Auch Unterkünfte sind am Parkeingang zu finden.

Gleich außerhalb der nördlichen Parkgrenze (und ohne eigenen Wagen und Führer nur schwer erreichbar) steht Thap Yang Prong, der entlegenste Cham-Turm Vietnams, ein Indiz dafür, dass sich hier eine Ansiedlung und der westlichste Außenposten des Champa-Reichs im 13. und 14. Jahrhundert befunden hat.

11 Kontum

D5 200 km nordöstl. von Quy Nhon 150 000
2 Phan Dinh Phung; +84 260 386 1626
komtumtourism.com

Nur wenige Besucher schauen in dieser Stadt vorbei, obwohl es hier einiges zu entdecken gibt. Trotz heftiger Bombenangriffe im Vietnamkrieg haben zwei Holzkirchen und einige Ladenfronten aus der Kolonialzeit überdauert. Die Stadt selbst bietet wenige Sehenswürdigkeiten, doch die Umgebung lockt mit idyllischer Natur und Dörfern ethnischer Minderheiten. Letztere sind wegen ihrer *nha rong* (Gemeinschaftshäuser) einen Besuch wert. Sehenswert ist auch das **Seminarmuseum** auf der Ostseite der Stadt in einem alten französischen Priesterseminar mit Ausstellungen zu Kunsthandwerk und Trachten regionaler Volksgruppen.

Minderheiten wie die Jarai, Sedang, Rongao und Bahnar leben in den umliegenden Dörfern, die man von Kontum aus gut erreicht. Fünf Kilometer östlich liegt das Bahnar-Dorf Kon Kotu. Das Gemeinschaftshaus besteht hier ganz aus Bambus und Holz sowie einem Strohdach. In Kon Hongo, vier Kilometer westlich von Kontum, leben Rongao.

Schon gewusst?

Die Hälfte von Kontums Bevölkerung besteht aus Mitgliedern von ethnischen Minderheiten.

Seminarmuseum

56 Tran Hung Dao
Mo–Fr 7:30–11, 14–17

12 Quy Nhon

D5 220 km nördl. von Nha Trang 285 000
187 Phan Boi Chau
binhdinhtravel.com.vn

Quy Nhon ist ein größerer Fischereihafen. Die Long-Khan-Pagode (frühes 18. Jh.), der wichtigste buddhistische Tempel der Stadt, ist dem Buddha Thich Ca geweiht. Dem Tempel wird jedoch weit weniger Interesse entgegengebracht als den Cham-Tempeln in der Umgebung. Der Strand ist zwar bei den Einheimischen beliebt, wesentlich schöner sind jedoch die Strände rund fünf Kilometer südlich, etwa der

← *Typisches* nha rong *(Gemeindehaus) der Jarai*

↑ *Quy Nhon Beach mit vielen kleinen Fischerbooten*

Quy Hao Beach. In Quy Nhon kann man sich auch vietnamesische Kampfkunst ansehen; es gibt hier viele Dojos.

1,6 Kilometer westlich erhebt sich Thap Doi Cham, ein Doppelturm der Cham aus der zweiten Hälfte des 12. Jahrhunderts.

Umgebung: Banh It (»Silberturm«), ein Denkmal der Cham, steht auf einem Hügel am Highway 1, rund 20 Kilometer nördlich von Quy Nhon. Weiter nördlich am Highway 1 findet man Überreste von Cha Ban, der Cham-Provinzhauptstadt Vijaya. Die 1000 n. Chr. gegründete Stadt markierte die Außengrenze des Königreichs.

13

Sa Huynh

D5 60 km südl. von Quang Ngai 50 000

Das Fischerdorf ist umgeben von Stränden und Salzwasserbecken. Bekannt wurde Sa Huynh aber vor allem als Zentrum der über 2000 Jahre alten Sa-Huynh-Kultur, einer Zivilisation vor den Cham. 1909 entdeckte man hier 200 Grabkrüge, der erste von weiteren Funden. Leider kann man hier keine Objekte der Bronzezeit-Kultur besichtigen – sie sind im Nationalmuseum für Vietnamesische Geschichte in Hanoi *(siehe S. 178f)* und im Museum der Sa-Huynh-Kultur in Hoi An *(siehe S. 134)*. Besucher sind vom entspannten Flair des Orts, den relativ einsamen Stränden und der idealen Surfbrandung begeistert.

14

Quang Ngai

D4 177 km nördl. von Quy Nhon 122 000
310 Quang Trung; + 84 255 383 7577 quangngaitourist.com.vn

Die Provinzhauptstadt lohnt einen Besuch wegen der nahen archäologischen Funde.

Acht Kilometer nordöstlich liegt die 1200 Jahre alte Zitadelle Chau Sa, ein Beweis, dass die Cham dieses Gebiet einst kontrollierten. Näher an den westlichen Bergen befindet sich eine 127 Kilometer lange Mauer. Sie wurde wahrscheinlich 1819 von den Vietnamesen gebaut, um den Handel zwischen der H're-Minderheit und den Viets zu regeln.

Mit einem Motorradtaxi kommt man von Quang Ngai ins 15 Kilometer entfernte Son My, Schauplatz des Massakers von My Lai 1968. Ein Gedenkpark im Ortsteil Tu Cung erinnert an das Geschehene, und ein Museumsbau aus Granitstein dokumentiert das Massaker in allen Details.

Massaker von My Lai

Während des Vietnamkriegs galt die Region rund um Quang Ngai als Vietcong-freundliches Gebiet, sodass am 16. März 1968 starke US-Infanterieverbände ausrückten, um den Tod einiger GIs in der Gegend zu rächen. Das Ergebnis war eines der furchtbarsten dokumentierten Kriegsverbrechen in der US-Geschichte. In nur vier Stunden töteten die Soldaten systematisch etwa 500 vietnamesische Zivilisten, über die Hälfte von ihnen Frauen und Kinder. Der für das Massaker verantwortliche Leutnant William Calley wurde 1971 zu lebenslänglicher Haftstrafe verurteilt, stand aber nur unter Hausarrest und wurde nach dreieinhalb Jahren begnadigt.

Bunte Laternen in einem Laden in Hoi An (siehe S. 132–137)

Zentralvietnam

Das alte Königreich der Champa wurde in dieser Region im 2. Jahrhundert gegründet und herrschte hier mehr als 1000 Jahre. Der Cham-Tempelkomplex bei My Son entstand zwischen dem 4. und 12. Jahrhundert und ist die berühmteste Stätte der Cham. Die Vietnamesen besiegten die Champa im 15. Jahrhundert, und in den folgenden Jahrhunderten etablierten chinesische, japanische und französische Händler einen Handelsposten in Hoi An. Einige Häuser gehen auf das 16. Jahrhundert zurück.

1802 bezog Vietnams letzte königliche Dynastie, die Nguyen, ihren Hof in Hue, das das intellektuelle und spirituelle Zentrum wurde, wovon die Zitadelle und die kaiserlichen Grabmäler zeugen.

Die frühere Demilitarisierte Zone (DMZ) verläuft nördlich der Stadt Hue. Das Gebiet war Schauplatz einiger der blutigsten Schlachten des Vietnamkriegs und erinnert bis heute an die Schrecken jener Zeit: Schlachtfelder wie Khe Sanh und Vinh Moc sind sowohl für Vietnamesen als auch für US-Amerikaner Mahnmale und ergreifende Stätten der Trauer.

Nordvietnam
Seiten 190–215
Vinh International Airport
Vinh
21
Kim Lien
Golf von Tonkin
Ban Phonsi
Pho Chau
Hong Linh
Duc Tho
Tay Son
8
Nghen
HA TINH
Cay
Ha Tinh
15
1A
Cam Xuyen
8
Lak Sao
Huong Khe
Ky Anh
Thanh Hoa
Minh Duc
1E
Khe Ve
Dong Le
Hoa Binh
12A
Gianh
12A
15
1A
Pheo
QUANG BINH
Ba Don
Ban Xiangdao
Nationalpark Phong Nha-Ke Bang
19
Bo Trach
Phong-Nha-Höhle
Dong Hoi Airport
12
Thien-Duong-Höhle
Ban Naden
18
Dong Hoi
Son-Doong-Höhle
20
Dong Som
Thakhek
Ba Chieng Phu
Xuan Duc
1F
14
Long Dai
Bua La Pha
15
1A
Kien Giang
Xai Bua Thong
Nong Bok
Sai Phu Xanghe
13
QUANG TRI
Khe Sanh Combat Base
15
Atsaphangthong
29
Sepon
9E
Ban Lampoy
9E
Ban Dong
Lao Biao
Savannakhet
Muang Phin
Champhon
Mekong
Xonbuli
Se Thamuak
LAOS
Ban Nonsavang
23
Xebanghiang
Tahoy
Se Bang Nuan
THAILAND
13
Ban Nonsavang
20
Salavan
15
Khong Sedon
Zentral-vietnam
20
16
Sanasombun
0 Kilometer 40
N

Zentralvietnam

Highlights

1. Hoi An
2. My Son
3. Zitadelle von Hue
4. Hue
5. Hue: Grabmäler der Kaiser

Sehenswürdigkeiten

6. Danang
7. Marmorberge
8. Son Tra (Affenberg)
9. Ba Na
10. China Beach
11. Nationalpark Bach Ma
12. Suoi Voi
13. Lang Co Beach
14. Thuan An Beach
15. Khe Sanh Combat Base
16. Demilitarisierte Zone
17. Vinh-Moc-Tunnel
18. Dong Hoi
19. Nationalpark Phong Nha-Ke Bang
20. Son-Doong-Höhle
21. Kim Lien

1

Hoi An

D4 793 km südl. von Hanoi 120 000 von Danang 567 Hai Ba Trung (Tickets für die Sehenswürdigkeiten in der Altstadt gibt es im Tourismusbüro) Laternenfest (monatlich) hoian-tourism.com

Das pittoreske Hoi An am Nordufer des Flusses Thu Bon war vom 16. bis 18. Jahrhundert ein wichtiger Handelshafen. Durch seine Verbindungen nach China, Japan und sogar Europa erwarb er ein reiches kulturelles Erbe, wie es nur wenige andere Städte Vietnams besitzen. Die seit 1999 als UNESCO-Welterbe geschützte Altstadt von Hoi An zeigt eine bunte Mischung unterschiedlichster kultureller Einflüsse und wartet mit vielen Restaurants und Läden auf.

①

Haus von Phung Hung

4 Nguyen Thi Minh Khai
+84 235 386 2235
tägl. 8–18

An dem von 80 Holzsäulen getragenen Bau von 1780 fallen die chinesisch geprägten Emporen und Fensterläden auf. Die Dachfenster wirken japanisch, Grundriss und Baustil sind vietnamesisch.

②

Japanische Brücke

Kreuzung Tran Phu und Nguyen Thi Minh Khai
tägl. Sonnenauf- bis -untergang

Die rostfarbene Brücke ist eines der auffallendsten Baudenkmäler der Stadt. Sie wurde 1593 von der japanischen Handelsgesellschaft errichtet, die ihren Sitz im Westen der Stadt hatte und eine Verbindung zum chinesischen Viertel im Osten benötigte. Durch ein Verbot des Tokugawa Shogun Iemitsu, das Japanern 1663 den Auslandshandel untersagte, endete jegliche Handelsaktivität abrupt. 1719 baute man einen vietnamesischen Tempel in den nördlichen Teil der Brücke. Ihr heutiger Name, Lai Vien Kieu (»Brücke aus der Ferne«), ist zwar über der Tempeltür eingeritzt, dennoch nennt man den Bau bis heute Japanische Brücke.

Der 18 Meter lange, mit Ziegeln gedeckte Bau führt über einen kleinen Nebenfluss des Thu Bon und bietet Fußgängern eine bequeme Verbindung zwischen den Kunstgalerien an der Tran Phu und denen im Westteil der Stadt.

Schon gewusst?

Der Schrein auf der Japanischen Brücke enthält ein Bild des Wettergotts Bac De.

Charakteristische gelbe Häuser am Ufer des Thu Bon in Hoi Ans Altstadt

③

Kantonesische (Quang Dong) Versammlungshalle

176 Tran Phu
tägl. 8–17

Quang Dong ist der vietnamesische Name der Provinz Guangdong in China, die im Westen auch Kanton genannt wird. Der 1786 von Seehandelsleuten errichtete Bau besticht durch Flachreliefs und bunte Aufhängungen. Der Hauptaltar ist dem zum Gott erhobenen General Quan Cong geweiht, zu erkennen an seinem roten Gesicht (die Farbe symbolisiert in China Treue). Auch die Meeresgöttin Thien Hau wird hier verehrt. In der Eingangshalle und im Garten stehen Drachenstatuen.

Highlight

Hotels

La Residencia

Ein Aufenthalt in dem Boutiquehotel mit portugiesischer Architektur und traditioneller Hoi-An-Einrichtung ist wie eine Zeitreise. Nicht allzu viel Komfort, aber viel Charme.

35 Dao Duy Tu
laresidenciahotel.com
$$$

Anantara Hoi An Resort

Das Fünf-Sterne-Hotel in einem Gebäude im Kolonialstil liegt nur ein paar Gehminuten vom Zentrum entfernt. Die großen Zimmer verbinden den europäischen und asiatischen Stil. Die Balkone haben Blick auf den Fluss oder den Garten.

1 Pham Hong Thai
anantara.com
$$$

Ein Verkäufer wartet auf den nächsten Kunden vor dem bunten Tan-Ky-Haus am Hafen ↑

④

Museum der Sa-Huynh-Kultur

149 Tran Phu · +84 235 386 1535 · tägl. 8–17

Der kleine Hafen von Sa Huynh, rund 160 Kilometer südlich von Hoi An, war Namensgeber und Zentrum einer Kultur, die von 1000 v. Chr. bis 200 n. Chr. währte. 1909 fand man in Sa Huynh über 200 Grabkrüge, gefüllt mit Bronzewerkzeugen, Schmuck und den Überresten der Toten. Die faszinierenden Bronzeobjekte sind heute in dem kleinen Museum, das sich in einem hübschen franko-vietnamesischen Gebäude befindet, zu besichtigen.

⑤

Haus von Tan Ky

101 Nguyen Thai Hoc
+84 235 386 1474
tägl. 8–12, 13:30–17:30

Das schönste traditionelle Kaufmannsgebäude der Stadt, das Tan-Ky-Haus, gilt als herausragendes Beispiel eines chinesisch-vietnamesischen Ladenbaus aus dem 18. Jahrhundert. Das Haus ist um einen Innenhof erbaut und – wie so oft in Hoi An – eine bunte Stilmischung: Innen fallen Krebsrücken-Motive an der Decke auf, das Dach ruht auf japanischen dreigliedrigen Stützbalken. Den Boden wiederum bedecken Ziegelsteine aus Bat Trang vom Roten Fluss. Feine Perlmuttintarsien mit chinesischer Lyrik zieren die Säulen, die das Dach tragen.

Kulturelle und architektonische Mischung

Hoi An bietet eine Verschmelzung architektonischer Stile wie keine andere Stadt im Land. Vor allem japanische, chinesische und französische Einflüsse sieht man an den vietnamesischen Röhrenhäusern mit chinesischen Ziegeldächern, japanischen Balken und französischen Fensterläden und Laternenpfählen.

⑥

Haus von Quan Thang

77 Tran Phu
tägl. 7:30–17

Das einstöckige Ladenhaus ist ein schönes Beispiel für die herausragende Handwerkskunst in den traditionellen Häusern von Hoi An. Das Haus wurde im 18. Jahrhundert von einem Seehandelskaufmann aus dem chinesischen Fujian erbaut, dessen Familie hier sechs Generationen lang lebte. Der Bau hat eine dunkle Teakholzfassade und ein Dach mit gekrümmten chinesischen Ziegeln. Man betritt das Haus von der Ladenfront aus, dahinter liegt ein Innenhof. Die Hofwände sind mit Flachreliefs voller Blumen und Bäume verziert, die Fensterläden mit Schnitzereien. Eine kleine Terrasse hinter dem Hof diente zum Kochen.

→

Die Tran-Familienkapelle von 1802 ist den Vorfahren geweiht

Highlight

> **1909 fand man in Sa Huynh mehr als 200 Grabkrüge, gefüllt mit Werkzeugen, Schmuck und den Überresten der Toten.**

⑦

Tran-Familienkapelle

21D Le Loi +84 235 386 1723 tägl. 7:30–17

Die kleine Andachtsstätte entstand vor über zwei Jahrhunderten für die Vorfahren der Tran-Familie, die hier verehrt wurden. Die Familie kam Anfang des 18. Jahrhunderts aus China nach Vietnam und ließ sich in Hoi An nieder. Die heutigen Nachfahren sind die 13. Generation seit der Auswanderung.

Im Lauf der Zeit heirateten einige Familienmitglieder auch Einheimische, die Kulturen vermischten sich, sodass die heutige Andachtsstätte ein vielfältiges Aussehen hat. Den Hauptaltar schmücken Gegenstände der Vorfahren sowie Ahnengedenktafeln. Ein Vorfahre, der es im kaiserlichen China bis zum Mandarin gebracht hatte, wird mit einem großen Porträt geehrt.

⑧

Museum des Keramikhandels

80 Tran Phu +84 235 386 2944 tägl. 7:30–17

Das Museum liegt in einem klassischen Ladenhaus mit Balkonen und Holzpaneelen. Die Exponate illustrieren den Keramikhandel der Stadt, der vom 16. bis 18. Jahrhundert florierte. Viele der gezeigten Objekte, darunter Keramikwaren aus China, Japan und Südostasien, stammen aus Schiffswracks, u. a. rund um die Insel Cham vor der Mündung des Thu Bon.

Restaurants

Morning Glory Original

Das Morning Glory Original ist eines der vielen Lokale des berühmten Chefkochs Trinh Diem Vy und liegt in einem schönen gelben Kolonialhaus im Zentrum. Herausragende regionale Gerichte im Streetfood-Stil, etwa *cao lau* (Nudeln mit Schweinefleisch und Gemüse).

111 Nguyen Thai Hoc
+84 235 224 1555

$$

The Sea Shell

Im Schatten eines alten Banyanbaums serviert das Gartenrestaurant eine Mischung aus asiatischen und westlichen Gerichten, auch gute vegetarische Optionen. Am bekanntesten ist es für *banh bao* (gedämpfte Schweinefleischbrötchen), frische Salate und Käsekuchen.

119 Tran Cao Van
+84 91 429 8337

$$

The Temple Restaurant

The Temple Restaurant gehört zu den besten der Stadt und bietet feine französische und italienische Gerichte mit asiatischer Note. Das Restaurant ist auch sehr beliebt für sein herausragendes Frühstücksbüfett.

La Siesta Resort, 132 Hung Vuong
lasiestaresorts.com

$$$

↑ *Auf dem geschäftigen Zentralmarkt von Hoi An gibt es eine große Auswahl an unterschiedlichen Waren*

⑨

Versammlungshalle Phuc Kien

46 Tran Phu +84 253 386 1252 tägl. 7:30–17

Die auffallende Versammlungshalle mit einem schönen Vorgarten wurde von Kaufleuten gegründet, die nach dem Fall der Ming-Dynastie im Jahr 1644 aus der chinesischen Provinz Fujian geflohen waren.

Der Tempel ist der Meeresgöttin Thien Hau, Schutzpatronin der Seeleute, geweiht. Sie sitzt am Hauptaltar des ersten Raums, begleitet von Dienern, die sie bei jedem Schiffsunglück alarmieren. Rechts vom Altar steht das Modell einer Segeldschunke, in der hinteren Kammer ein Altar, der die Gründerväter ehrt. Sie werden durch sechs sitzende Statuen repräsentiert.

⑩

Quan-Cong-Pagode

24 Tran Phu +84 235 386 2945 tägl. 7–18

Der auch Chua Ong genannte Tempel geht auf 1653 zurück und ist dem chinesischen General Quan Cong (3. Jh.) geweiht, der zur taoistischen Gottheit erhoben wurde. Quan Congs vergoldete Statue am Hauptaltar ist flankiert von zwei finster dreinblickenden Wachen und einem weißen Pferd, auf dem der General meist ritt.

⑪

Hainan-Chinesische Versammlungshalle

10 Tran Phu tägl. 8–17

Die Versammlungshalle entstand im Jahr 1875 für die Einwanderer der chinesischen Insel Hainan und gedenkt der 108 Seefahrer der Insel, die 1851 von einem abtrünnigen vietnamesischen General getötet wurden.

Ihre Geschichte wird (in chinesischen Schriftzeichen) auf den Lackpaneelen der Eingangshalle erzählt.

⑫

Zentralmarkt

zwischen Tran Phu und Bach Dang tägl. Sonnenauf- bis -untergang

Den Markt sollte man vormittags besuchen, wenn es hier noch nicht allzu hektisch zugeht. Die zwei engen Marktstraßen verlaufen

Im Kunsthandwerksladen Hoi An kann man den Handwerkern bei der Arbeit zusehen oder – unter Anleitung – eine eigene Laterne fertigen.

Shopping

Hoi An ist berühmt für seine vielen Schneider. Zeigen Sie ihnen ein Foto, und Sie werden ein fast identisches Kleidungsstück erhalten. Es lohnt sich, für einen guten Schneider etwas mehr zu zahlen.

Be Be

Einer der angesehensten Schneider der Stadt. Auf der Website kann man sich inspirieren lassen, bevor man einen der drei Läden besucht.

11 Hoang Dieu
bebetailor.com

Kimmy

Hoi Ans ältester Schneiderladen wird von einem kanadisch-vietnamesischen Paar geführt, das auch westlichen Geschmack und Mode gut versteht.

70 Tran Hung
kimmytailor.com

→

Liegestühle am weißen Strand des beliebten Cua Dai Beach

südlich von Tran Phu zum Ufer des Thu Bon. An Ständen werden frische Lebensmittel, Küchenutensilien und vieles andere angeboten, östlich des Hafens gibt es frischen Fisch und Fleisch.

Hauptattraktion sind aber die Stoff- und Modeläden mit edler und dazu noch preiswerter Seide. Schneider fertigen Kleidungsstücke nach Maß in nur wenigen Tagen an.

⑬

Kunsthandwerksladen Hoi An

9 Nguyen Thai Hoc
+84 235 391 0216
tägl. 7–18

In dem Laden mit Werkstatt fertigen Handwerker vor den Augen der Besucher die für Hoi An typischen eleganten Laternen. Sie bestehen aus Bambusgestellen, die mit Seide überzogen werden. Man kann den Handwerkern bei der Arbeit zusehen, die fertigen Produkte natürlich auch im Laden kaufen oder – unter Anleitung – eine eigene Laterne fertigen.

Täglich um 10.15 und um 15.15 Uhr werden auch Vorstellungen mit dem vietnamesischen Saiteninstrument *dan bau* dargeboten. Im Innenhof gibt es Erfrischungen.

⑭

Cua Dai Beach

5 km östl. von Hoi An

Den wunderbaren weißen Sandstrand mit Blick auf die Cham-Inselgruppe erreicht man am bequemsten per Fahrrad auf der Cua Dai Road. Direkt an der Strandstraße stehen einige der attraktivsten Hotels des Landes.

2

My Son

D4 40 km südwestl. von Hoi An
von Hoi An und Danang
+84 235 373 1757 tägl. 6:30–17

My Son war vom 4. bis zum 13. Jahrhundert das religiöse und politische Zentrum des Champa-Königreichs und umfasst die Überreste etlicher spektakulärer, von Bergen umgebener Tempel.

Die einzigartige Cham-Kultur hat ihre spirituellen Ursprünge im Hinduismus des indischen Subkontinents. Viele der Tempel wurden für hinduistische Gottheiten wie Shiva, Krishna und Vishnu geweiht. Die Stätte wurde bei Ausgrabungen französischer Archäologen in den 1890er Jahren wiederentdeckt. Freigelegt wurden Reste von 70 Tempeln, doch nur 20 sind gut erhalten. My Son gehört zum UNESCO-Welterbe.

Die märchenhaften Bauten sind recht nüchtern nach Buchstaben in Gruppen geordnet. Die Baudenkmäler sind in elf Gruppen unterteilt, als wichtigste gelten die Gruppen B, C und D. Gruppe A wurde im Vietnamkrieg durch US-Bombenangriffe fast vollständig zerstört. Die spektakulärsten Bauten sind die berühmten Cham-Türme, die in drei Segmente unterteil sind: die Basis repräsentiert die Erde, die Mitte dient als Symbol für die spirituelle Welt und die Spitze als Reich zwischen Erde und Himmel.

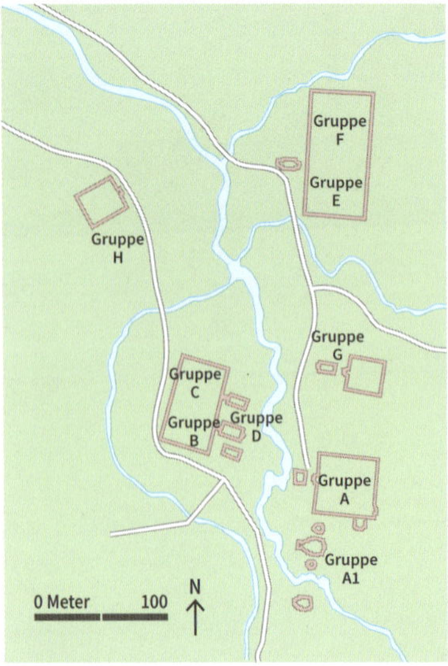

Schon gewusst?

Zur Zeit ihrer Entstehung waren die Spitzen einiger Tempeltürme vergoldet.

←
Das Heiligtum von My Son ist ein beeindruckendes Beispiel der Hindu-Kunst und -Architektur

Restaurierte alte Tempelruinen der Gruppe G

MY SON ERKUNDEN

Zwar haben jahrhundertelanger Zerfall und die Bomben des Vietnamkriegs viel zerstört, doch die Ruinen eröffnen einen faszinierenden Blick auf eine indisierte Kultur. Bis heute bemühen sich Archäologen, unterstützt durch Mittel der UNESCO, die Ruinen von My Son zu retten. Trotz der von französischen Wissenschaftlern hinterlassenen Zeichnungen ist diese Aufgabe aber kaum zu bewältigen. Weite Teile von My Son sind für immer zerstört.

Gruppe A und A1

Die bedeutendsten Bauten von My Son wurden 1969 durch US-Luftangriffe fast völlig zerstört. Was neben Stein- und Säulenresten noch steht, wird restauriert. Aufzeichnungen zeigen, dass hier ein auffallender Turm (A1) mit dem *kalan* (Heiligtum) stand. Der Turm hatte im Gegensatz zu Cham-Tempeln (die nach Osten ausgerichtet sind) auch eine Tür nach Westen, dem Symbol des Todes – vielleicht eine Verbindung zu den Gräbern der Cham-Könige in den Gruppen B, C und D. Beachtenswert sind auch die gewundenen Muster bei A9.

Gruppen B, C und D

Der Komplex B erhebt sich im Zentrum der Anlage und ist wegen seiner indischen und

Expertentipp
Hoi Son
Kommen Sie früh, denken Sie an Hut, Sonnencreme und Wasser und verlassen Sie nicht die ausgewiesenen Wege, hier gibt es noch Minen.

Rekonstruktion eines Tempels der Gruppe A1

javanesischen Kunst bemerkenswert. Das Hauptheiligtum aus dem 11. Jahrhundert war König Bhadravarman (der den ersten Tempel in My Son im 4. Jahrhundert baute) und Shiva geweiht. Vor allem das *lingam* in B1 ist noch gut erhalten. Das mit Shiva assoziierte Phallussymbol steht in oder über einer *yoni*, dem Symbol der Weiblichkeit. Als Zeichen für Fortpflanzung und göttliche schöpferische Energie wurde Wasser über das *lingam* gegossen, das dann auf die *yoni* strömte. Die Ruinen von B4 im Stil der Bauten von Dong Duong, einer anderen Cham-Stadt, enthalten religiöse Bildnisse auf steinernen Pilastern sowie reich verzierte blinde Türen. Fein gearbeitete Steinsäulen aus dem 8. Jahrhundert kennzeichnen die Ruinen von B5. Der Turm aus dem 10. Jahrhundert diente als Tempelschatzkammer (10. Jh.) und dürfte mit dem bootsförmigen Dach, den verzierten Wandpfeilern und den Reliefs von Gajalakshmi, der Göttin des Wohlstands, ein architektonisches Meisterwerk gewesen sein.

Die benachbarte Gruppe C ist durch eine Steinmauer von B getrennt. Der zentrale Turm (C1) weist Stilelemente älterer Bauten auf, u. a. Tunnelportal und Türsturz. Die Himmelsfiguren (8. Jh.) am Tempel C1 verraten javanesische Einflüsse. Die tief sitzenden, weiten Gürtel der Figuren gehen auf Indien zurück, der Stil gelangte wahrscheinlich über Indonesien zu den Cham. Der Ende des 8. Jahrhunderts erbaute rechteckige Turm C7 hat einen Steinaltar und stellt die architektonische Verbindung zwischen den Stilen der Cham-Städte Hoa Lai und Dong Duong her.

Im Osten der Gruppe B und C dienen die *mandapa* (Meditationsräume) der Gruppe D als Galerie. Ein Shiva-*lingam* sowie Statuen von Shiva und Nandi stehen in D1. In D2 sieht man einen steinernen Garuda, einen Tanzenden Shiva und *apsaras*.

↑ *Überreste eines Shiva-Tempels in der Gruppe B*

Gruppen E, F, G, und H

Die Bauten im Norden der Anlage sind zwar am stärksten beschädigt, enthüllen aber Fragmente schöner Kunstarbeiten. Die zwischen 8. und 11. Jahrhundert erbaute Gruppe E hebt sich vom üblichen Stil ab: Der Haupt-*kalan* hat kein Vestibül, nur ein Tempel ist nach Osten ausgerichtet. Die benachbarte Gruppe F ist bis auf ein fein verziertes *lingam* eines Altars zertrümmert. Die Gruppe G (11. Jh.) wurde in den vergangenen Jahren restauriert und hat eine Turmbasis mit Basreliefs des Gottes der Zeit, Kala. Eine Steinverzierung eines Tanzenden Shiva aus einem Tunnelportal der zerstörten Gruppe H steht im Museum der Cham-Skulpturen *(siehe S. 154f)*.

↑ *Gesicht eines Kirtimukha (Monster) an einem Tempel der Gruppe G*

Kunst und Skulpturen der Cham

Das Reich der Cham überdauerte von der Entstehung im 2. Jahrhundert bis zum Zerfall 1832 über 1600 Jahre. Geblieben ist ein künstlerisches Erbe, das seine Glanzzeit im 8. bis 10. Jahrhundert erreichte. Ein Teil der Geschichte ist als Architektur in den Ziegeltempeln Zentralvietnams sichtbar. Andere Relikte sind meist aus Sandstein und Marmor gehauene, seltener auch aus Bronze gegossene Objekte, die man an Stätten wie Tra Kieu, My Son und Dong Duong fand. Cham-Kunst ist religiös geprägt und orientiert sich an indischer Überlieferung: Hindu-Gottheiten, Tänzerinnen und Dämonen werden ausdrucksstark dargestellt.

Eingang zum Thai-Hoa-Palast mit dem Thronsaal

3

Zitadelle von Hue

D4 23 Thang 8, Hue 360 000 von HCMC und Hanoi von Danang 11 Nguyen Cong Tru; +84 234 381 6263 tägl. 7–17

Die zwischen 1802 und 1820 erbaute riesige Zitadelle von Hue war bis 1945 das Regierungszentrum der Nguyen-Dynastie. In ihrem Zentrum liegen die einst prachtvolle Kaiserstadt – ein royaler befestigter Palast – und die Verbotene Purpurstadt mit Theater und Bibliothek.

Die Zitadelle, seit 1993 UNESCO-Welterbe, wurde von Kaiser Gia Long (reg. 1802–20) erbaut. Die riesige Festungsanlage besteht aus drei konzentrischen Anlagen: die zivile Stadt, die Kaiserstadt und die Verbotene Purpurstadt. Die Anlage wurde nach Prinzipien chinesischer Geomantie und nach militärstrategischen Überlegungen des französischen Architekten Sébastien de Vauban errichtet. Das Ergebnis ist ein Komplex, in dem wunderschöne Paläste und Tempel neben gewaltigen Bastionen und Gräben stehen. Nach den Zerstörungen im Vietnamkrieg wurde hier viel Restaurierungsarbeit geleistet.

Die Kaiserstadt, auch Dai Noi (»Große Einzäunung«) genannt, versinnbildlicht den vergangenen Glanz der Kaiserzeit. Seit einigen Jahren kann man dank umfassender Restaurierungsarbeiten den einstigen Glanz und die Pracht der Anlage mehr als nur erahnen. Die Kaiserstadt erreicht man durch das Ngo-Mon-Tor, von dem eine Brücke zwischen Lotosteichen zum beeindruckenden Thai-Hoa-Palast führt. Dahinter öffnet sich eine Fläche, auf der einst die Verbotene Purpurstadt stand.

Schon gewusst?

Der goldene Drachen war das Symbol der Nguyen-Dynastie.

①

Ngo-Mon-Tor

Der majestätische Haupteingang zur Zitadelle, das Ngo-Mon-Tor, ist ein sehr gutes Beispiel der Nguyen-Architektur. Das Fundament bilden massive Steinplatten, darüber steht der kunstvolle Wachturm.

②

Cot Co (Flaggenturm)

37 Meter erhebt sich der Flaggenturm über die Zitadelle. Er prägt die Stadtsilhouette seit 1809, als Kaiser Gia Long den Turm über ei-

ner 18 Meter tiefen Schanze errichten ließ. Zur Tet-Offensive erlangte Cot Co am 31. Januar 1968 internationale Bedeutung, als Kommunisten die Zitadelle stürmten und das Banner der Nationalen Befreiungsfront am Flaggenmast hissten.

③

Neun-Heilige-Kanonen

Kaiser Gia Long ließ die bronzenen Geschütze, die heute das Ngan- und das Quang-Duc-Tor zu beiden Seiten des Cot Co flankieren, 1803 als symbolischen Schutz für die neue Hauptstadt gießen. Die Kanonen stehen für die Jahreszeiten und die fünf Elemente Erde, Wasser, Holz, Metall, Feuer.

④

Fünf-Phönix-Wachturm

Der verzierte Pavillon erhebt sich über den Steinquadern des Ngo-Mon-Tors. Der Kaiser thronte hier bei staatlichen Anlässen. Von oben gesehen soll der Turm fünf Phönixvögeln ähneln. Das mittlere Dach aus gelben Ziegeln ist mit Drachen-, Banyanblatt- und Fledermaus-Ornamenten verziert, die Traufen sind mit Orchideen, Chrysanthemen und Bambusmosaiken geschmückt. Über dem Pavillon führt eine Treppe zu einem Raum, von dem Hofdamen alles beobachten konnten.

↑ *Drachen sind ein wiederkehrendes dekoratives Motiv in der Kaiserstadt*

⑤

Thai-Hoa-Palast

Der von Kaiser Gia Long 1805 erbaute Thai-Hoa-Palast, der »Palast der Höchsten Harmonie«, beherbergt den Thronsaal der Nguyen-Kaiser. Der wunderschön restaurierte Bau ist der beeindruckendste Palast von Hue. Alle 80 Säulen aus lackiertem Holz sind mit goldenen Drachen dekoriert.

Der Saal diente als Krönungssaal, für Feiern und Audienzen. Bei diesen Anlässen saß der Kaiser auf dem reich verzierten Thron, geschmückt mit einer Krone aus neun Drachen, einem goldenen Mantel, einem Gürtel aus Jade und anderen edlen Schmuckstücken. Nur die höchsten Mandarine durften den Saal betreten, die anderen mussten draußen warten.

⑥

Mandarin-Säle

Zu beiden Seiten des gepflasterten Innenhofs hinter dem Thai-Hoa-Palast liegen die sogenannten Mandarin-Säle – einer für Angehörige des Militärs, der andere für die Beamten. Je nach Rang trafen sich die Mandarine in den Pavillons und legten hier ihre kostbare Hofkleidung für die kaiserlichen Empfänge an. Einige dieser prächtigen Kleidungsstücke und Hüte mit eingestickten Drachenbildern sind ausgestellt.

↑ *Der Flaggenturm Cot Co ist das Wahrzeichen der Zitadelle von Hue*

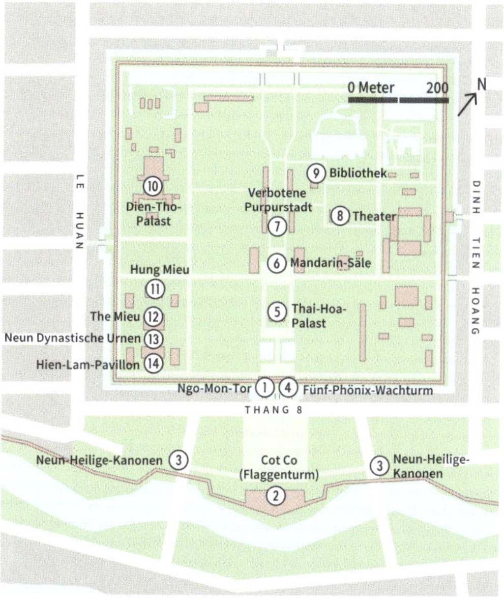

Der Hien-Lam-Pavillon mit fein gearbeiteter Holzfassade ↑

⑦

Verbotene Purpurstadt

Kein Mensch außer dem Kaiser durfte die als Tu Cam Thanh oder »Verbotene Purpurstadt« bekannte, zehn Hektar große Stadt innerhalb der Stadt betreten. Jeder Mann, der die Grenze überschritt, wurde zum Tod verurteilt. Nur die Kaiserin sowie neun Ränge an Konkubinen, Dienerinnen und Hofeunuchen wurden hier geduldet.

Die von 1802 bis 1833 errichtete Verbotene Purpurstadt bestand einst aus über 60 Gebäuden, die sich um mehrere Höfe gruppierten, wurde aber von heftigen Bombenangriffen während der Tet-Offensive stark beschädigt.

⑧

Theater

Das im Jahr 1825 erbaute Theater, Duyet Thi Duong, war einst eine führende Bühne für *nha nhac*, Hofmusik. Die von der UNESCO als »Meisterwerk des mündlichen und immateriellen Erbes der Menschheit« registrierte *nha nhac* nutzte Bambuslauten, Zithern sowie Geigen und wurde von Trommeln begleitet. Das schöne Gebäude hat ein Dach im Pagodenstil und ein farbenfrohes Inneres mit lackierten Holzsäulen, in die alle das Drachenmotiv geätzt wurde.

⑨

Bibliothek

Im Nordosten der Verbotenen Purpurstadt ließ Kaiser Minh Mang 1821 die Bibliothek als Rückzugsmöglichkeit zum Literaturstudium erbauen. Das Gebäude steht vor einem künstlichen Teich mit einem Steingarten westlich davon. Kleine Brücken über andere Gewässer, Teiche und zu Galerien schaffen eine ganz eigene Atmosphäre. Die Bibliothek wird manchmal für Aufführungen von Hue-Musik und Theater genutzt.

⑩

Dien-Tho-Palast

Die »Residenz der Ewigen Langlebigkeit«, Cung Dien Tho, entstand 1803 unter der Herrschaft von Kaiser Gia Long als exklusiver Palast für die Kaisermutter. Das elegante Gebäude wird von einer Mauer umschlossen und ist nur durch das Cua Tho Chi, das »Tor der Ewigen Glückseligkeit«, im Süden zu betreten. Innen sieht man kostbare Möbel und geschnitzte Lampions sowie eine mit Federfächern verzierte Decke.

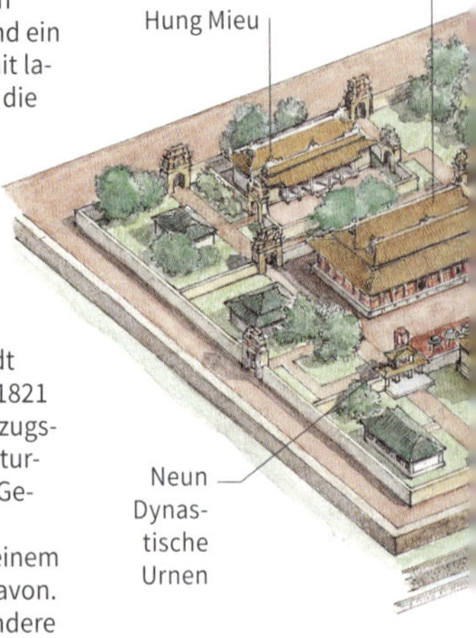

⑪

Hung Mieu

Kaiser Minh Mang ließ Hung Mieu 1821 im Gedenken an seine Großeltern errichten.

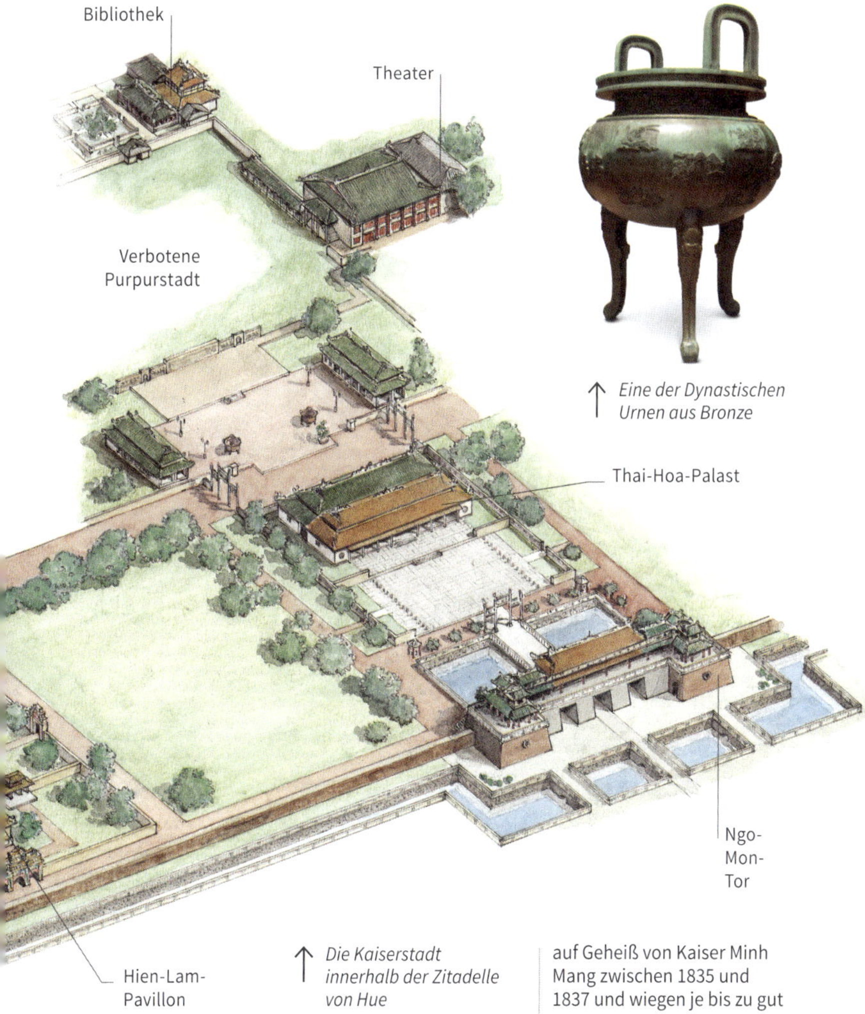

↑ *Eine der Dynastischen Urnen aus Bronze*

↑ *Die Kaiserstadt innerhalb der Zitadelle von Hue*

Der für seinen edlen Stil und die feinen Dachschnitzereien bekannte Tempel wurde im Ersten Indochinakrieg durch einen Brand beschädigt und ist heute restauriert. Besonders bemerkenswert sind die Steindrachen, die über den Innenhof wachen.

⑫
The Mieu
Der »Tempel der Generationen« steht im Südwesten der Kaiserstadt und ist der Nguyen-Dynastie geweiht. Innen ehren die Altäre die Kaiser – von Gia Long bis zu Khai Dinh. Das Dach besteht aus glasierten Fliesen. Die Altäre waren einst mit Goldbarren beladen, heute sieht man hier stattdessen Gold- und Lackornamente.

⑬
Neun Dynastische Urnen
Die Cuu Dinh (»Urnen«) der Nguyen-Dynastie entstanden auf Geheiß von Kaiser Minh Mang zwischen 1835 und 1837 und wiegen je bis zu gut zwei Tonnen. Die reich mit Symbolen verzierten Urnen spielen eine große Rolle in der Ahnenverehrung.

⑭
Hien-Lam-Pavillon
Der pyramidenähnliche Bau wurde 1824 errichtet. Kaiser Minh Mang ließ damit alle ehren, die der Nguyen-Dynastie zu Ansehen verholfen hatten. Als Zeichen der Ehrerbietung wurde bestimmt, dass kein anderes Gebäude in der Zitadelle den Pavillon überragen dürfe.

4

Hue

D4 Hauptstadt der Provinz Thue Thien Hue, 110 km nördl. von Danang Reunification Express von Hanoi und Ho Chi Minh City von Hanoi, Vinh, Danang, Nha Trang und HCMC 11 Nguyen Cong Tru; +84 234 381 6263

Die alte Kaiserstadt Hue war von 1802 bis 1945 Landeshauptstadt. Trotz vieler Zerstörungen im Vietnamkrieg ist Hue immer noch eine wunderschöne Stadt und eines der bedeutendsten historischen und kulturellen Zentren Vietnams. Im Norden thront die Zitadelle mit der Verbotenen Stadt und den Kaiserpalästen, im Süden liegen alte Tempel, Kaisergräber und das französische Viertel. Der malerische Song Huong (Parfümfluss), sehr gute Hotels und Restaurants sowie das frankophile Flair tragen zum Reiz der Stadt bei.

↑ *Körbe mit frischem Obst und Gemüse auf dem Dong-Ba-Markt*

①

Dong-Ba-Markt

Nordöstl. der Tran Hung Dao tägl.

Der lebendige überdachte Markt liegt nördlich des Parfümflusses, an der südöstlichen Ecke der Zitadelle. Er ist bei Einheimischen äußerst beliebt, denn von frischen Lebensmitteln und Fisch über Kleidung, Spielzeug bis hin zu Schuhen und Kosmetika kann man hier wirklich alles kaufen. Am quirligsten geht es am frühen Morgen zu, auch wenn den ganzen Tag über eifrig gehandelt wird.

Entdeckertipp

Thanh-Toan-Brücke

Die kleine überdachte Brücke in Thanh Thuy Chan, sieben Kilometer östlich von Hue, ähnelt der berühmteren Japanischen Brücke in Hoi An *(siehe S. 132)*. Am besten erreicht man Thanh Thuy Chan mit dem Fahrrad.

②

Museum der Kaiserlichen Antiquitäten

3 Le Truc +84 234 352 4429 Di–Sa 8–11:30, 13:30–17

Das Museum liegt östlich der Kaiserstadt im Long-An-Palast innerhalb der Zitadelle. Er wurde 1845 gebaut und wird von 128 Säulen aus Eisenholz gestützt.

Zu den Exponaten, die alle aus der Zeit der Nguyen-Dynastie (1802–1945) stammen, gehören Kunsthandwerksstücke aus Silber, Porzellan, antikes Mobiliar und Kleidungsstücke aus dem kaiserlichen Schrank, Khai Dinhs Bett und Bao Dais Schuhe. Leider gibt es zu den einzelnen Ausstellungsstücken nur wenige Erklärungen.

←

Der schöne Parfümfluss im Abendlicht

③

Dieu-De-Pagode

102 Bach Dang
tägl. Sonnenauf- bis -untergang

Der Tempel entstand unter Thieu Tri (reg. 1841–47) und wurde oftmals renoviert, das letzte Mal 1953. Auffallend sind die Trommel- und Glockentürme sowie das Heiligtum für Thich Ca, den historischen Buddha. Wie auch andere Tempel in Hue war Dieu De mit dem politischen Widerstand gegen das Diem-Regime verknüpft.

④

Bao-Quoc-Pagode

Bao Quoc **+84 234 382 2297** **tägl. Sonnenauf- bis -untergang**

Giac Phong, ein buddhistischer Mönch aus China, gründete den Tempel 1670 auf dem Hügel Ham Long. Später erhielt die Pagode durch den Ngyuen-Fürsten Phuc Khoat (reg. 1738–65) königlichen Status. Ende des 18. Jahrhunderts missbrauchte der mächtige Tay-Son-Rebell Quang Trung den Tempel als Waffenlager. 1940 wurde hier eine Schule für buddhistische Mönche eingerichtet, die auch heute noch existiert.

Highlight

Hotel

Saigon Morin Hotel
Das bekannte, 1901 eröffnete französische Kolonialhotel ist eines der ältesten des Landes. Die renovierten, gut ausgestatteten Zimmer verströmen nostalgischen Charme. Viele blicken auf den begrünten Innenhof.

30 Le Loi
morinhotel.com.vn
$$$

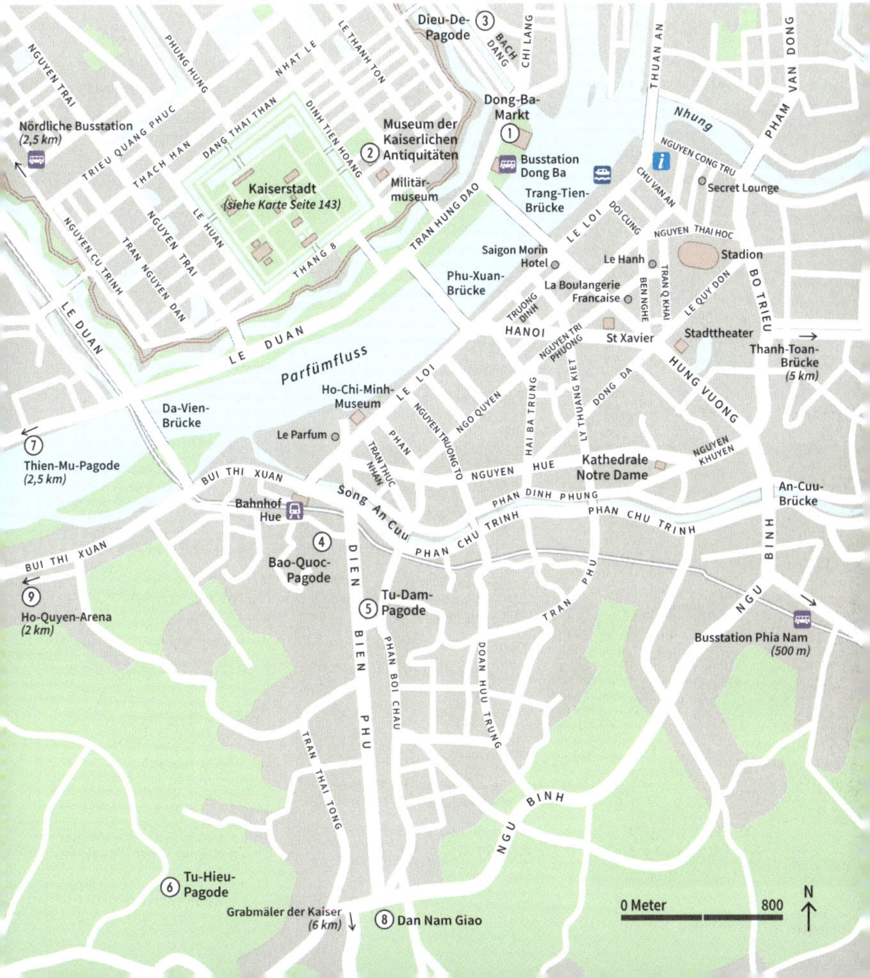

⑤
Tu-Dam-Pagode

Lieu Quan tägl. Sonnenauf- bis- untergang

Der im 17. Jahrhundert gegründete Tempel ist als buddhistisches Zentrum von politischer Bedeutung und dient der vietnamesischen Buddhisten-Vereinigung seit 1951 als Hauptsitz. Damit spielte er für den buddhistischen Widerstand gegen das katholische Regime von Präsident Diem seit den 1950er Jahren eine wichtige Rolle. Auch hier kam es 1963 zur Selbstverbrennung eines Mönchs im Innenhof.

⑥
Tu-Hieu-Pagode

Thon Thuong 2, Thuy Xuan, 5 km südwestl. von Hue tägl. 6–18

Zwischen reizvollen Pinienhainen nördlich des Grabmals von Tu Duc steht die Tu-Hieu-Pagode inmitten schöner, sichelförmig angelegter Lotosteiche. Der 1848 von den kaiserlichen Eunuchen erbaute Tempel ist eine der idyllischsten Pagoden von Hue. Da die Eunuchen keine Kinder hatten, finanzierten sie diesen Tempel, damit künftige Mönche ihnen auch im Leben nach dem Tod dienen konnten. Tatsächlich leben noch heute einige Mönche in Tu Hieu und halten regelmäßige Gottesdienste ab. Der Hauptschrein ist Shakyamuni Buddha, auch Thich Ca Buddha genannt, geweiht.

⑦
Thien-Mu-Pagode

5 km südwestl. der Zitadelle von Hue tägl. Sonnenauf- bis -untergang

Die »Pagode der Himmlischen Dame« erhebt sich auf einer Klippe am nordwestlichen Ufer des Parfümflusses und hat für Hue rituellen Kultstatus. Die 1601 vom Nguyen-Fürsten Hoang errichtete Pagode wird vom siebenstöckigen, achteckigen Turm Thap Phuoc Duyen (Quelle-der-Freude-Turm) überragt.

Nebenan beherbergt ein Pavillon eine über zwei Tonnen schwere Bronzeglocke von 1710, die man noch in zehn Kilometer Entfernung hören kann.

In einem zweiten Pavillon verbirgt sich eine Steinstele von 1715, die die Geschichte des Buddhismus in Hue preist. Innen thront über dem Hauptschrein ein lachender Buddha, außerdem

↑ *Die friedvolle Tu-Hieu-Pagode ist von Pinien umgeben*

Bar & Restaurants

Secret Lounge

Die Bar ist ungewöhnlich eingerichtet – traditionell vietnamesisch mit Graffiti-Kunst. Die Drinks werden zu »Oldies but Goldies« serviert.

15/42 Nguyen Cong Tru +84 96 196 2222

$

La Boulangerie Francaise

Die französische Bäckerei, die zur Ausbildung von benachteiligten Kindern gegründet wurde, bietet Baguettes, Crêpes und andere Backwaren.

46 Nguyen Tri Phuong +84 120 806 3857

$

Le Hanh

Das familiengeführte Le Hanh serviert authentisches Hue-Streetfood wie *banh beo* (Reiskuchen) und *lem lui* (Schweinehack mit Zitronengras).

11 Pho Duc Chinh banhkhoaihanh.com

$

Le Parfum

In dem Gourmetrestaurant werden in einem Art-déco-Speisesaal oder auf der Terrasse französisch-vietnamesische Gerichte serviert.

La Residence Hotel, 5 Le Loi la-residence-hue.com

$$$

Schon gewusst?

Seit den 1960ern ist die Thien-Mu-Pagode Stätte politischer Demonstrationen.

stehen hier Statuen der zehn Könige der Hölle und der 18 *arhat*, der heiligen Schüler Buddhas. In Altarnähe findet man ein Bildnis des Thich Ca Buddha.

Die Mönchsunterkünfte und Gärten liegen an der Tempelrückseite. In einer Garage an der Westseite steht das Auto des Mönchs Thich Quang Duc, in dem er 1963 nach Saigon fuhr, um sich aus Protest gegen das Diem-Regime zu verbrennen. Die Fotos schockierten damals die ganze Welt.

⑧

Dan Nam Giao

3 km südl. des Stadtzentrums am südlichen Ende der Dien Bien Phu
tägl. 8 –17

Der von Kaiser Gia Long 1802 erbaute Dan Nam Giao (»Altar des Himmels«) steht außerhalb des alten französischen Viertels am Ostufer des Parfümflusses. Über ein Jahrhundert lang war dies die wichtigste zeremonielle Stätte Vietnams: Hier wurde zwischen 1806 und 1945 etwa alle drei Jahre die Herrschaft der Nguyen-Kaiser durch eine Reihe ausgefeilter Opferrituale für den »Kaiser des Himmels« bestätigt. Das Ritual war den Zeremonien nachempfunden, die Kaiser im Peking des 15. Jahrhunderts am Tian Tan, dem Himmelstempel, ausübten.

Von der Ritualstätte sind heute nur drei erhöhte Terrassen erhalten geblieben. Die ersten beiden sind rechteckig und sollen die Menschheit und die Erde symbolisieren. Die runde Terrasse steht für den Himmel. Zwar ist von den Bauten selbst kaum noch etwas zu sehen, aber der Ort bietet viel Atmosphäre: Man kann sich hier die Kaiser als rechtmäßige »Söhne des Himmels« vorstellen, wie sie Opfer darbrachten und sich bei den Göttern für ihre Untertanen einsetzten.

⑨

Ho-Quyen-Arena

Phuong Duc, 4 km südwestl. von Hue **tägl. Sonnenauf- bis -untergang**

In dem zur Unterhaltung der Nguyen-Kaiser und Mandarine erbauten Amphitheater,

↑ *Blick von Parfümfluss auf den achteckigen Turm der Thien-Mu-Pagode*

der »Tigerarena«, inszenierte man Kämpfe zwischen Elefanten, dem kaiserlichen Symboltier, und Tigern, einem Symbol der Rebellion, vor allem im früheren Champa-Königreich. Allerdings waren die Kämpfe so manipuliert, dass die Elefanten immer gewannen. Zu diesem Zweck wurden den Tigern die Krallen gezogen und das Maul vernäht.

Die letzten dieser grausamen Kämpfe fanden 1904 statt, aber die Anlage mit ihren Tribünen und den fünf Türen zu den Tigerkäfigen gegenüber ist recht gut erhalten.

↑ *In der königlichen Arena kämpften früher wilde Tiere gegeneinander*

Schon gewusst?

Khai Dinh, der vorletzte Kaiser von Vietnam, galt als Marionette der Franzosen.

5

Hue: Grabmäler der Kaiser

D4 · 6–16 km südl. von Hue

Die in der malerischen Landschaft südlich von Hue verstreuten Mausoleen der Nguyen-Kaiser bieten einige der faszinierendsten Sehenswürdigkeiten der Region. Nur sieben der 13 Herrscher erhielten ein *lang*, ein eigenes Grabmal, da die anderen im Exil starben oder verstoßen waren.

1

Grabmal von Tu Duc

6 km südwestl. von Hue
tägl. 7–17

Das als elegantestes Grabmal Vietnams betrachtete Mausoleum von Tu Duc (reg. 1848–83) wurde von ihm selbst entworfen. Es liegt inmitten eines Pinienwalds mit Lotosteichen und Frangipani-Bäumen. Tu Duc war dafür bekannt, dass er sein Grab dem Palast vorzog. Als er starb, wurde er angeblich heimlich mit einem Schatz bestattet. Alle an der Bestattung Beteiligten sollen später hingerichtet worden sein, um Tu Ducs letzte Ruhestätte vor Räubern zu schützen.

2

Grabmal von Dong Khanh

0,5 km südöstl. des Grabmals von Tu Duc · +84 234 383 6427 · tägl. 7–18

Das kleinste Nguyen-Grabmal ist das Mausoleum von Dong Khanh (reg. 1885–88). Im Inneren fallen französische Einflüsse auf, u. a. hängen Bildnisse von Napoléon an den mit Lack überzogenen Säulen aus Eisenholz.

3

Grabmal von Khai Dinh

10 km südl. von Hue
+84 234 386 5875
tägl. 6–17:30

Khai Dinh (reg. 1916–25) erhielt als letzter Herrscher ein Grabmal in Hue. Beim Bau verwendete man zum ersten Mal Beton. Die Mischung aus europäischer und vietnamesischer Architektur ist einzigartig, aber nicht sehr überzeugend. Das dreistöckige Mausoleum wurde an einen Berghang gebaut. Im Tempel steht an der Spitze eine Bronzebüste des Kaisers.

↑ *Das fein gearbeitete Grabmal von Khai Dinh wurde in die Flanke eines steilen Hügels gebaut*

④

Grabmal von Thieu Tri

1,5 km südl. des Grabmals von Tu Duc
tägl. 7–17

Im kleinen Grabmal von Thieu Tri (reg. 1841–47) fehlen die üblichen Mauergärten, dennoch wurden hier etliche künstliche Teiche angelegt. Der Komplex besteht aus zwei Teilen: Im Osten steht ein Tempel, im Westen das eigentliche Grab.

⑤

Grabmal von Minh Mang

12 km südl. von Hue
tägl. 7:30–17:30

Das Mausoleum des 1841 verstorbenen Kaisers Minh Mang, am Westufer des Parfümflusses, ist eine der imposantesten Anlagen. Im Komplex findet man mehrere malerische Seen und Gärten ebenso wie etliche Pavillons und andere Bauwerke mit vielen Lackarbeiten.

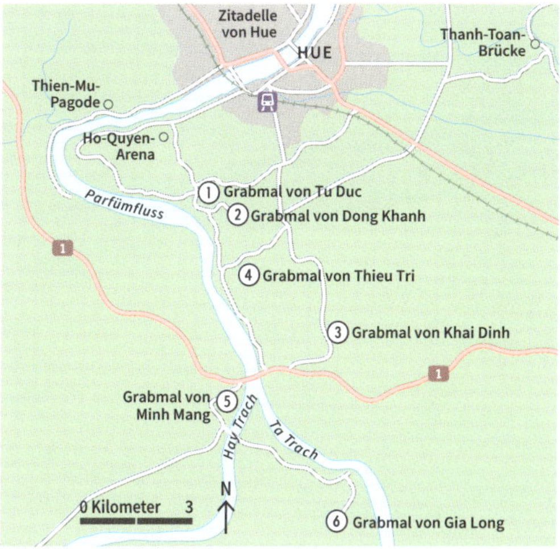

⑥

Grabmal von Gia Long

16 km südöstl. von Hue

Das Grab des ersten Nguyen-Herrschers Gia Long erreicht man am besten per Boot – entweder von Hue oder vom kleinen Dorf Tuan gegenüber Lang Minh Mang. Man kann auch die Straße südlich des Grabmals von Minh Mang nehmen. Das Grabmal ist von Bergen und Hügeln umgeben und das abgelegenste. Hier liegt nicht nur das Grab von Gia Long, sondern auch die seiner Familie und anderer Verwandter. Die Schäden des Vietnamkriegs wurden behoben.

Fischer auf dem Parfümfluss im Sonnenuntergang ↑

Bootstour auf dem Parfümfluss

Dauer 3 – 4 Std. **Rasten** Bei Thien Mu und Minh Mang gibt es Snacks **Bootsverleih** Es gibt organisierte Touren, oder man mietet Boote am Kai an der Le Loi

Zur Orientierung
Siehe Karte S. 130f

Einer der Höhepunkte eines Aufenthalts in Hue ist eine Bootsfahrt auf dem Song Huong, dem Parfümfluss. Das Gewässer ist nicht sehr lang, verzaubert jedoch mit seinen vielen Windungen und einem märchenhaften, sich im Wasser spiegelnden Landschaftsidyll voller Zitadellen und Pagodentürme. Zu den exotischen Flussimpressionen trägt der Bootsverkehr bei: Frauen in kleinen, einrudrigen Booten, größere Schiffe, schwer beladen mit Fisch und frischem Gemüse, Fischer beim Auslegen von Netzen oder Fischfallen.

Die beeindruckende Zitadelle, einst Palast der Nguyen-Kaiser, ist UNESCO-Welterbestätte.

Die Thien-Mu-Pagode (1601) ist die älteste in Hue und liegt in einer üppig grünen Landschaft. Der 21 Meter hohe Turm ist ein Wahrzeichen der Stadt Hue.

Der winzige, unter Kaiser Gia Long 1808 erbaute Tempel sollte den Tempel der Literatur in Hanoi ersetzen.

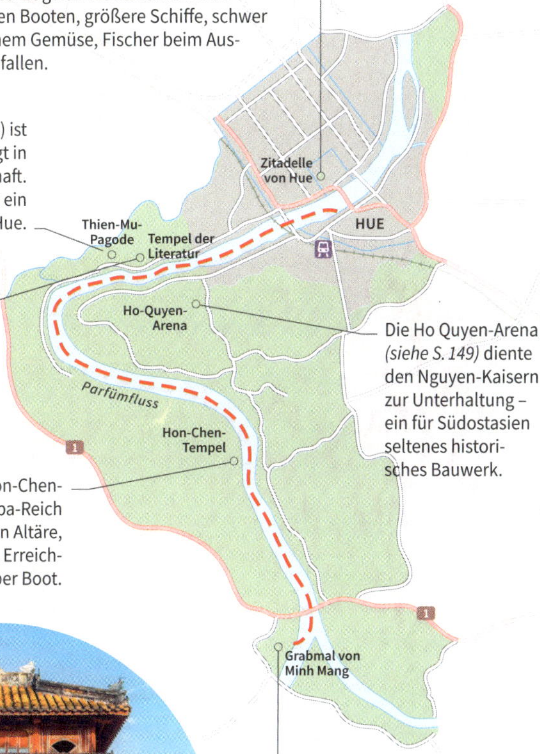

Die Ho Quyen-Arena *(siehe S. 149)* diente den Nguyen-Kaisern zur Unterhaltung – ein für Südostasien seltenes historisches Bauwerk.

Der über 1000 Jahre alte Hon-Chen-Tempel geht auf das Champa-Reich zurück. Innen sieht man Altäre, Geisterhäuser und Stelen. Erreichbar ist der Tempel nur per Boot.

Das Grabmal von Minh Mang ist das am besten erhaltene Kaisergrab in Hue und liegt zwischen filigranen Statuen, Teichen und Gärten.

← *Das Grabmal von Minh Mang ist eines der eindrucksvollsten der Nguyen-Kaiser*

SEHENSWÜRDIGKEITEN

6 Danang

D4 108 km südl. von Hue; 964 km nördl. von HCMC 1 000 000 von Hanoi, HCMC und Nha Trang Reunification Express von Hanoi und HCMC von Hanoi, Hue, HCMC und Nha Trang 32A Phan Dinh Phung; +84 236 386 3595 danangfantasticity.com

Danang liegt etwa in der Mitte der vietnamesischen Küste, am Westufer des Flusses Han, und ist eine der sich am schnellsten verändernden Städte Vietnams. Zwar bietet die viertgrößte Stadt des Landes selbst nur wenige Sehenswürdigkeiten, ist aber eine gute Basis für Ausflüge zu umliegenden Attraktionen und ein Verkehrsdrehkreuz zwischen Nord und Süd. Drei der Welterbestätten Vietnams – Hoi An *(siehe S. 132–137)*, My Son *(siehe S. 138–141)* und die Zitadelle von Hue *(siehe S. 142–145)* – sowie zahlreiche Strände liegen in der Umgebung.

Nach der französischen Eroberung 1859 stieg Danang rasch auf und löste Hoi An als Haupthafen Zentralvietnams ab. Im Vietnamkrieg *(siehe S. 49)* erlebte Danang als bedeutende Militärbasis der US-Armee einen zweiten Aufschwung. Spuren aller drei Zeitabschnitte sind in der Stadt immer noch zu erkennen.

Das **Museum der Cham-Skulpturen** (Bao Tang Dieu Khac Cham) ist eines der Highlights von Danang. Die 1915 von der École française d'Extrême-Orient gegründete Institution präsentiert die weltweit beste Sammlung von Skulpturen der Cham, darunter Altäre, Sandsteinobjekte, Büsten von Hindu-Göttern wie Vishnu, Shiva und Brahma sowie Schnitzereien mit Motiven aus dem Epos *Ramayana*. Die Skulpturen stammen aus dem 7. bis 13. Jahrhundert und wurden in nahen Cham-Stätten gefunden, u. a. in Tra Kieu, der ersten Champa-Hauptstadt, My Son und Dong Duong. Es gibt auch zeitgenössische Exponate der heutigen Cham-Kultur.

Die rosafarbene Danang-Kathedrale von 1923 hat zu beiden Seiten eine dreistufige Fassadengestaltung, die

Eine schöne Aussicht auf wolkenverhangene Gipfel und die blaue Bucht von Danang bietet der 496 Meter hohe Hai-Van-Pass.

→

Die rosafarbene Kathedrale von Danang mit ihrem hohen Glockenturm

in einem Kirchturm mit Hahnenfigur gipfelt. Sehenswert sind auch der **Cao-Dai-Tempel**, nach dem »Heiligen Stuhl« in Tay Ninh *(siehe S. 62f)* der zweitgrößte Cao-Dai-Tempel, und die Phap-Lam-Pagode zu Ehren des Thich Ca Buddha. Die hübsche **Pho-Da-Pagode**, eine buddhistische Mönchs- und Nonnenschule, ist ein cremefarbener Bau mit orangefarbenen Fliesen und grünen Verzierungen. Den zentralen Tempelbau mit dem Hauptaltar flankieren zwei Bauten mit dreigliedrigen Dächern und geschwungenen Dachtraufen.

Danangs auffallendste Attraktion ist die spektakuläre Drachenbrücke, die über den Han führt. Sie ist nicht nur mit LED erleuchtet, sondern »spuckt« ab 21 Uhr auch Feuer und Wasser. Der beste Platz, um dieses Schauspiel zu beobachten, ist eines der Cafés am Ostufer nördlich der Brücke oder von einem Boot aus.

Auf einem Hügel in der Nähe von Danangs Hafen liegt ein gepflegter Friedhof mit den Gräbern spanischer und französischer Soldaten, die beim französischen Angriff auf Danang im Jahr 1858 umkamen.

Umgebung: Eine schöne Aussicht auf wolkenverhangene Gipfel und die blaue Bucht von Danang bietet der Hai-Van-Pass (»Wolkenpass«) im Truong-Son-Gebirgszug, etwa 30 Kilometer nördlich von Danang.

Museum der Cham-Skulpturen
Ecke Bach Dang und Trung Nu Vuong
+84 236 357 935
tägl. 8–11:30, 14–16:30

Cao-Dai-Tempel
63 Hai Phong +84 236 369 8710 tägl. 6–18

Pho-Da-Pagode
340 Phan Chu Trinh +84 236 382

←

Die spektakuläre Drachenbrücke überspannt den Fluss Han

Restaurants

Fatfish
In stylisher Umgebung mit Blick über den Fluss werden moderne internationale und vietnamesische Gerichte serviert. Hervorragende Pizzas und innovative lokale Gerichte wie das Hünchencurry *cocky bird* sowie viele gute Cocktails.
D4 439 Tran Hung Dao, Danang
+84 236 394 5707
$$$

Market's
In dem soliden vietnamesischen Lokal gibt es großartige, traditionelle Gerichte. Die Barbecues und die Tontopfgerichte werden am Tisch gekocht und sind hervorragend, vor allem die mit Seafood.
D4 29 Luu Quang Thuan, Danang
+84 90 500 1744
$$$

7 Marmorberge

D4 2 Huyen Tran Cong Chua, Hoa Hai
tägl. 7–17:30

An der Straße von Danang nach Hoi An liegt eine Gruppe von fünf Bergen aus Marmor, die durchlöchert sind von Höhlen und Spalten, in denen sich nicht selten buddhistische Schreine und einige Hindu-Grotten befinden. Der vietnamesische Name der Berge lautet Ngu Hanh Son, fünf Elemente, und die einzelnen Hügel heißen Kim (Metall), Thuy (Wasser), Moc (Holz), Hoa (Feuer) und Tho (Erde). Der einzige Berg, den man besuchen kann, ist Thuy Son. Man kann ihn über steile Treppen und dunkle Höhlenpassagen besteigen und kommt dabei an den verschiedensten Tempeln vorbei.

In vielen Höhlen sind wunderschöne Schreine und Statuen aus Marmor, wie etwa die Buddhas in der Hoa-Nghiem-Grotte und in der kathedralenähnlichen Huyen-Khong-Höhle. Vom Gipfel hat man einen fantastischen Blick auf Danang und die Küste mit langen Sandstränden. Um dem größten Andrang und der schlimmsten Hitze zu entgehen, sollte man schon frühmorgens kommen.

Während des Vietnamkriegs wurde die Huyen-Khong-Höhle vom Vietcong als Krankenhaus genutzt und als Versteck für Überfälle auf die nahe US-Militärbasis am Strand. Man sieht heute noch Einschusslöcher von Sleven, die von der US-amerikanischen Basis abgefeuert wurden.

8 Son Tra (Affenberg)

D4 25 km nordöstl. von Danang

Den besten Ausblick in dem Gebiet hat man vom Son Tra auf der Halbinsel, die nordöstlich von Danang ins Meer ragt. Der Berg ist auch als Affenberg bekannt, da es hier früher viele rotgesichtige Affen gab. Auf den Son Tra führt eine Straße, den 693 Meter hohen Gipfel erreicht man von Danang aus in 35 Minuten. Die steile, kurvenreiche Straße führt über wild bewachsene Klippen durch den Nationalpark und bietet immer wieder fantastische Blicke auf die Küste, den Hai-Van-Berg, die Insel Cham und Danang. Etwa auf halber Strecke kommt man an der Linh-Ung-Pagode aus dem 18. Jahrhundert vorbei, deren Hof von einer weißen, 67 Meter hohen Statue der Lady Buddha Da Nang dominiert wird. Die Statue ist angeblich die höchste Statue einer Göttin in Südostasien.

Man kann den Affenberg auch vom Bai Bac Beach in etwa vier Stunden auf einem gut markierten Weg besteigen. Hier kommt man an einem 600 Jahre alten Banyanbaum vorbei und sieht vielleicht auch einen der seltenen Affen mit ihren roten Beinen und weißen Armen und sicherlich viele Vögel. An Wochenenden und religiösen Feiertagen kann der Affenberg von vielen Pilgern bevölkert sein.

Hotel

Eco Green Boutique Hotel

Das Hotel in einem weißen neokolonialistischen Haus ist nicht nur das »grünste« in Danang, sondern auch nur einen Steinwurf vom Strand entfernt. Die Zimmer haben Balkone mit Blick aufs Meer oder in den Garten.

D4 1 An Thuong 3, Danang ecogreendanang.com

$$$

↑ *Die spektakuläre Cau-Vang-Brücke wird von einer Steinhand gehallten*

9
Ba Na

D4 40 km westl. von Danang

Der alte französische Bergort liegt unweit von Danang in 1450 Meter Höhe, oft ist er nebelverhangen oder in Wolken gehüllt. Seine Blütezeit erlebte der französische Ort im frühen 20. Jahrhundert, als hier über 200 Villen standen, die mittlerweile in Gästehäuser und Hotels umgewandelt wurden.

Zu den Attraktionen von Ba Na zählen eine Seilbahn zu den Ba Na Hills, ein Freizeitpark und Wanderwege zu Wasserfällen.

2018 eröffnete die eindrucksvolle Fußgängerbrücke Cau Vang (Goldene Brücke), die sich aus den Gärten von Thien Thai erhebt und rund um den Berg führt. Von der 150 Meter langen vergoldeten Brücke in 1400 Meter Höhe, die von zwei riesigen Steinhänden gehalten wird, hat man einen fantastischen Panoramablick über die Truong-Son-Berge, Danang und das Meer.

Schon gewusst?

Während des Vietnamkriegs war der US-Luftwaffenstützpunkt bei China Beach der verkehrsreichste der Welt.

10
China Beach

D4 2 km südöstl. von Danang

Den langen Küstenabschnitt zwischen den Marmorbergen und dem Südchinesischen Meer gliedern die Einheimischen in drei Strände: My Khe, My An und Non Nuoc. In den USA nennt man die weißen Sandstrände nach der beliebten US-Fernsehserie auch heute noch China Beach. Obwohl der Name von der Regierung verboten wurde, werben doch Hotels und Reiseanbieter damit um ausländische Besucher.

Ein beliebtes Ziel war der China Beach bereits im Vietnamkrieg, als die US-Armee (deren Basis in Danang als eine der wichtigsten und sichersten in Südvietnam galt) My Khe und My An als Erholungszentrum für GIs ausbaute. Davon ist heute nichts mehr zu sehen, doch Souvenirstände und Fischrestaurants warten auf Besucher. In My Khe haben am Südende des Strands einige gehobene Ferienanlagen geöffnet, die Strände sind im Sommer beliebte Bade- und Surferzielen.

← *Die schöne Huyen-Khong-Höhle mit Schreinen und Statuen am Berg Thuy Son*

→ *Fluss mit kleinem Wasserfall im üppig grünen Wald im Nationalpark Bach Ma*

11 Nationalpark Bach Ma

D4 45 km südöstl. von Hue von Hue und Danang nach Cau Hai tägl. bachmapark.com.vn

Der Nationalpark Bach Ma erstreckt sich in 1450 Meter Höhe an der Grenze zwischen den Provinzen Hue und Danang. In den 1930er Jahren gründeten die Franzosen hier eine Bergstation, eine Provokation für die Viet Minh, die Bach Ma im Ersten Indochinakrieg *(siehe S. 48)* oft angriffen. Bei Kriegsende hatten die meisten Franzosen ihre Villen aufgegeben. In den 1960er Jahren befestigte die US-Armee Bach Ma und lieferte sich in den hügeligen Wäldern erbitterte Gefechte mit dem Vietcong. Nach dem Sieg der Kommunisten 1975 geriet das Bergdorf in Vergessenheit.

Glücklicherweise lebte Bach Ma wieder auf: 1991 bekam das 37 500 Hektar umfassende Gebiet den Status eines Nationalparks. Trotz des massiven Einsatzes von Entlaubungschemikalien im Vietnamkrieg hat sich die Natur dank Aufforstungs- und Schutzmaßnahmen erholt. Im Park trifft man auf eine große Tier- und Pflanzenvielfalt, darunter 2140 verschiedene Pflanzenarten, von denen viele als Heilpflanzen gelten. Mehr als 130 Säugetierarten leben im Park, u. a. das seltene Vu-Quang-Rind *(saola)*, der Riesenmuntjak wie auch der Truong-Son-Muntjak. Zu den heimischen Primaten zählen Languren-, Faul-, Makakenaffen sowie Weißwangengibbons. Wahrscheinlich streifen auch Leoparden und Tiger durch die entlegenen Winkel des Parks. Mit 363 registrierten Vogelarten, darunter dem bedrohten Edwardsfasan, ist der Nationalpark auch ein Paradies für Vogelkundler.

Von dem einstigen französischen Bergort sieht man nur noch einige überwucherte Ruinen. Ein schmaler Pfad führt zu einer Aussichtsplattform am höchsten Punkt des Parks. Bei gutem Wetter hat man von hier eine wunderbare Aussicht über die zerklüftete Truong-Son-Gebirgskette. Wer gern wandert, wird den Pheasant Trail mögen, wo man die Schreie der Gibbons hört, oder den Rhododendron Trail, der zum 300 Meter hohen Wasserfall Do Quyen führt.

Informieren Sie sich vorab, ob der Park geöffnet ist, da wegen Straßenbauarbeiten der Zugang beeinträchtigt sein kann.

> Schöne Aussicht
> **Weg zum Gipfel**
> Vom Parkplatz des Nationalparks Bach Ma führt ein kurzer Weg zum Gipfel. Dort steht ein Pavillon mit fantastischem 360-Grad-Blick. Der See Ba Be ist ein weiterer wunderbarer Platz im Park.

12 Suoi Voi

D4 65 km südl. von Hue; 15 km nördl. von Lang Co am Hwy 1 von Hue tägl. 8–17:30

Suoi Voi, die »Elefantenquelle«, ist bei den Bewohnern von Danang und Hue ein beliebtes Wochenendziel. Seinen Namen verdankt der Ort einem riesigen Felsen, der einem Elefanten ähnelt. Hier kann man herrlich und ungestört baden. Um die Stelle auf dem Weg von Hue nicht zu verfehlen, sollte man auf ein großes Schild für einen Pfad, der rechts zu den Quellen führt, achten. Etwa 2,5 Kilometer von hier pas-

siert man die Kirche von Thua Lau. Dort befinden sich das Eingangstor und ein Parkplatz. Von hier erreicht man die Quellen nach etwa 1,6 Kilometern Fußmarsch.

Sie liegen inmitten großer Felsbrocken in einem Wäldchen. Den Hintergrund bilden die bewaldeten Gipfel des Truong-Son-Gebirges. Die einzige Infrastruktur, die man hier findet, sind allerdings ein paar Imbissstände.

13

Lang Co Beach

D4 · 75 km südl. von Hue; 35 km nördl. von Danang am Hwy 1 · von Hue und Danang · von Hue oder Danang

Die Schönheit der Halbinsel Lang Co offenbart sich am besten mit einem Blick vom Hai-Van-Pass oder während einer Zugfahrt von Hue nach Danang. Richtung Norden sieht man eine beeindruckende Komposition aus Blau, Weiß und Grün. Ein kleiner Streifen mit traumhaft weißem Sand verläuft südlich von Loc Vinh und trennt eine Salzwasserlagune im Westen von dem meist aufgewühlten Südchinesischen Meer im Osten. Die Landschaft präsentiert sich als Traumkulisse mit palmenbestandenen Stränden an blauen Gewässern mit vielen Farbschattierungen.

Der Strand lädt vor allem in den Sommermonaten vor Juli zum Baden ein, danach kann es regnerisch werden. Hervorragende Fischgerichte kann man hier aber ganzjährig in den Strandlokalen genießen. Im verschlafenen Dorf Lang Co kann man das einfache, gemächliche Alltagsleben entdecken.

Etwas südlich von Lang Co führt eine Brücke zum Straßentunnel des Highway 1 unter dem Hai-Van-Pass. Die Brücke schafft für die Fischer einen geschützten Hafen. Bei einem Spaziergang auf der Landseite dieser Nehrung passiert man bunte Fischerboote und solche, die an Weidenkörbe erinnern.

14

Thuan An Beach

D4 · 15 km nordöstl. von Hue am Hwy 49

Der Strand von Thuan An ist einer der schönsten in der Gegend

Mit 363 registrierten Vogelarten, darunter dem bedrohten Edwardsfasan, ist der Nationalpark Bach Ma auch ein Paradies für Vogelkundler.

rund um Hue. Er erstreckt sich am nördlichen Ende einer schmalen Insel, die sich von der Mündung des Parfümflusses nach Süden bis zum Städtchen Phu Loc entlangzieht.

Thuan An bietet einen von Kokospalmen eingerahmten Strand. Im Südwesten glitzert das Wasser der Thanh-Lam-Lagune, im Nordosten rollt die Brandung des Südchinesischen Meers den Strand hinauf. Das Wasser ist klar, von Mai bis August kann man hier auch gut schwimmen.

Das Dorf Thuan An wird von einigen Fischern bewohnt, deren Boote am Sandufer liegen. Die Region lebt weniger vom Tourismus als von der Herstellung der *nuoc mam* (Fischsauce).

Thuan An bietet sich als bequem erreichbares Tagesziel für eine Radtour ab Hue an. Die Fahrt zum Strand ist abwechslungsreich, da sie durch Dörfer und malerische Landschaft mit vereinzelten Pagoden führt. Die Insel und den Strand erreicht man auf einer kleinen Brücke über die Thanh-Lam-Lagune.

Der Sandstrand Thuan An bei Hue; viele bunte Fischerboote (links)

15

Khe Sanh Combat Base

D4 145 km nordwestl. von Hue am Hwy 9
Minibus ab Hue-Museum: 1,5 km nördl. von Khe Sanh
tägl. 7–17

Khe Sanh, die ehemalige Basis der US-Marines, liegt etwa drei Kilometer vom einst gleichnamigen Dorf entfernt, das heute Hoang Ho heißt. Die Basis wurde von der US-Armee 1962 zunächst als Dschungelflughafen angelegt und für US-Spezialeinheiten, die den Nachschub auf dem Ho-Chi-Minh-Pfad *(siehe S. 163)* unterbrechen sollten, erweitert.

Bekannt ist Khe Sanh jedoch als Schauplatz eines der blutigsten Gefechte des Vietnamkriegs, des Anfangs vom Ende der US-Armee in Vietnam. 1968 begann der legendäre US-General William Westmoreland hier einen massiven Truppenaufbau, um die nordvietnamesische Armee in eine direkte Konfrontation zu verwickeln. Der vietnamesische General Vo Nguyen Giap schien in die Falle zu tappen, nutzte die Belagerung von Januar bis April 1968 jedoch in einem meisterhaften Täuschungsmanöver, um von der Tet-Offensive abzulenken. Durch heftige Bombenangriffe und das Dauerfeuer starben rund 207 GIs, etwa 9000 vietnamesische Soldaten und Tausende von Zivilisten.

Zwar war die Schlacht kein zweites Dien Bien Phu *(siehe S. 211)*, wie US-Präsident Johnson befürchtete, aber die US-Armee, wenn auch nicht besiegt, musste Khe Sanh aufgeben. Dabei wurde alles militärische Gerät zerstört, vergraben oder mitgenommen, um keine Bilder einer Niederlage zu provozieren.

Khe Sanh ist heute ein Besucherziel, in dem man Führungen buchen kann. Die Fahrt auf dem Highway 9 führt vorbei an Statuen und Gedenktafeln. Das örtliche kleine Museum zeigt amerikanische Waffen und Fahrzeuge, die man aus dem Süden hierhergeschafft hat.

Geschichte der DMZ

Auf der Genfer Indochina-Konferenz wurde 1954 die Einrichtung der DMZ am 17. Breitengrad als »provisorische Demarkationslinie« zwischen Nord- und Südvietnam beschlossen. Die Zone erstreckte sich auf fünf Kilometer Breite zu beiden Seiten des Flusses Ben Hai und bis zur Grenze von Laos. Doch von Anfang an stieß die nordvietnamesische Armee mit ihren Tunneln, Geheimpfaden und Guerilla-Angriffen über die DMZ in den Süden vor. Die USA und Südvietnam reagierten mit Minenfeldern und teuren Elektrozäunen am Highway 9. Im Vietnamkrieg war die Demilitarisierte Zone Schauplatz heftiger Gefechte, vor allem während der Osteroffensive 1972.

16

Demilitarisierte Zone

C4 90 km nordöstl. von Khe Sanh am Hwy 9
Minibus und Taxi von Hue tägl. 7–17

Die Demilitarisierte Zone (DMZ) hat seit der vietnamesischen Wiedervereinigung 1975 jegliche militärische und politische Bedeutung verloren, ist aber ein beliebtes Ziel für Tagesausflüge aus Hue oder Dong Ha.

Die meisten Touren starten an der Hien-Luong-Brücke am einstigen Grenzfluss Ben Hai und führen dann weiter zu den ausgebauten Vinh-Moc-Tunneln *(siehe S. 161)*. Der Nationalfriedhof Truong Son westlich vom Highway 1 ehrt die vielen Tausenden nordvietnamesischen und Vietcong-Soldaten, die hier gefallen sind.

Von hier kann man auf dem Highway 9 landeinwärts nach Dong Ha fahren, vorbei an einer Reihe ehemaliger US-Militärbasen. Camp Carroll, Khe Sanh und Hamburger Hill *(siehe S. 41)* haben durch Filme Bekanntheit erreicht. Zwar gibt es hier kaum wirkliche Sehenswürdigkeiten, aber die Fahrt durch die Demilitarisierte Zone macht als Ausflug in die Geschichte betroffen.

← *Altes Kriegsgerät in der Demilitarisierten Zone*

Schon gewusst?

Die US-Luftwaffe warf über 9000 Tonnen Bomben auf Vinh Moc – etwa neun Tonnen pro Einwohner.

↑ *Ein Führer zeigt den Weg durch die Vinh-Moc-Tunnel nahe der DMZ*

17

Vinh-Moc-Tunnel

C4 13 km östl. von Ho Xa am Hwy 1; 20 km nordöstl. der DMZ Minibus von Hue und Dong Ha tägl. 7:30–17

Eines der dauerhaftesten Tunnelsysteme Vietnams entstand in Vinh Moc, einem Dorf am Südchinesischen Meer. Von 1968 bis 1972 hausten hier Hunderte Menschen, denn diese Tunnel waren im Gegensatz zu den bekannteren im Frontgebiet bei Cu Chi *(siehe S. 76)* für langfristige Aufenthalte geplant und angelegt.

Vinh Moc hatte eine strategisch wichtige Lage, um die die Armeen beider Seiten kämpften. Nach der Teilung Vietnams 1954 waren viele Dörfer nördlich der DMZ *(siehe S. 160)* ständigen Angriffen ausgesetzt. Insbesondere Vinh Moc war Ziel südvietnamesischer Angriffe, da es direkt gegenüber der Insel Con Co liegt, auf der damals ein nordvietnamesisches Waffen- und Nachschublager für Transporte in den Süden war. Die US-Luftwaffe machte Vinh Moc fast dem Erdboden gleich. Einige Bewohner flohen, andere harrten aus – selbst wenn sie dafür unter der Erde leben mussten.

Das komplexe Tunnelsystem, gegraben mit Schaufeln, Körben und bloßen Händen sowie mit Unterstützung des Vietcong, entstand in nur 18 Monaten. Es erstreckt sich über insgesamt drei Kilometer und hat 13 Eingänge. Familienräume, ein Krankenhaus und eine Versammlungshalle verteilen sich über drei Stockwerke. Hier lebten Dorfbewohner und nordvietnamesische Soldaten vier Jahre lang, sogar 17 Kinder wurden im Untergrund geboren. Durch die Tunnel schleuste man fast 12 000 Tonnen Militärgüter und -ausrüstung nach Con Co.

Heute kann man als Besucher die Meisterleistung der Dorfbewohner im Originalzustand von 1972 erleben. Anders als in den Tunneln von Cu Chi kann man aufrecht gehen, nur große Menschen müssen sich bücken. Ein Museum liefert interessante Informationen über Vinh Moc. An den nahe gelegenen Stränden kann man sich anschließend erholen.

18

Dong Hoi

C3 162 km nördl. von Hue am Hwy 1 170 000 von Vinh, Dong Ha und Hue Quang Binh Tourism, 58 Nguyen Huu Canh; +84 232 382 2018 quangbinhtourism.vn

Dong Hoi, die Provinzhauptstadt von Quang Binh, war kaum mehr als ein Fischerdorf, bevor es infolge der wirtschaftlichen Liberalisierung zu einem Verkehrsdrehkreuz wurde. Statt historischer Sehenswürdigkeiten kann man hier die schnelle Erholung von den Zerstörungen des Kriegs bewundern. Die einstige Trümmerwüste hat sich in eine Stadt mit Boulevards und gepflegten Bauten verwandelt.

Dong Hoi markierte von 1588 bis 1775 die faktische Grenze zwischen den Fürstentümern der Trinh und der Nguyen. Zwei größere Bastionen sollten Feinde abhalten, übrig geblieben sind nur verfallene Torbogen. In der Nähe liegen schöne Strände, etwa in Nhat Le drei Kilometer nördlich.

↑ *Im Inneren der Thien-Duong-Höhle (Paradieshöhle) im Nationalpark Nha-Ke Bang*

→ *Wanderer an der Spitze einer Felsformation in der Son-Doong-Höhle*

19

Nationalpark Phong Nha-Ke Bang

C3 Son Trach, 55 km nordwestl. von Dong Hoi +84 232 367 7021 von Dong Hoi tägl. 7–17 phongnhakebang.vn

Der Nationalpark wird seinem Status als UNESCO-Welterbestätte aufgrund der riesigen Höhlen absolut gerecht. Die am einfachsten erreichbare ist die Höhle Phong Nha. Das Höhlensystem erstreckt sich viele Kilometer in die Berge und ist voller unterirdischer Grotten und Flüsse. Die acht Kilometer lange Haupthöhle ist von mehreren Nebenhöhlen umgeben. Höhlenforscher sind bisher 35 Kilometer tief in das System eingedrungen.

Ganze *Sampan*-Flotten fahren vom Besucherzentrum drei Kilometer flussaufwärts hierher. Etwa 1,6 Kilometer tief im Inneren liegt eine heilige Stätte der Cham, die vor Jahrhunderten Inschriften an den Steinwänden hinterließen.

Ebenfalls im Nationalpark wurden kürzlich zwei neue Höhlen entdeckt – Thien Duong (Paradieshöhle) und Son Doong (Bergflusshöhle).

20

Son-Doong-Höhle

C3 Nationalpark Phong Nha-Ke Bang Jan–Aug oxalis.com.vn

Die Son-Doong-Höhle im Nationalpark Phong Nha-Ke Bang ist die größte und eine der schönsten der Welt. Sie wurde 1991 von einem einheimischen Jäger entdeckt, der Zuflucht vor einem tropischen Gewitter suchte. 2009 und 2010 wurde sie von einem britischen Team untersucht, das einzigartige Gegebenheiten fand, darunter eine gewaltige Hauptpassage. Die 6,5 Kilometer Meter lange, 200 Meter hohe und 150 Meter breite Höhle liegt größtenteils in absoluter Dunkelheit, nur an zwei Stellen fällt Licht durch mit Pflanzen bewachsene, eingebrochene Stellen. Die Höhle ist voller Farne, Bäume und Schlingpflanzen, die u. a. von Affen und Flughunden bewohnt sind. Außerdem gibt es unterirdische Flüsse, spiegelglatte Seen, einige der größten Stalagmiten und Stalaktiten der Welt sowie eine 90 Meter hohe Kalzitwand, die man nur mittels Seil überwinden kann. Nur ein Unternehmen, Oxalis Adventure Tours, organisiert für 700 Besucher im Jahr Touren, die entsprechend fit sein sollten.

21

Kim Lien

B3 14 km nordwestl. von Vinh Minibus von Vinh

Als Geburts- und Kindheitsort von Ho Chi Minh *(siehe S. 181)* genießt Kim Lien fast den Status einer Pilgerstätte. Der Nationalheld wurde 1890 im 1,6 Kilometer entfernten Dorf Hoang Tru geboren und wuchs dort bis zum Alter von fünf Jahren auf, bevor er mit seinem Vater nach Hue ging. 1901 kehrte er zurück und verbrachte weitere fünf Jahre in Kim Lien.

Eitlen Versuchungen erlag Ho Chi Minh nie. Er verbot den Bau eines Museums über sein Leben in Kim Lien, weil man das Geld besser nutzen könne. Doch seit seinem Tod 1969 entstanden überall Schreine und Museen. In Hoang Tru steht das nachgebaute Haus von Ho Chi Minhs Kindheit. Ein Museum zeigt Fotos und persönliche Gegenstände. Unweit davon steht ein Nachbau des Hauses, in dem Ho Chi Minh von 1901 bis 1906 lebte.

Ho-Chi-Minh-Pfad

Der legendäre Ho-Chi-Minh-Pfad (Duong Truong Son) diente als geheimes, komplexes Wegesystem, das im Vietnamkrieg (1957–1975) die strategische Verbindung zwischen Nord- und Südvietnam sicherstellte. Der Pfad bestand aus primitiven, teils jahrhundertealten Wegen, auf denen die kommunistischen Truppen in Südvietnam mit Waffen, Lebensmitteln und neuen Truppeneinheiten versorgt wurden. Wahrscheinlich startete das labyrinthähnliche Wegesystem in der Nähe der Hafenstadt Vinh und bahnte sich von hier seinen Weg durch den Truong-Suong-Gebirgszug nach Westen, verlief entlang der Grenze zu Laos, durch Laos und Kambodscha bis zu verschiedenen unbekannten Endpunkten in Südvietnam.

Streetfood-Lokal in Hanoi

Hanoi

Die »Stadt im Flussbogen« wurde 1010 n. Chr. von Kaiser Ly Thai To in der Nähe von Co Loa, der historischen Hauptstadt des ersten Viet-Reichs des 3. Jahrhunderts v. Chr., gegründet. Der Kaiser ließ die Stadt rund um eine massive Festung bauen, östlich davon richtete man eine Siedlung für die Gilden und Zünfte ein, die den Hof belieferten. Im 16. Jahrhundert hatte sich diese Gegend zu Hanois berühmter Altstadt *(siehe S. 188)* entwickelt.

Mit den Franzosen begann im 19. Jahrhundert eine Erneuerungsphase. Sie rissen Teile der Zitadelle und alte Tempel ab, um Platz für das neue europäische Viertel zu schaffen – ein kultureller Vandalismus, den die wundervolle Kolonialarchitektur nur bedingt ausgleichen konnte.

Im Ersten Indochinakrieg *(siehe S. 48)* blieb die Innenstadt weitgehend verschont, 1946 wurde Hanoi zur Hauptstadt der Demokratischen Republik Vietnam (Nordvietnam) erklärt. Leider wurde Hanoi in der Folgezeit nicht verschont und während des Vietnamkriegs von den USA stark bombardiert.

Heute ist Hanoi eine wohlhabende und elegante Stadt mit vielen Museen, Kunstgalerien, schicken Läden und hervorragenden Restaurants.

A
B
C
0 Meter
800
N
22 Kim-Lien-Pagode
NGHI TAM
Westsee
Ho Tay 23
AN DUONG
PHUC XA
YEN PHU
NGHIA DUNG
NGO 71 - TAN AP
PHO DUC CHINH
TAN AP
THANH NIEN
Truc-Bach-See
2
NG. KHAC HIEU
CHAU LONG
CUA BAC
NGUYEN KHAC NHU
PHAM HONG THAI
NGUYEN TRUONG TO
4
Busstation Long Bien
Bahnhof Long Bien
HOE NHAI
THUY KHUE
HOANG HOA THAM
DANG TAT
QUAN THANH
PHAN DINH PHUNG
Botanischer Garten
Ho Chi Minhs Wohnhaus 18
17 Ho-Chi-Minh-Mausoleum
HOANG VAN THU
Zitadelle von Hanoi 21
DISTRIKT BA DINH
Dong-Xuan-Markt 2
ALTSTADT
NGO NGOC HA
NGO 15
BAC SON
Ein-Säulen-Pagode 19
Ho-Chi-Minh-Museum 16
HOANG DIEU
NGUYEN TRI PHUONG
CU DONG
DOI CAN
LE HONG PHONG
DIEN BIEN PHU
CHU VAN AN
TON THAT THIEP
LY NAM DE
PHUNG HUNG
HANG GA
THUOC BAC
CHA CA
HANG BO
H. NON
KIM MA
Busstation Kim Ma
NGUYEN THAI HOC
TRAN PHU
Vietnam. Museum der Schönen Künste 15
Dt. Botschaft
HANG DA
HANG GAI
LY QUOC SU
6
20 Lotte Observation Deck (700 m)
CAT LINH
Tempel der Literatur 1
TG DUY TAN
3
HANG BONG
1
Kathedrale St. Joseph 6
M Cat Linh
GIANG VO
QUOC TU GIAM
NGO SI LIEN
CUA NAM
TRANG THI
Schweizer Botschaft
QUAN SU
7 Hoa-Lo-Gefängnis
NGO THONG PHONG
LY THUONG KIET
DISTRIKT DONG DA
NGO BAI
TON DUC THANG
Bahnhof Hanoi
LE DUAN
8 Botschafter-Pagode
TRAN HUNG DAO
FRANZÖSISCHE VIERTEL
YET KIEU
TRAN BINH TRONG
QUANG TRUNG
TRAN QUOC
NGUYEN DU
Thien-Quang-See
Österr. Botsch.
TRAN NHAN TONG
Lenin-Park
NGUYEN DINH CHIEU
NGUYEN BINH KHIEM
THE GIAO
TO
DOAN TR
Bay-Mau-See
LE DAI H
VAN HO III
DAI CO VIET
Busstation Giap Bat (3 km)
Lien-Phai-Pagode
2
3
4
5
Großraum Hanoi
0 km
10
Phong Chau
29 Tempel der Hung-Könige
Hop Hoa
Bai Bong
Viet Tri
Vinh Yen
Huong Ky
Thanh Chuong Viet Palace 28
Huong Canh
Tu Trung
Quang Oai
Noi Bai International Airport
Phu Lo
Duong Lam 27
Son Tay
Roter Fluss
Co-Loa-Zitadelle 24
Yen Vien
Ethnologisches Museum 25
Thay-Pagode 26
Zentrum von Hanoi
Quoc Oai
Ha Dong
Da

Hanoi

Highlight

1. Tempel der Literatur

Sehenswürdigkeiten

2. Dong-Xuan-Markt
3. Bach-Ma-Tempel
4. Wasserpuppen-Theater Thang Long
5. Hoan-Kiem-See
6. Kathedrale St. Joseph
7. Hoa-Lo-Gefängnismuseum
8. Botschafter-Pagode
9. Vietnamesisches Frauenmuseum
10. Sofitel Legend Metropole Hotel
11. Oper
12. Hai-Ba-Trung-Tempel
13. Nationalmuseum für Vietnamesische Geschichte
14. Lien-Phai-Pagode
15. Vietnamesisches Museum der Schönen Künste
16. Ho-Chi-Minh-Museum
17. Ho-Chi-Minh-Mausoleum
18. Ho Chi Minhs Wohnhaus
19. Ein-Säulen-Pagode
20. Lotte Observation Deck
21. Zitadelle von Hanoi
22. Kim-Lien-Pagode
23. Ho Tay
24. Co-Loa-Zitadelle
25. Ethnologisches Museum
26. Thay-Pagode
27. Duong Lam
28. Thanh Chuong Viet Palace
29. Tempel der Hung-Könige

Restaurant und Bars

① Hanoi Social Club
② Standing Bar
③ Nê

Shopping

④ 54 Traditions
⑤ Hanoi Moment
⑥ Kenly Silk

←

1 *Die The-Huc-Brücke am Hoan-Kiem-See*

2 *Streetfood auf dem Dong-Xuan-Markt*

3 *Flaggenturm in der Zitadelle von Hanoi*

4 *Lotte Observation Deck*

Die meisten Sehenswürdigkeiten von Hanoi befinden sich in der Altstadt, im Französischen Viertel und am Platz Ba Dinh – was ihre Erkundung sehr einfach gestaltet.

2 TAGE *in Hanoi*

Tag 1

Vormittags Beginnen Sie den Tag mit einer Fahrt über den Hoan-Kiem-See *(siehe S. 174)*. Passieren Sie die Brücke The Huc zum Tempel Den Ngoc Son und sehen Sie zu, wie Einheimische vor den Altären Duftstäbchen entzünden. Spazieren Sie dann am See entlang, vorbei an Menschen, die Tai-Chi praktizieren. Gehen Sie gen Norden in die Altstadt *(siehe S. 188)*, in der es etliche Sehenswürdigkeiten zu entdecken gibt, darunter das Memorial House Museum, den Bach-Ma-Tempel, das Quan-Chuong-Tor und den Dong-Xuan-Markt *(siehe S. 172)*, den ältesten und größten der Stadt – ideal für ein Mittagessen.
Nachmittags Sehen Sie sich das Sofitel Legend Metropole Hotel *(siehe S. 177)*, das luxuriöseste Hotel der Stadt, an, bevor Sie um die Ecke zur Oper mit ihrer imposanten Fassade gehen. Dieser Architekturstil setzt sich im Nationalmuseum für Vietnamesische Geschichte *(siehe S. 178)* fort. Gehen Sie danach zum Hoa-Lo-Gefängnismuseum *(siehe S. 176)* und anschließend zur Botschafter-Pagode.
Abends Im atmosphärischen Französischen Viertel, nur ein paar Blocks südlich der Altstadt, liegen einige der besten Restaurants der Stadt.

Tag 2

Vormittags Besuchen Sie zuerst das Ho-Chi-Minh-Mausoleum *(siehe S. 180)* am Ba-Dinh-Platz und zollen Sie Vietnams größtem Helden Respekt. Sehen Sie sich danach Hos Wohnhaus *(siehe S. 182)* an. Gehen Sie anschließend zur Ein-Säulen-Pagode *(siehe S. 182)*, die in einem Lotosteich steht. Erkunden Sie später die Zitadelle von Hanoi (Zitadelle von Thang Long, *siehe S. 183*), die fast 800 Jahre lang das Regierungszentrum war.
Nachmittags Besuchen Sie die Anlage des Tempels der Literatur *(siehe S. 170f)*, Hanois ältestes und populärstes Baudenkmal. Nehmen Sie von hier ein Taxi zum Ethnologischen Museum *(siehe S. 186)* mit interessanten Exponaten zu den verschiedenen in Vietnam lebenden Ethnien. Sehen Sie sich danach am riesigen See Ho Tay *(siehe S. 184)* die Tempel und Pagoden an, die am Seeufer stehen.
Abends Genießen Sie am Ho-Tay-See den Sonnenuntergang und fahren Sie danach mit dem Taxi zum Lotte Observation Deck *(siehe S. 183)*. Hier können Sie bei einem Drink an der Bar die illuminierte Skyline bewundern.

1

Tempel der Literatur

B3 Quoc Tu Giam +84 24 3845 2917
Apr – Sep: tägl. 7:30 – 17:30; Okt – März: tägl. 8 – 17

Van Mieu, das älteste und architektonisch schönste Baudenkmal Hanois, wurde 1076, während der Ly-Dynastie (1009 – 1225), gegründet. Die Anlage liegt im Westen der Altstadt und ist bis heute das Hauptheiligtum Vietnams. Der Literaturtempel war bei seiner Gründung auch die erste Akademie des Landes und ist nach wie vor der bedeutendste der Literaturtempel in Vietnam.

Vorbild für die Anlage war der Konfuzius-Tempel in der chinesischen Stadt Qufu, dem Geburts- und Sterbeort des Religionsgründers. Fünf Höfe, zwei davon mit gepflegten Gärten, sind durch Mauern und verzierte Tore abgetrennt, ein Zentralweg teilt die Anlage in zwei symmetrische Hälften. Der Tempel war als Gelehrtenzentrum, in dem sieben Jahrhunderte lang Mandarine ausgebildet wurden, dem chinesischen Philosophen Konfuzius (551 – 479 v. Chr.) geweiht. Die Anlage wurde 1947 von französischen Bomben schwer beschädigt, danach jedoch sorgfältig restauriert.

2313
Studenten bestanden zwischen 1442 und 1779 die schwierigen Examen.

→

Als Vorbild für den Tempel der Literatur diente der Tempel in Qufu, China

Das auch »Sternbild der Literatur« genannte, verzierte Khue-Van-Cac-Tor von 1805 soll das brillante literarische Vermächtnis Van Mieus symbolisieren.

Das rechteckige Wasserbecken, Thien Quang Tinh, nimmt den dritten Hof ein. Zu beiden Seiten des Beckens stehen in überdachten Galerien 82 steinerne Stelen, die kostbarsten Objekte des Tempels.

←

Das Tor Khue Van Cac wird auch »Sternbild der Literatur« genannt

Highlight

↑ *Altar von Konfuzius, dessen Statue in Rot und Gold gewandet ist*

↑ *Die Große Trommel steht im Osten des Glockenturms*

Beim Tet-Fest verwandelt sich der vierte Hof in ein Schachbrett mit menschlichen Figuren.

Ein schöner Glockenturm wurde im fünften Hof restauriert.

Das Gegenstück zum Glockenturm westlich der Thai-Hoc-Halle ist ein riesiger Gong im Osten. Beide Türme sind im traditionellen chinesischen Stil erbaut.

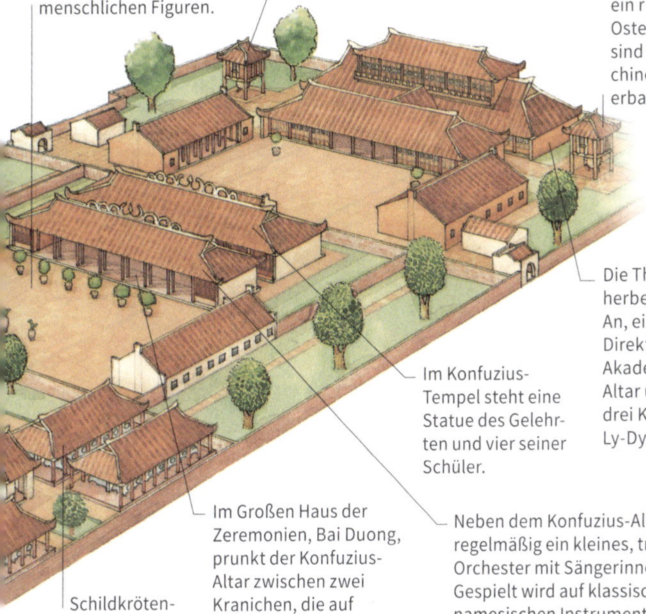

Die Thai-Hoc-Halle beherbergt einen Chu Van An, einem früheren Direktor der Kaiserlichen Akademie, geweihten Altar und Bilder von drei Kaisern aus der Ly-Dynastie.

Im Konfuzius-Tempel steht eine Statue des Gelehrten und vier seiner Schüler.

Schildkrötenstelen

Im Großen Haus der Zeremonien, Bai Duong, prunkt der Konfuzius-Altar zwischen zwei Kranichen, die auf Schildkrötenfiguren stehen, ein Glück verheißendes Symbol.

Neben dem Konfuzius-Altar tritt regelmäßig ein kleines, traditionelles Orchester mit Sängerinnen auf. Gespielt wird auf klassischen vietnamesischen Instrumenten.

Schildkrötenstelen

Die Steinstelen ruhen auf Schildkrötensockeln. Sie zeigen Inschriften mit Namen und Lebensdaten der Gelehrten, die von 1442 bis 1779 die Prüfungen in Van Mieu meisterten. Nur 82 der einst 112 Stelen, die zum UNESCO-Weltdokumentenerbe gehören, haben überdauert.

SEHENSWÜRDIGKEITEN

2 Dong-Xuan-Markt

C2 Kreuzung Dong Xuan und Hang Chieu, Altstadt +84 24 3792 5080 tägl. 6–18

Der älteste und größte überdachte Markt Hanois hat in der Stadt schon immer eine besondere Rolle gespielt. Ende des 19. Jahrhunderts ließen die Franzosen den alten Ostbrücken-Markt an diesem Standort abreißen und durch fünf große Hallen ersetzen. Dong Xuan ist der Name eines Dorfs, das sich in dieser Gegend befand. Im Jahr 1994 wurde das Marktgebäude durch ein Feuer fast vollständig zerstört. Zwei Jahre später war der Markt wieder aufgebaut, doch nur die restaurierte Fassade des Originalbaus aus dem Jahr 1899 blieb stehen.

Heute drängen sich in dem dreistöckigen Bau alle möglichen Stände und Händler, die von Bekleidung und Haushaltswaren, frischem Gemüse, Fleisch und Fisch über Reis und lokale, preiswerte Produkte bis hin zu importierten Waren alles Erdenkliche anbieten.

In der Nähe steht die historische Long-Bien-Brücke.

Das Wasserpuppen-Theater Thang Long ist vielleicht die beste Bühne Vietnams für Vorstellungen des traditionellen *roi nuoc*.

Ihre strategische Bedeutung als einzige Stadtbrücke über den Roten Fluss (Song Hong) machte sie im Vietnamkrieg zum Ziel vieler heftiger US-Bombenangriffe, die sie aber überstand. Heute wird sie von Zügen, Radfahrern und Fußgängern genutzt.

3 Bach-Ma-Tempel

D3 76 Hang Buom, Altstadt tägl. Sonnenauf- bis -untergang

Der kleine, elegante Tempel ist das älteste Gebäude im Altstadtviertel *(siehe S. 188f)*. In seiner Ursprungsform geht er auf die Gründung von Thang Long *(siehe S. 174)* zurück, das erst viel später Hanoi genannt wurde. Der Legende nach stürzten die Stadtmauern der Hauptstadt nach der Gründung durch Kaiser Ly Thai To 1010 ständig ein, bis ein weißes Pferd erschien und den Weg zum richtigen Standort der neuen Mauern wies. Aus Dankbarkeit errichtete Ly Thai To den »Tempel des Weißen Pferdes«, Bach Ma wurde der Schutzgeist von Hanoi.

Im 19. Jahrhundert wurde der Tempel mithilfe der Gemeinde von Hoa-Chinesen, die in der Hang Buom lebten, umfangreich restauriert. Er ist immer noch dem Weißen Pferd geweiht, aber die Hoa führten auch die Anbetung von Ma Vien ein, dem chinesischen General, der 43 n. Chr. die chinesische Macht in Vietnam wieder etablierte.

4 Wasserpuppen-Theater Thang Long

D3 57B Dinh Tien Hoang, Distrikt Hoan Kiem +84 24 3824 9494 Vorstellungen: tägl. 15, 16:10, 17:20, 18:30, 20; So auch 9:30 W thanglong waterpuppet.org

Das Wasserpuppen-Theater ist die beste Bühne Hanois, vielleicht sogar ganz Vietnams, für Vorstellungen des traditionellen *roi nuoc*. Die Aufführungen sind hervorragend, die Puppenspieler wissen die dramatische Musik des traditionellen Orchesters ebenso geschickt zu nutzen wie die verblüffenden Spezialeffekte, etwa Rauch, Knallkörper oder Wasser speiende Drachen. Am Ende hebt sich der Bambusvorhang hinter der Wasserbühne und gibt den Blick auf die hüfthoch im Wasser stehenden Puppenspieler frei. Auf den vorderen Plätzen kann man hervorragend fotografieren.

←

Frische Früchte und Gewürze an einem Stand im Dong-Xuan-Markt

Wasserpuppen-Theater

Im Delta des Roten Flusses wurde vor fast 1000 Jahren *roi nuoc* entwickelt, eine der authentischsten Kunstformen Vietnams. Früher spielte man so in den Flüssen, Seen und Reisfeldern der Dörfer Theater. Heute werden die Stücke in großen Becken inszeniert, hinter der Bühne verstecken sich die Puppenspieler, die hüfthoch im Wasser stehen und ihre Holzpuppen zur Musik des traditionellen Orchesters bewegen.

Tradition

Spezialeffekte wie Feuer speiende Drachen, Rauch und Knallkörper machen die Inszenierungen aufregender. Die Geschichten werden aus der jahrhundertealten Perspektive bäuerlicher Kultur erzählt – mit der klassischen Rollenverteilung von Gut und Böse, von Kriegshelden und Herrschern. Fabelwesen der vietnamesischen Kultur wie der Drache, der Phönix oder das Einhorn spielen wichtige Rollen, aber auch Haustiere, etwa Wasserbüffel, kommen vor. Die Puppenspieler tauchen am Ende der Vorstellung hinter dem Vorhang auf und lassen sich mit Klatschen und lautem Jubel feiern.

Schon gewusst?

Man nimmt an, dass die Geschichte des Wasserpuppen-Theaters fast 1000 Jahre zurückreicht.

↑ *Dorfbewohner sitzen in einem Boot in Form eines Drachen – ein wichtiges mythisches Fabelwesen*

Die Puppen sind aus wasserresistentem Holz, meist aus dem Holz des Feigenbaums *(sung)*, gefertigt.

Die Puppen sind leuchtend bunt bemalt.

↑ *Szene eines Wasserpuppen-Theaterstücks – eine künstliche Palme vervollständigt das ländliche Motiv*

←

Besucher überqueren die »Sonnenstrahl«-Brücke am Hoan-Kiem-See

5

Hoan-Kiem-See

D3 Distrikt Hoan Kiem
tägl. 24 Std.

Den idyllischen See inmitten von Hanoi haben viele Vietnamesen in ihr Herz geschlossen. Der Sage nach kam im 15. Jahrhundert, während der Besetzung durch die chinesischen Ming *(siehe S. 47)*, eine göttliche goldene Schildkröte aus dem See und überreichte General Le Loi ein magisches Schwert. Damit konnte Le Loi die Chinesen aus Thang Long, dem heutigen Hanoi, vertreiben und sich zum Kaiser Le Thai To krönen. Einige Zeit später, als der Kaiser hier segelte, erschien ihm die Schildkröte erneut und forderte das Schwert zurück. Seitdem ist der See als Ho Hoan Kiem, »See des zurückgegebenen Schwerts«, bekannt.

Mitte des 19. Jahrhunderts wurde zum Gedenken an diese Ereignisse eine kleine Pagode, Thap Rua (»Schildkrötenturm«), auf einem Eiland in der Mitte des Sees erbaut, die sich zu einem Wahrzeichen der Stadt entwickelt hat.

Auf einer Insel im nördlichen Zipfel des Sees steht **Den Ngoc Son** (»Jadeberg-Tempel«), einer der heiligsten Tempel von Hanoi. Man erreicht ihn über eine rot bemalte Holzbogenbrücke, die reich verzierte The Huc (»Sonnenstrahl-Brücke«).

Der Mandarin Nguyen Van Sieu gründete den Jadeberg-Tempel während der Nguyen-Herrschaft Anfang des 19. Jahrhunderts. Der Bau ist hervorragend erhalten: Nach oben gebogene Dachtraufen und fein geschnitzte Drachenfiguren tauchen ihn in ein Farbenmeer aus Gold, Rot, Gelb und Schwarz. Auffallend sind eine stilisierte Tintenplatte aus Stein über dem Eingang und eine spitz zulaufende Steinsäule als Symbol einer Schreibquaste: Die Zeichen auf der Stele bedeuten »Schreiben auf klarem Himmel«. In einem Hinterzimmer stößt man auf eine präparierte Riesenschildkröte, die 1968 im See starb. Den Ngoc Son ist den Geistern der Erde, der Heilkunst und der Literatur, aber auch Tran Hung Dao geweiht, jenem General, der im 13. Jahrhundert die Mongolen besiegte *(siehe S. 47)*.

Östlich des Sees erinnert eine Statue von Ly Thai To an den Gründer von Thang Long. Fromme Vietnamesen sorgen dafür, dass vor der Bronzestatue stets Blumen und Weihrauch stehen.

Der See ist eines der beliebtesten und deshalb in der Regel sehr belebten Naher-

Die Gründung von Thang Long

Der erste Kaiser der Dinh-Dynastie, Tien Hoang De, verlegte 968 seine Hauptstadt von Dai La in der Nähe des heutigen Hanoi 80 Kilometer weiter südlich nach Hoa Lu in der Provinz Ninh Binh. Der Herrscher wollte die Hauptstadt so weit wie möglich von der chinesischen Grenze ansiedeln. Doch der Umzug währte nicht lange. Nur 42 Jahre später war Ly Thai To, Gründer der Ly-Dynastie, entschlossen, die Verlegung wegen der Isolation rückgängig zu machen. Tatsächlich konnte er die Stadt, nachdem er 1010 die Chinesen in einer Schlacht geschlagen hatte, mit seinem Königreich in Dai La neu gründen. Als Ly Thai To die Stadt betrat, erhob sich der Sage nach ein goldener Drache von der Spitze der Zitadelle und flog in den Himmel. Dies nahm der Kaiser als gutes Omen für das Schicksal der Stadt und nannte sie Thang Long, »Aufsteigender Drache«.

Den sagenumwobenen Hoan-Kiem-See im Zentrum von Hanoi haben viele Vietnamesen in ihr Herz geschlossen.

holungsgebiete Hanois. Viele Paare gehen hier spazieren, man übt sich in Tai-Chi oder spielt Schach. Vor allem am Wochenende lohnt ein Besuch, dann ist es hier verkehrsfrei.

Den Ngoc Son
tägl. 7:30–17:30

6

Kathedrale St. Joseph

C3 Nha Tho, Distrikt Hoan Kiem
+84 24 3828 5967
tägl. 5–11, 14–19:30

Die 1886 geweihte Kathedrale Nha Tho Lon ist die bedeutendste Kirche Hanois und Mittelpunkt der katholischen Gemeinde. Der Bau entstand im neogotischen Stil und erinnert mit seinen imposanten Türmen an Kathedralen französischer Provinzstädte. Das Kirchenschiff präsentiert sich prächtig mit einem reich verzierten Altar, französischen Buntglasfenstern und einem jüngeren Flachrelief der drei Könige aus dem Morgenland an der rückwärtigen Kirchenwand.

Die Kathedrale ist zur Sonntagsmesse und an christlichen Feiertagen wie Ostern sowie Weihnachten meist bis zum Bersten gefüllt. Sonst bleiben die Hauptportale die meiste Zeit geschlossen. Man gelangt jedoch durch eine Seitentür ins Innere.

Im Osten der Kathedrale steht **Chua Ba Da**, die »Pagode der Steinernen Dame«. Der Bau aus dem 15. Jahrhundert hieß einst Linh Quang (»Heiliges Licht«) und bekam seinen heutigen Namen, weil hier eine alte steinerne Frauenstatue gefunden wurde.

Chua Ba Da liegt am Ende eines kurzen Weges und wirkt in der Altstadt Hanois wie eine Ruheoase. Die Pagode enthält Statuen von Thich Ca, dem Buddha Shakyamuni, sowie zwei große, historische Bronzeglocken.

Chua Ba Da
2 Nha Tho, Distrikt Hoan Kiem tägl. Sonnenauf- bis -untergang

Restaurant & Bars

Hanoi Social Club
Das bei Hipstern aufgrund des Retrochics beliebte Café bietet moderne, internationale Gerichte, auch vegetarische, sehr guten Kaffee und Bier. Hier kann man in Ruhe sein Bier trinken und der regelmäßigen Livemusik lauschen.
C3 6 Hoi Vu
+84 24 3938 2117

Standing Bar
In der von Expats geführten Bar mit Blick auf den Truc-Bach-See gibt es eine riesige Auswahl an lokalen und internationalen Bieren und fast jeden Abend Livemusik oder Comedy.
C2 170 Tran Vu
+84 24 3266 8057
$$$

Nê
In der Bar, die bei Einheimischen sehr beliebt ist, mixen wahre Experten innovative und leckere Cocktails in relaxter Atmosphäre. Jeden Abend Livejazz.
C3
3B Tong Duy Tan
+84 90 488 6266

← *Die neogotische Kathedrale St. Joseph steht an einem kleinen Platz*

7

Hoa-Lo-Gefängnismuseum

C3 1 Hoa Lo, Distrikt Hoan Kiem +84 24 3824 6358 tägl. 8–17

Das berüchtigte Gefängnis Hoa Lo wurde unter der französischen Kolonialverwaltung 1896 errichtet. Eigentlich war es für 450 Inhaftierte konzipiert, doch in den 1930ern war es mit fast 2000 überwiegend politischen Häftlingen belegt.

Seinen Ruf erhielt der Bau allerdings erst im Vietnamkrieg, als man hier abgeschossene US-amerikanische Piloten inhaftierte, die das Gefängnis ironisch »Hanoi Hilton« tauften. An den ursprünglichen Namen aus der französischen Besatzung, »Maison Centrale«, erinnert bis heute ein Schild über dem Eingang. Der größte Teil des Baus musste 1997 den Hanoi Towers weichen. In einem Gebäudeteil ist nun das Gefängnismuseum untergebracht.

Gezeigt wird eine erschreckende Auswahl an Ketten, Peitschen und anderen Foltergeräten, daneben entdeckt man winzige Isolationszellen aus der Kolonialzeit. Auch ein Teil des Kanalisationssystems, durch das 1945 über 100 Häftlinge fliehen konnten, ist zu sehen. Ein kleinerer Bereich widmet sich der US-Ära und zeigt – politisch geschickt – den Unterschied zwischen ihrer Behandlung und der Brutalität Frankreichs, unter der die Vietnamesen litten.

8

Botschafter-Pagode

C4 73 Quan Su, Distrikt Hoan Kiem +84 24 3825 2427 tägl. 8–11, 13–16

Chua Quan Su, die »Botschafter-Pagode«, wurde für buddhistische Würdenträger errichtet, die auf Durchreise in Hanoi haltmachten, und trägt den Namen eines früheren Gästehauses aus dem 15. Jahrhundert, das hier stand. Der Tempel ist ein offizielles Zentrum des Mahayana-Buddhismus in Hanoi und eine der beliebtesten Pagoden der Stadt, die vor allem an Feiertagen Gläubige in wahren Massen anzieht.

Der heutige Tempel entstand 1942 und zeigt historische, heutige und künftige Inkarnationen von Buddha als A Di Da bzw. Amitabha Buddha, Thich Ca bzw. Shakyamuni Buddha sowie Di Lac oder Maitreya Buddha. Überall sieht man Mönche und Nonnen beim Gebet. In einem kleinen Laden werden Ritualgegenstände verkauft.

9

Vietnamesisches Frauenmuseum

D4 36 Ly Thuong Kiet tägl. 8–17 womenmuseum.org.vn

Das relativ unbekannte Museum spürt der Rolle der Frauen in Vietnam nach – in der Vergangenheit und in der Gegenwart. Das faszinierende und gut organisierte Museum zeigt auf vier Stockwerken interessante Exponate, die auf Vietnamesisch, Französisch und Englisch erklärt werden. Untersucht wird die Rolle der Frauen innerhalb der Familie, in der Geschichte und in der Mode. Der Besucher erhält so auch einen Einblick in die Kultur und Geschichte des Landes. Zu den Highlights gehören Ausstellungsstücke, die die Rolle der Frau während der Kriege gegen Franzosen und Amerikaner illustrieren, sowie solche über typische Zeremonien für Frauen. Dargestellt werden auch die Lebenswege vieler herausragender Frauen, eine Ausstellung zeigt traditionelle Frauentrachten aller 54 ethnischen Gruppen in Vietnam. Im Hof ist ein schönes Café.

↑ *Der leuchtend gelbe Eingang der Botschafter-Pagode*

Shopping

54 Traditions

Hier gibt es Antikes, Kunsthandwerk, Silberschmuck und Textilien der nördlichen Bergstämme. Außerdem erfährt man viel über deren kulturelle Aktivitäten.

C2 30 Hang Bun 54traditions.com.vn

Hanoi Moment

In dieser Fundgrube wird Kunsthandwerk aus dem ganzen Land angeboten, darunter Bambustaschen, Hornvasen, Lackwaren und Papieruhren.

C3 101 Hang Gai hanoimoment.vn

Kenly Silk

Einer der besten Plätze für Seidenschals und Ao Dais.

C3 108 Hang Gai kenlysilk.com

$$$

Der spektakuläre Saal der Oper im europäischen Stil ↑

Schon gewusst?

Der Bau der Oper kostete 1901 zwei Millionen Francs – das wären heute 105 Millionen Euro.

10

Sofitel Legend Metropole Hotel

D3 15 Ngo Quyen, Distrikt Hoan Kiem +84 24 3826 6919 tägl. 24 Std. sofitel-legend.com

Das älteste und luxuriöseste Hotel Hanois entstand 1901 im französischen Kolonialstil. Das mit schmiedeeisernen Ornamenten und Jugendstilschmuck verzierte Metropole war lange Zeit die Grande Dame der Hotellerie Indochinas – damals wie heute stiegen prominente Gäste hier ab, darunter Schauspieler, Schriftsteller, Staatsgäste und viele andere bekannte Persönlichkeiten. Zu den Gästen gehörten u. a. der Autor W. Somerset Maugham, Charlie Chaplin, Graham Greene, Noël Coward, Michael Caine, Joan Baez und Wladimir Putin.

Während des Vietnamkriegs nutzten die Gäste den großen Luftschutzbunker des Hotels. In den Zeiten des Staatssozialismus zwischen 1954 und 1986 ging es mit dem Hotel zwar bergab, doch mittlerweile erstrahlt es wieder in altem Glanz und Glorie.

Nördlich des Hotels entstand 1919 der französische **Gouverneurspalast** mit Kolonnadenfassade und einem mehrstufigen Portikus. Heute beherbergt der Bau vor allem Gäste der Regierung.

Gouverneurspalast

10 Ngo Quyen, Distrikt Hoan Kiem für Besucher

11

Oper

D4 1 Trang Tien, Distrikt Hoan Kiem
+84 24 3933 0133
bei Aufführungen
hanoioperahouse.org.vn

Das nach der Pariser Oper von Charles Garnier gestaltete Opernhaus, Nha Hat Lon (»Haus der großen Lieder«), wurde 1911 eröffnet. Es war der Glanzpunkt französischer Kolonialarchitektur nicht nur in Hanoi, sondern in ganz Französisch-Indochina.

Bis zum Ausbruch des Zweiten Weltkriegs war die Oper das kulturelle Zentrum der Stadt. Doch mit dem Ende der französischen Herrschaft zerfiel auch die Oper. In den Jahren vor der Liberalisierung traten hier Ende der 1980er Jahre chinesische und russische Künstler mit Inszenierungen wie dem Ballett *Red Detachment of Women* (»Rote Frauen-Armee«) auf, auch musikalische Darbietungen eines Ensembles aus Kiew standen auf dem Spielplan. Mitte der 1980er Jahre war es selbst damit vorbei, die Oper wurde dem Verfall überlassen.

1994 beschlossen die Behörden dann, die Oper zu restaurieren. Das 14 Millionen US-Dollar teure, drei Jahre währende Projekt schenkte Hanoi ein strahlendes Opernhaus mit vergoldeten Spiegeln und eleganten Treppen.

In dem mit moderner Audiotechnik ausgestatteten Saal mit 600 Plätzen stehen vietnamesische Operetten, Ballette, Konzerte des Hanoi Symphony Orchestra und Auftritte von Gastorchestern auf dem Programm.

> **Das älteste und luxuriöseste Hotel Hanois entstand 1901 im französischen Kolonialstil mit schmiedeeisernen Ornamenten und Jugendstilschmuck.**

Schon gewusst?

Die Armee der Trung-Schwestern, die gegen die Chinesen kämpfte, bestand aus unausgebildeten Truppen.

12

Hai-Ba-Trung-Tempel

D5 Dong Nhan, Distrikt Hai Ba Trung nur bei Festen Hai-Ba-Trung-Fest (Anf. März)

Der Hai-Ba-Trung-Tempel gilt als einer der heiligsten in Vietnam. Er folgt dem Kult vergöttlichter Helden und ehrt die Trung-Schwestern, denen im ersten Jahrhundert n. Chr. für kurze Zeit die Vertreibung der Chinesen gelang. Der 1142 von Kaiser Ly Anh Ton gegründete Tempel enthält angeblich ihre sterblichen Überreste. Er erhebt sich am Westufer des Huong-Vien-Sees. Man betritt den Bau durch ein Tor, das von weißen Säulen voller Glück verheißender chinesischer Symbole, Schriftzeichen für Langlebigkeit und Lotosblüten eingerahmt ist.

Leider ist die Anlage nur zum alljährlichen Tempelfest *(siehe S. 43)* für Besucher geöffnet. Beim Hai-Ba-Trung-Fest werden die Statuen mit Wasser aus dem Roten Fluss gewaschen und in neue, rote Gewänder gekleidet.

13

Nationalmuseum für Vietnamesische Geschichte

D4 1 Pham Ngu Lao, Distrikt Hoan Kiem +84 24 824 1384 tägl. 8–12, 13:30–17 1. Mo im Monat baotanglichsu.vn

Der 1932 als École française d'Extrême-Orient entstandene Bau des französischen Ar-

chitekten Ernest Hébrard begründete die neue architektonische Stilmischung »Indochinoise«, indem er französische Elemente mit Viet- und Khmer-Einflüssen kombinierte. Die ockergelbe Fassade kontrastiert mit den grünen Fensterläden und wird von einem achteckigen Pagodendach gekrönt. Trotz der verspielten Kolonnaden, Träger und Balustraden wirkt das Ensemble sehr harmonisch.

Bao Tang Lich Su, das Nationalmuseum für Vietnamesische Geschichte, ist eines der besten in Vietnam. Es zeigt auf zwei Stockwerken eine ausgezeichnete Sammlung von Objekten aus der prähistorischen Dong-Son-Kultur am Roten Fluss sowie der Sa-Huynh- und Oc-Eo-Kulturen Südvietnams. Sehenswert ist die Skulpturensammlung der Khmer- und Champa-Reiche. Ausgestellt werden auch mit Metallspitzen versehene Holzpflöcke

Die Trung-Schwestern

Als im ersten Jahrhundert n. Chr. der Widerstand gegen die chinesische Besetzung Vietnams zunahm, stellten die beiden Schwestern Trung Trac und Trung Nhi mithilfe vietnamesischer Fürsten im Jahr 40 n. Chr. eine Armee zusammen. Sie vertrieben die Chinesen und gründeten in Me Linh am Roten Fluss ein Königreich. Doch schon 43 n. Chr. schlugen die Chinesen den Aufstand nieder. Um der Gefangennahme zu entgehen, töteten sich die Schwestern durch einen Sprung in den Fluss Hat. Jahrhunderte später wurden zwei weibliche Steinfiguren auf eine Sandbank im Roten Fluss gespült – dem Glauben nach die versteinerten irdischen Überreste der beiden Nationalheldinnen, für die man im Dorf Dong Nhan (heute der Distrikt Hai Ba Trung) einen Tempel baute.

↑ *Das Nationalmuseum für Vietnamesische Geschichte liegt in einem schönen Gebäude*

aus der Schlacht am Bach Dang im 13. Jahrhundert *(siehe S. 46)*. Im Annex auf der anderen Straßenseite befindet sich das frühere Museum der Vietnamesischen Revolution.

14

Lien-Phai-Pagode

C5 Ngo Chua Lien Phai, Distrikt Hai Ba Trung
+84 24 3590 6442
tägl. 7–11, 13:30–17:30

Die Lien-Phai-Pagode (»Pagode der Lotos-Sekte«) liegt in einer ruhigen Seitenstraße inmitten einer schönen Gartenanlage. Sie ist eine der wenigen erhaltenen Bauten der Trinh-Fürsten *(siehe S. 184)* in Hanoi.

Der Inschrift in der zentralen Stele nach unterhielt Fürst Trinh Thap in dieser Gegend einen Palast. Eines Tages gruben seine Arbeiter im Palastgarten einen riesigen, wie eine Lotoswurzel geformten Stein aus. Für Trinh Thap war dies ein Zeichen Buddhas, dass er sein privilegiertes Leben für ein Dasein als Mönch aufgeben sollte. Der Fürst ließ an der Fundstelle 1726 einen Tempel errichten und verbrachte den Rest seines Lebens als Mönch. Nach dem Tod Trinh Thaps wurde seine Asche in der Pagode verscharrt. Einige seiner Kalligrafien hängen bis heute am Hauptaltar.

Der beeindruckendste Tempelbau der Anlage ist der zehnstöckige Dieu Quang, der »Turm des Wunderlichts«, der 1869 zusammen mit einer Mauer hinzugefügt wurde.

Die von Trinh Thap gegründete, heute in Japan und China überaus populäre Lotos-Sekte betet zu A Di Da, dem Amitabha Buddha, und ihre Anhänger glauben, durch Singen seines Namens und Verzicht im westlichen Paradies von Sukhavati, dem »Reinen Land«, wiedergeboren zu werden.

Der Hai-Ba-Trung-Tempel gilt als einer der wichtigsten Tempelkomplexe in Vietnam und folgt dem populären Kult vergöttlichter Helden.

Expertentipp
Blumenmarkt Quang Ba

Hanois größter Blumenmarkt ist jeden Tag von 2 Uhr morgens bis kurz nach Sonnenaufgang in der Au Co geöffnet. Besonders schön ist er während der Tet-Nguyen-Festivitäten *(siehe S. 42)*.

↑ *Bodhisattva-Statue im Museum der Schönen Künste* (rechts)

15 Vietnamesisches Museum der Schönen Künste

B3 66 Nguyen Thai Hoc, Distrikt Ba Dinh +84 24 3823 3084 tägl. 8:30–17 vnfam.vn

Das Museum Bao Tang My Thuat hat seinen Sitz in einem eleganten Kolonialbau und zeigt vietnamesische Kunstobjekte, Architektur, Gemälde, Skulpturen und viele weitere Kunstwerke. Die chronologisch geordnete Ausstellung beginnt im Erdgeschoss mit einer Sammlung zur Stein- und Bronzezeit. Verschiedene Holz-, Stein- und Lackskulpturen veranschaulichen die Vielseitigkeit vietnamesischer Kunst. Eines der Highlights ist ein Bodhisattva, ein »Erleuchtetes Wesen«, mit angeblich 1000 Armen und Augen.

Die Ausstellung im ersten Stock präsentiert einige der besten Lackgemälde Vietnams. Im zweiten Stock sind Aquarelle und Ölgemälde einheimischer Künstler ausgestellt sowie Schnitzereien aus dem zentralen Hochland, Holzstock-Bilder der Dong-Ho-Kultur und Trachten. Kopien antiker Kunstobjekte kann man im Museumsshop kaufen.

16 Ho-Chi-Minh-Museum

B3 19 Ngoc Ha, Distrikt Ba Dinh +84 24 3846 3757 Mo, Fr 8–12, Di–Do, Sa, So 8–16:30 baotanghochiminh.vn

Das ein Jahrhundert nach der Geburt von Ho Chi Minh 1990 eröffnete Museum zeichnet den Lebensweg und die Erfolge des Revolutionsführers in einer mitunter merkwürdigen Abfolge von Dioramen nach. Dazu gehören eine bunte Mischung persönlicher Gegenstände, aber auch Schwarz-Weiß-Fotos aus seiner Jugend und von den Europa- und China-Reisen. Bilder und Dokumente veranschaulichen den Kampf für die Unabhängigkeit Vietnams und die Gründung der kommunistischen Partei. Das ungewöhnliche Museum ist trotz seiner Subjektivität sehr informativ.

17 Ho-Chi-Minh-Mausoleum

B2 Ba Dinh, Distrikt Ba Dinh Di–Do, Sa, So 8–11 jedes Jahr zwei Monate (meist Okt/Nov) zur Erneuerung der Einbalsamierung

Vietnams Gründervater hat seine letzte Ruhe in einem monumentalen Mausoleum an der Westseite des Ba-Dinh-Platzes gefunden. Die grauen Steine für den Bau stammen aus den Marmorbergen bei Danang *(siehe*

S. 156). Ho Chi Minh war ein bescheidener Mann, dessen Bild in der Öffentlichkeit das eines genügsamen Menschen entsprach. Der Revolutionär und Staatsführer soll sich angeblich gewünscht haben, dass seine Asche als Symbol für die Einheit der Nation, um die er so hart gekämpft hatte, in Nord-, Zentral- und Südvietnam verstreut werden sollte. Doch nach seinem Tod 1969 hielt sich das Politbüro nicht an seine Verfügungen und strich sogar den Wunsch nach Verbrennung aus Ho Chi Minhs Testament. Stattdessen wurde sein Leichnam mithilfe sowjetischer Experten einbalsamiert und 1975 in einem Mausoleum aufgebahrt.

Das Mausoleum wirkt auf viele so bombastisch wie hässlich. Erstaunlicherweise soll der Bau nach Auffassung der Architekten einer Lotosblüte ähneln – für den Betrachter nur schwer nachvollziehbar.

Innen herrscht eine ernste, respektheischende Stimmung. Der nach dem Vorbild des chinesischen Nationalisten Sun Yat-sen in einfache Kleidung gehüllte Ho Chi Minh liegt in einem gekühlten Saal, seine gekreuzten Hände ruhen auf einem dunklen Stofftuch in einem gläsernen Sarkophag.

Für viele Vietnamesen, vor allem für solche aus dem Norden, ist das Mausoleum eine wichtige Pilgerstätte. Man sollte sich daher respektvoll verhalten. Zu legere Kleidung, etwa kurze Hosen oder ärmellose T-Shirts, sind hier absolut nicht angemessen, ebenso lautes Auftreten oder das Verschränken der Arme. Fotografieren ist strikt verboten. Vor dem Mausoleum findet regelmäßig der Wachwechsel statt.

Ho Chi Minh

Der 1890 in Hoang Tru bei Vinh geborene Ho Chi Minh gilt als treibende Kraft des vietnamesischen Unabhängigkeitskampfes. Nach einem Studium in Hue verließ der damals Nguyen Tat Thanh genannte junge Mann 1911 seine Heimat, reiste durch die Welt und kam in Europa mit dem Sozialismus in Berührung. Er gründete kommunistische Parteien in Paris, Moskau und China.

→ *Im ganzen Land stehen Statuen von Ho Chi Minh*

Vietnamesische Unabhängigkeitsliga

1941 kehrte er nach Vietnam zurück, wo er den Namen Ho Chi Minh (»Überbringer der Erleuchtung«) annahm und die Viet Minh, die Unabhängigkeitsliga Vietnams, gründete. 1945 wurde er Präsident der Demokratischen Republik Vietnam, 1946 brach der Erste Indochinakrieg aus. Unter der Führung von Ho Chi Minh lieferten die Viet Minh der Kolonialmacht acht Jahre lang einen blutigen Kampf. Ho Chi Minh perfektionierte seine Militärstrategien und entwickelte die Guerillataktik gegen die französische Armee bis zu deren Niederlage 1954. Ho Chi Minh starb im Jahr 1969. Sein größtes Vermächtnis war die Wiedervereinigung Vietnams fast sieben Jahre danach.

↑ *Ho Chi Minh war ein gütiger Mann, der bei Kindern und Erwachsenen beliebt war*

Quoc-Hoc-Schule

Die renommierte Quoc-Hoc-Schule in Hue besuchte Ho Chi Minh neben dem späteren General Vo Nguyen Giap und Pham Van Dong, dem künftigen Premierminister Vietnams.

→ Eine kleine Besucherin genießt den atemberaubenden Blick vom Sky Walk auf dem Lotte Observation Deck

18 Ho Chi Minhs Wohnhaus

B2 1 Bach Thao, Präsidentenpalast, Distrikt Ba Dinh Mo 7:30–11, Di–Do, Sa, So 7:30–11:30

Als Ho Chi Minh 1954 Präsident der Republik Vietnam wurde, fand er den Präsidentenpalast zu pompös und ließ im Park ein Holzhaus errichten. Der schlichte, zweistöckige Bau orientiert sich an den Pfahlbauten (Stelzenhäusern), die Nha Bac Ho (»Onkel Hos Haus«) genannt werden. Zwischen den Pfosten und inmitten von Pflanzen stehen die Tische und Stühle, an denen Ho Chi Minh mit dem Politbüro tagte.

Holzstufen führen auf der Rückseite in zwei einfache Zimmer, ein Büro und einen Schlafraum, die genauso aussehen wie zu Lebzeiten des Staatsführers. Im Büro stehen eine Schreibmaschine und ein mit Büchern in vielen Sprachen vollgestopftes Regal. Der Schlafraum fällt noch spartanischer aus: Neben dem Bett sind ein Wecker, ein Telefon und ein Radio die einzigen Zugeständnisse an die Moderne. Rund um das Haus erstrecken sich gepflegte Gärten mit Trauerweiden, Mango- und Frangipani-Bäumen sowie Jasmin. Ho Chi Minh lebte hier von 1958 bis 1969.

In der Nähe von Ho Chi Minhs Haus findet man im **Botanischen Garten** zwei Seen mit viel Vegetation und eine Skulpturenausstellung.

Botanischer Garten
Hoang Hoa Tham
tägl. 7:30–22

Schon gewusst?

»Onkel Ho« ließ aus seinem Haus die Toilette entfernen, da er diese als nicht traditionell ansah.

19 Ein-Säulen-Pagode

B3 8 Chua Mot, Distrikt Ba Dinh tägl. 8–17

Chua Mot Cot, die Ein-Säulen-Pagode des Kaisers Ly Thai Tong von 1049 n. Chr., ist neben Cot Co eines der bedeutendsten Wahrzeichen Hanois. Die Holzpagode steht im kleinen Dien-Huu-Tempel aus dem 11. Jahrhundert und ruht, wie der Name schon sagt, auf einer einzigen, eleganten Steinsäule mitten in einem Lotosteich.

Der Legende nach hatte der Kaiser, der ohne männlichen Nachkommen war, einen Traum, in dem ihm Quan Am, die Göttin der Barmherzigkeit, erschien. Sie saß auf einer Lotosblüte und schenkte ihm einen männlichen Neugeborenen. Kurz danach vermählte sich der Kaiser mit einer neuen, jungen Frau, die ihm den Sohn gebar. Als Zeichen seiner Dankbarkeit ordnete Ly Thai Tong den Bau der Ein-Säulen-Pagode als Symbol für die Lotosblüte an. Lotos steht für Reinheit – wie eine Lotosblüte in einem trüben Teich.

Die Säule hat einen Durchmesser von 1,25 Meter. Im Lauf der Jahrhunderte wurde die Pagode mehrfach zerstört und danach wieder rekonstruiert – besonders unfassbar war der hier im Jahr 1954 von Franzosen gelegte Brand.

20 Lotte Observation Deck

A3 54 Lieu Giai, Distrikt Ba Dinh § +84 24 3333 6000 tägl. 9–24
lottecenter.com.vn

Den besten Blick auf Hanoi hat man unzweifelhaft von der 272 Meter hohen Aussichtsplattform im 65. Stockwerk des Lotte Center Hanoi. Das Aussichtsdeck ist das einzige in der Stadt und das erste, das in Südostasien gebaut wurde. In dem Turm sind Läden, Büros und ein Hotel untergebracht. Der Sky Walk mit Glasboden ist den Eintrittspreis absolut wert. Von oben hat man einen Blick in allen Richtungen über Hanoi und sieht auch, wie klein die Altstadt ist im Vergleich zur sich ausbreitenden Metropole.

21 Zitadelle von Hanoi

C3 9 Hoang Dieu, Distrikt Ba Dinh Di–So 8–17
hoangthanhthanglong.vn

Über Jahrhunderte hinweg durften nur die Herrscher die Zitadelle von Hanoi betreten, 2010 wurde sie jedoch von der UNESCO zum Welterbe erklärt und ist nun für Besucher zugänglich.

Leider wurde ein Großteil der Stätte Ende des 19. Jahrhunderts von den Franzosen zerstört, die erhalten gebliebenen Gebäude sind aber auf jeden Fall einen Besuch wert.

Am Südende des Areals steht neben dem Museum für Militärgeschichte der Cat Co oder Flaggenturm. Nördlich davon befindet sich das wohl beeindruckendste Gebäude: das Doan-Mon-Tor. In den imposanten Mauern sind fünf Torbogen eingelassen. Den Pavillon mit doppeltem Dach sieht man sofort, wenn man die Zitadelle betritt. Hinter dem Tor zeigen Ausgrabungen einen ausgeklügelten Kanal, der wohl zur Bewässerung diente.

Vom Kinh-Tien-Palast, der kaiserlichen Residenz, ist nicht mehr übrig als die Balustraden mit schön skulptierten Drachen.

In der Mitte des Komplexes steht ein gedrungenes Kolonialgebäude, D67 – die Kommandozentrale der nördlichen Streitkräfte während des Vietnamkriegs. Am Konferenztisch sind noch immer die Plätze von solchen Berühmtheiten wie General Giap (1911–2013), führender Kopf des vietnamesischen Siegs, ausgewiesen. Unter dem Gebäude befindet sich ein Bombenschutzkeller.

Nördlich von D67 stehen zwei weitere interessante Bauten: Hau Lau und Cua Bac, das Nordtor. An der Westseite der Hoang Dieu finden großräumige archäologische Ausgrabungen statt, vor allem werden die Grundmauern früherer Paläste freigelegt, was einen Eindruck von der Größe der Zitadelle gibt.

→ *Das prachtvolle Doan-Mon-Tor mit der glasbedeckten Ausgrabungsstätte*

Expertentipp
Lenin-Park

Direkt am Hanoi Circus liegt der Park Thong Nhat (auch als Lenin-Park nach einer Statue des Politikers bekannt). Der Park ist sehr beliebt, hier fährt man Rad, Skateboard oder spielt Fußball. Der Bereich ist umgeben von Bäumen und Blumen, am See weht ein kühler Wind. Hier kann man auch Boote in Schwanenform mieten und auf dem See herumschippern.

22

Kim-Lien-Pagode

B1 Ho Tay, Distrikt Tu Liem tägl. Sonnenauf- bis -untergang

Die reizvolle Pagode liegt zwar etwas abseits am Nordufer des Sees Ho Tay, lohnt aber den Abstecher. Einer Volkssage nach schickte die Prinzessin Tu Hoa, Tochter von Kaiser Ly Than Tong, im 12. Jahrhundert ihre Kammerfrauen zur Seidenraupenaufzucht hierher. Im Jahr 1771 erbaute man auf den Fundamenten ihres Palasts den Tempel und nannte ihn in Gedenken an die Prinzessin Kim Lien (»Goldener Lotos«).

Man betritt den Tempel durch einen dreibogigen Eingang, dahinter erstrecken sich drei Pavillons, die in drei Reihen angeordnet sind. Alle Gebäude der Pagode haben geschwungene Traufen und mehrteilige Dächer. Auch die Dreigliedrigkeit der Pagode ist eine Reverenz an China.

23

Ho Tay

B1

Westlich von Hanoi liegen zwei vom Roten Fluss durch einen Damm getrennte, hübsche Seen. Der größere von beiden heißt Ho Tay (»Westsee«) und ist Sitz des Segelclubs von Hanoi. Ein Damm trennt den See vom Truc Bach (»Weißer Seidensee«) im Osten.

Einst standen am Ufer des Ho Tay Paläste und Tempel der Trinh-Fürsten. Nur einige Tempel sind aus dieser Zeit erhalten, darunter der älteste der Stadt, die **Tran-Quoc-Pagode**. Einer Sage nach wurde sie während der Regierung des Trinh-Fürsten Ly Nam De (reg. 544–548) am Ufer des Roten Flusses erbaut, aber im 17. Jahrhundert an den heutigen Standort versetzt.

Sehenswert ist auch der **Quan-Thanh-Tempel**, der angeblich unter Kaiser Ly Thai To, dem Gründer der Ly-Dynastie *(siehe S. 46)*, entstand. Der Tempel wurde 1893 wieder aufgebaut und ist Tran Vo, dem »Wächter des Nordens«, geweiht. Ein Bildnis dieser taoistischen Gottheit schmückt den Altar.

Die Gegend rund um Ho Tay wird zunehmend durch Luxushotels, erstklassige Restaurants und schicke Boutiquen geprägt.

Tran-Quoc-Pagode
Insel Kim Ngu, Thanh-Nien-Damm tägl. Sonnenauf- bis -untergang

Quan-Thanh-Tempel
Kreuzung Thanh-Nien-Damm und Quan Thanh tägl. Sonnenauf- bis -untergang

Einst standen am Ufer des Sees Ho Tay große Paläste und Pavillons der Trinh-Fürsten sowie viele buddhistische Tempel.

↑ *Die Tran-Quoc-Pagode mit Gärten und ihre Reflexion im stillen Wasser des Ho Tay in der Dämmerung*

24 Co-Loa-Zitadelle

B5 · 16 km nördl. von Hanoi, Distrikt Dong Anh · tägl. 8–17 · Co-Loa-Fest (Feb)

Die alte Festung war die erste bekannte Hauptstadt eines unabhängigen vietnamesischen Reichs. Die Geschichten um Gründung und Fall der Zitadelle beruhen nur auf mündlicher, nicht überprüfbarer Überlieferung.

Steinlöwen wachen vor dem Tempel für König An Duong. Der Herrscher wird alljährlich mit einem Tempelfest geehrt. Dabei trägt man seine Statue in einer Sänfte vom Tempel zum örtlichen Gemeinschaftshaus, *dinh*. Es wird Schach mit menschlichen Figuren gespielt, Hahnenkämpfe, Gesänge und Tanz prägen das Fest. Am letzten Tag trägt man die Statue wieder zum Tempel.

25 Ethnologisches Museum

B5 · 60 Nguyen Van Huyen, Distrikt Cau Giay · +84 24 3756 2193 · Di–So 8:30–17 · vme.org.vn

Bao Tang Dan Toc Hoc heißt das Museum westlich des Stadtzentrums, das zugleich Wissenschaftszentrum zur Erforschung der vielen ethnischen Gruppen Vietnams ist. Hier findet man gut erläuterte Sammlungen. Präsentiert werden informative Objekte von ethnischen Mehrheiten wie den Kinh ebenso wie von Minderheiten, die im nördlichen und zentralen Hochland leben. Im Hauptgebäude ausgestellt sind u. a. kunstvolle, farbenfrohe Trachten der Bergvölker, traditionelle Webmuster, Instrumente, Geräte zum Fischen und anderes Werkzeug.

Auf dem weitläufigen Außengelände stehen teils originale, teils nachgebaute Beispiele ethnischer Häuser aus dem Hochland, etwa Gemeinschaftshäuser, Steildachbauten sowie verzierte Gräber. Ein Highlight ist der Nachbau eines Hauses der Schwarzen Thai.

26 Thay-Pagode

B5 · 32 km westl. von Hanoi, Provinz Ha Tay · tägl. Sonnenauf- bis -untergang · Thay-Pagodenfest (Anf. Apr).

Chua Thay, die »Meisterpagode«, ist Thich Ca, dem Shakyamuni Buddha, geweiht und nach Tu Dao Hanh, einem Meister des

> **Der Komplex des Viet Palace zieht sich über baumbestandene Hügel. Hier kann man gut einen halben Tag verbringen, um alle Ecken und Enden zu entdecken.**

Wasserpuppen-Theaters im 12. Jahrhundert, benannt. Berühmt ist sie wegen der mehr als 100 religiösen Statuen, darunter den zwei größten dieser Art in Vietnam. Die aus Ton und Pappmaschee hergestellten Riesen wiegen teils eine Tonne.

Links vom Hauptaltar steht eine Statue des Meisters, rechts Kaiser Ly Nhan Tong (reg. 1072–1127), unter dem der Tempel erbaut wurde. Er gilt als Inkarnation von Tu Dao Hanh. Zum Tempelfest finden auch Vorstellungen mit Wasserpuppen statt.

27 Duong Lam

A5 · 60 km nordwestl. von Hanoi · 70 von Dinh Thom in Nord-Hanoi

Das 1200 Jahre alte Dorf liegt nur eine halbe Autostunde von Hanoi entfernt und ge-

←

Die Thay-Pagode in einem malerischen See und ein roter Wächtergott (oben)

währt Besuchern einen Einblick in das Leben auf dem Land, ohne dass sie weite Strecken auf sich nehmen müssen.

Im Museumsdorf Duong Lam stehen in engen Gassen zwischen malerischen Teichen traditionelle Häuser, einige davon sind bis zu 400 Jahre alt, mit Steinbogen und Innenhöfen, darüber hinaus eine jahrhundertealte französische katholische Kirche, mehrere Pagoden und ein Gemeinschaftshaus mit schönen Schnitzereien, in dem sich die Dorfbewohner zu vielen kulturellen Aktivitäten treffen.

Es gibt auch Tempel, die zwei wichtigen Königen aus der Region – Phung Hung (771–802) und Ngo Quyen (896–944) – gewidmet sind, die beide hier geboren wurden.

In vielen der alten, rostfarbenen Lateritgebäude sind heute Lokale und Gästehäuser untergebracht, an Straßenständen kann man Souvenirs kaufen. In Duong Lam kann man noch authentisches Landleben und traditionelle Kultur kennenlernen.

Um die fantastische Landschaft ringsum mit saftig grünen Reisfeldern, Fischteichen und Gärten zu entdecken, sollte man sich ein Fahrrad ausleihen.

28 Thanh Chuong Viet Palace

B4 · 32 km nördl. von Hanoi, Hien Ninh, Distrikt Soc Son · +84 24 3991 2970 · 7 oder 58 nach KCM Bac Thang Long, dann Bus 64 nach Xom Nui · tägl. 9–17 · thanhchuongvietpalace.com

2001 wählte Thanh Chuong (* 1949), einer von Vietnams führenden zeitgenössischen Künstlern, diesen Platz aus, um seine große Kunstsammlung der Öffentlichkeit zugänglich zu machen. Seitdem ist der Komplex immer weiter gewachsen zu etwas, was man als Kunstinstallation bezeichnen könnte.

Der Vietnam-Palast besteht aus 15 historischen Gebäuden unterschiedlicher architektonischer Stile aus dem ganzen Land, die sich über einen schattigen bewaldeten Hügel ziehen. Hier kann man gut und gern einen halben Tag verbringen, durch das Gelände streifen, auf dem Pagoden hinter Bäumen versteckt liegen, Steinpatios Lotosteiche verzieren und man überall auf lose verstreute Stauen trifft.

Die Sammlung innerhalb der historischen Gebäude umfasst 2000 historische und kulturelle Artefakte, darunter Teller, Schalen, Vasen, Statuen sowie Kunstwerke aus der Geschichte Vietnams. Zu sehen sind antike und zeitgenössische Kunstwerke, und die Bandbreite der Objekte illustriert die Vielfalt von Vietnams Kultur, Kunst und Architektur.

Der Komplex liegt zehn Kilometer nördlich des Na Bai International Airport in Hanoi, ideal für einen Ausflug, bevor man das Land verlässt.

→

Der Berggott-Turm im Garten des Thanh Chuong Viet Palace

29 Tempel der Hung-Könige

A4 · 100 km nordwestl. von Hanoi, Distrikt Phong Chau, Provinz Phu Tho · Museum: +84 21 386 0026 · tägl. 8–11:30, 13–16 · Tempelfest (Apr)

Die Tempel der Hung-Könige am Berg Nghia Linh gelten als die Stätte der ältesten erhaltenen Ursprünge vietnamesischer Kultur. Die Anlage soll zwischen dem 7. und dem 3. Jahrhundert v. Chr. von den Herrschern des Van-Lang-Reichs errichtet worden sein. Bis heute wird der Ort von den Vietnamesen tief verehrt. Eine kurze Steintreppe führt durch die Bäume zum ersten Tempel, Den Ha, dem mittleren Tempel, Den Hung, und schließlich zum wichtigsten Tempel an der Hügelspitze, Den Thuong.

Überall auf dem Gelände stehen Pagoden und Schreine, dazwischen liegen Lotosteiche. Am bedeutendsten ist Lang Hung, ein winziger Schrein mit Kerzen- und Weihrauchhaltern wenige Meter am Hang unterhalb des Den Thuong.

Von der Bergspitze aus genießt man eine wunderschöne Aussicht über das ländliche Phu Tho. Am Fuß des Bergs Nghia Linh zeigt ein kleines Museum ein Sammelsurium an Objekten.

Spaziergang in der Altstadt

Länge 1 km **Dauer** 15 Minuten

Die Altstadt ist das älteste und lebendigste Geschäftsviertel der Stadt. Schon im 13. Jahrhundert siedelten sich am Roten Fluss (Song Hong) Kunsthandwerker in Diensten des Hofes an. Später konzentrierte sich das Handwerk auf diese Gegend, jede Straße war auf ein bestimmtes Produkt spezialisiert. Im Lauf der Zeit entwickelten sich daraus 36 verschiedene Handwerksgilden – daher wird die Altstadt von Hanoi auch »Viertel der 36 Gassen« genannt. Den historischen Charme des Viertels machen heute Hunderte kleiner Läden, Restaurants und historischer Röhrenhäuser in den engen Gassen aus.

Quan Chuong, das »Tor des Regimentskommandeurs«, hat als einziges von einstmals 36 Stadttoren in der Altstadt die Jahrhunderte überdauert.

Der in einem dreistöckigen Bau untergebrachte Dong-Xuan-Markt ist der älteste Hanois. Hier werden Kleidung, Lebensmittel, Haushaltswaren und vieles mehr angeboten.

Schon gewusst?

Auch wenn die Altstadt »Viertel der 36 Gassen« genannt wird, gibt es hier doch sehr viel mehr Gassen.

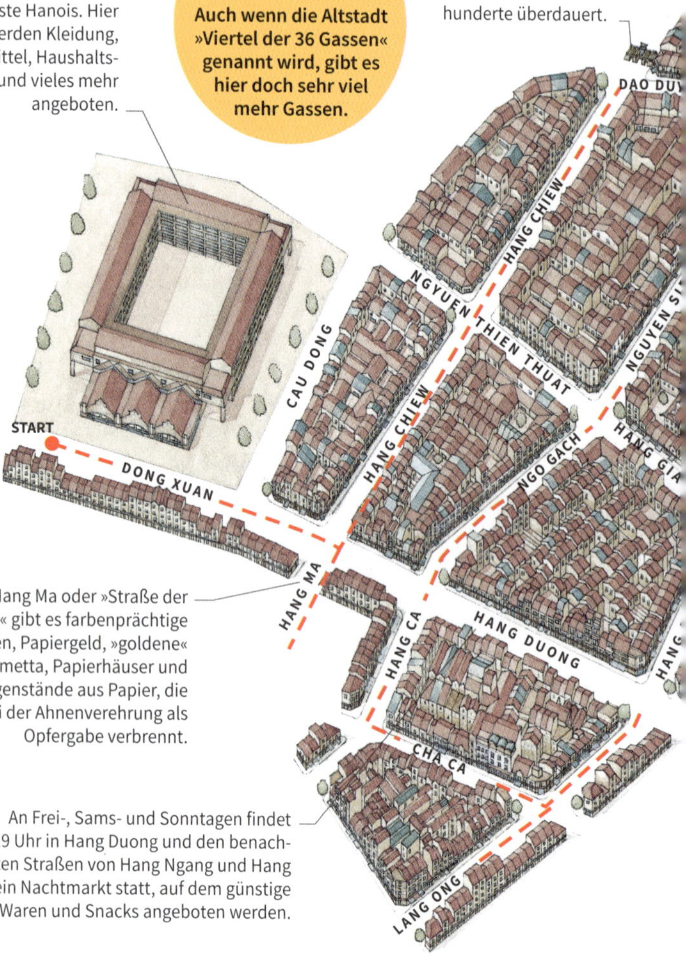

In der Hang Ma oder »Straße der Weihpapiere« gibt es farbenprächtige Laternen, Papiergeld, »goldene« Barren, Lametta, Papierhäuser und andere Gegenstände aus Papier, die man bei der Ahnenverehrung als Opfergabe verbrennt.

An Frei-, Sams- und Sonntagen findet ab 19 Uhr in Hang Duong und den benachbarten Straßen von Hang Ngang und Hang Dao ein Nachtmarkt statt, auf dem günstige Waren und Snacks angeboten werden.

Küche im Memorial House Museum in einem historischen Röhrenhaus

Zur Orientierung
Siehe Karte S. 166f

Hang Buom, die alte »Straße der Seilmacher«, bietet heute eine verlockende Auswahl an regionalen Süßigkeiten und Zuckerwerk an, dazu frisch gemahlene Kaffeesorten, importierten Alkohol, etwa Whiskey, Brandy und sogar Wein.

In dem wunderschön restaurierten Röhrenhaus einer wohlhabenden chinesischen Familie vermittelt das Memorial House Museum einen Eindruck vom Leben der Kaufleute vergangener Jahrhunderte.

Der älteste Religionsbau im Viertel, der kleine Bach-Ma-Tempel, ist dem Schutzgeist der Stadt geweiht, dargestellt als mystisches weißes Pferd.

Die Hang Mam, die »Straße der eingelegten Fische«, wird gesäumt von Läden mit Marmorsteinen, die oft das Bild eines Verstorbenen tragen.

Graveur bei der Arbeit in einem Laden in der Hang Mam

Dschunken in der Bucht von Halong (siehe S. 200 – 203)

Nordvietnam

Obwohl der Norden Vietnams schon seit Tausenden Jahren bewohnt ist, weiß man doch sehr wenig über seine Geschichte, erst mit der französischen Okkupation Vietnams beginnt auch die Niederschrift. Die Franzosen bauten in den 1920er Jahren bei Sapa eine Bergstation, doch ihre Herrschaft dauerte nicht lange an. Vietnams Unabhängigkeitsbewegung führte von 1945 bis 1952 zur Befreiung der nördlichen Provinzen von der französischen Herrschaft. Im äußersten Westen, direkt an der Grenze zu Laos, ist das Tal von Dien Bien Phu von großer historischer Bedeutung, da hier 1954 die Viet Minh den finalen Sieg über die Franzosen errangen – ein triumphales Kapitel in der Geschichte des Landes.

Die Beziehungen zwischen China und Vietnam verschlechterten sich während der 1970er Jahre nach dem Einfall Vietnams in Kambodscha, da China das Regime unter Pol Pot unterstützte. 1979 entsandten die Chinesen 20 000 Truppen nach Nordvietnam und zerstörten Hunderte von Grenzstädten. Sie wurden zwar wieder vertrieben, und der angerichtete Schaden wurde großteils beseitigt, trotzdem gibt es entlang der Grenze noch viele unmarkierte Minenfelder. Die meisten Bereiche, und natürlich vor allem die, die von Touristen besucht werden, sind sicher, aber in abgelegeneren Gegenden sollte man nie die ausgezeichneten Pfade verlassen.

Nordvietnam

Highlights

1. Bucht von Halong
2. Parfümpagode

Sehenswürdigkeiten

3. Nationalpark Cuc Phuong
4. Halong City
5. Bucht von Bai Tu Long
6. Cat Ba
7. Ninh Binh
8. Yen-Tu-Pilgerstätten
9. Haiphong
10. Hoa Binh
11. Mai-Chau-Tal
12. Moc Chau
13. Son La
14. Dien Bien Phu
15. Sapa
16. Bac Ha
17. Nationalpark Ba Be
18. Cao Bang
19. Dong Van Karst Plateau Geopark

Napo
Debao
Pingguo
Jingxi
Tiandeng
Dong Van
Meo Vac
Yen Minh
Dong Van Karst Plateau Geopark
Bao Lac
Hang Pac Bo
Ha Quang
CAO BANG
Ma Phuc
Than Ban Gioc
Daxin
CHINA
Fusui
Nguyen Binh
Cao Bang
Bang
Gam
Nang
Ba Be
Dong Khe
Chongzuo
Nationalpark Ba Be
Na Phac
BAC KAN
That Khe
Longzhou
Shangsi
Beijang
TUYEN QUANG
Bac Kan
LANG SON
Binh Gia
Lang Son
Tuyen Quang
Van Quan
Na Duong
THAI NGUYEN
Du
Thai Nguyen
Chi Lang
Dong Mo
Dinh Lap
Mong Cai
BAC GIANG
QUANG NINH
Phu Tho
VINH PHUC
Noi Bai International Airport
Bac Giang
Chu
Yen-Tu-Pilgerstätten
Tien Yen
Dam Ha
Viet Tri
Vinh Yen
Bac Ninh
PHU THO
HANOI
Hanoi
Chua Con Son
Yen Tu 1060 m
Bucht von Bai Tu Long
Cai Rong
BAC NINH
Hai Duong
HAI DUONG
Halong City
Cam Pha
Co To
Hoa Binh
Ha Dong
Da
Haiphong
Quan Lan
Song-Da-Stausee
HA TAY
HUNG YEN
Cat Bi International Airport
Cat Ba
Bucht von Halong
Parfüm-pagode
Muong Khen
Hung Yen
HAI-PHONG
Mai-Chau-Tal
HOA BINH
Phu Ly
HA NAM
THAI BINH
Thai Binh
Nationalpark Cuc Phuong
Bai-Dinh-Tempel
Nam Dinh
Endangered Primate Rescue Center
Ninh Binh
NINH BINH
NAM DINH
Ngoc Lac
Ho-Zitadelle
Tam Diep
Phat Diem
THANH HOA
Golf von Tonkin
Thong Xuan
Tho Xuan Airport
Thanh Hoa
Nhu Xuan
Sam Son
Quang Loi
Quy Chau
Tinh Gia
Thai Hoa
Tan Ky
Dien Chau
Cua Lo
Vinh
Nordvietnam
Zentralvietnam
Seiten 128–163

→

1 *Die Küstenlinie bei Ninh Binh mit Kalksteinkarst*

2 *Buddha-Statue im Bai-Dinh-Tempel*

3 *Eine Weiße Thai arbeitet auf einem der Reisfelder im Mai-Chau-Tal.*

Die Tour durch Nordvietnam bringt Sie abseits ausgetretener Pfade zu wunderschönen Plätzen und in Kontakt mit den unterschiedlichsten Menschen. Man kann auf eigene Faust losziehen oder eine Tour bei einer der vielen Agenturen in Hanoi buchen.

2 WOCHEN

in Nordvietnam

Tag 1: Parfümpagode

Fahren Sie frühmorgens von Hanoi nach My Duc, von wo Frauen Besucher in Holzbooten flussaufwärts zum Nui Huong Tich (»Berg des Dufthauchs«) bringen. Gehen Sie den Berg hoch zur Parfümpagode *(siehe S. 204)*. Diese Anlage aus etwa 30 buddhistischen Schreinen ist eine der spektakulärsten des Landes; einige stehen auf den bewaldeten Hügeln, andere wurden direkt in den Fels hineingebaut. Dort wird das spärlich einfallende Licht von den vergoldeten Statuen durch den dicken Dunst von Räucherstäbchen reflektiert. Hier kann man problemlos einen Tag verbringen und in einem der vegetarischen Restaurants zu Mittag essen, bevor man Richtung Süden nach Ninh Binh *(siehe S. 208)* aufbricht.

Tag 2: Ninh Binh

Fahren Sie am Morgen mit einem Boot flussaufwärts zu den überfluteten Höhlen bei Tan Coc, vorbei an einer wunderschönen Landschaft, die oft auch »Halong-Bucht an Land« genannt wird, da hier Karstfelsen aus einem grünen Meer von Reisfeldern in die Höhe steigen. Nehmen Sie nach dem Mittagessen in Ninh Binh ein Taxi, das Sie zu den vielen Sehenswürdigkeiten rund um die Stadt bringt, etwa nach Hoa Lu, die großteils restaurierte Hauptstadt der Dinh-Dynastie aus dem 10. Jahrhundert, dessen eindrucksvolle Gebäude rund um einen Park liegen. Von hier ist es nicht mehr weit zu Vietnams größtem Tempelkomplex Bai Dinh mit einer imposanten Pagode und einer riesigen Anzahl von Buddha-Statuen, darunter auch ein 100 Tonnen schwerer Bronze-Buddha.

Tag 3: Nationalpark Cuc Phuong

Von Ninh Binh ist es nur eine kurze Wegstrecke zum üppig grünen Tropenwald im Nationalpark Cuc Phuong *(siehe S. 205)*, dem ältesten des Landes mit einer großen Vielfalt an Flora und Fauna. Man kann den Tag über auf einigen der kürzeren Wege wandern, die einen durch den Dschungel zu Wasserfällen, den botanischen Gärten und dem Endangered Primate Rescue Center führen, wo man Languren, Gibbons, Loris und andere Primaten von nah sehen kann. Übernachten Sie in einem der Muong-Dörfer in der Nähe.

Tag 4: Mai-Chau-Tal

Eine weitere kurze Fahrt bringt Sie ins charmante und fruchtbare Mai-Chau-Tal *(siehe S. 210)*, wo man in traditionellen Pfahlhäusern in den Genuss der Gastfreundschaft der Weißen Thai kommt. Verbringen Sie den Tag mit Wanderungen oder Fahrradtouren durch die Reisfelder, die Teeplantagen und die kleinen Dörfer. Man kann sich auch noch weiter in das Naturreservat Pu Luong vorwagen, bevor man mit seinen Gastgebern zu Abend isst und danach traditionelle Musik und Tanz genießt, während man an starkem, selbst gebrautem *ruou can* nippt. →

1

2

3

→

1 *Teefelder im Moc-Chau-Tal*

2 *Gedenkstein auf dem Militärfriedhof Dien Bien Phu*

3 *Schwarze Hmong in traditioneller Kleidung*

4 *Wunderschöner Strand auf der Insel Co To in der Bucht von Bai Tu Long*

Tag 5: Von Moc Chau nach Dien Bien Phu

Die Straße nordwärts Richtung Dien Bien Phu bietet ein paar Rastpunkte, etwa die Marktstadt Moc Chau *(siehe S. 210)*, die inmitten von Teefeldern liegt. Hier kann man ein paar Stunden verbringen und die umliegenden Dörfer und Reisterrassen erkunden. Besuchen Sie die historisch wichtige Stadt Son La *(siehe S. 210)*: Das frühere Gefängnis und heutige Museum vermittelt einen guten Eindruck über den Horror der französischen Kolonialzeit. Auch erfährt man hier mehr über die Bergvölker, die in der Region leben. Fahren Sie bei Sonnenuntergang weiter nach Dien Bien Phu *(siehe S. 211)*. Hier fand 1954 die entscheidende Schlacht des Ersten Indochinakriegs statt, als der Vietcong die französischen Truppen schlug.

Tag 6: Dien Bien Phu

Verbringen Sie den Morgen im Dien-Bien-Phu-Museum und erfahren Sie mehr über die entscheidende Schlacht. Besuchen Sie danach die Denkmäler und Monumente für die Toten und das Schlachtfeld, in dem immer noch ausgebrannte Panzer stehen und Tunnel der Viet Minh verlaufen.

Tag 7, 8 und 9: Sapa

Besuchen Sie die Bergstadt Sapa *(siehe S. 212)*, dank des kühlen Klimas, der frischen Luft und der beeindruckenden Aussicht im Sommer ein beliebter Rückzugsort. Die am besten entwickelte Touristendestination ist ein Schmelztiegel unterschiedlichster Bergvölker. Rund um Sapa gibt es eine Vielzahl an Trekkingrouten. Zum Berg Ham Rong, an dem man Tanzvorführungen zusehen kann, ist es eine leichte Strecke. Etwas anspruchsvoller ist die Besteigung des 3140 Meter hohen Fansipan, des höchsten Bergs von Vietnam. Auf den Gipfel fährt auch eine Seilbahn. Machen Sie Wanderungen oder fahren Sie mit dem Rad durch grüne Täler zu den Hmong-Dörfern Cat Cat und Sin Chai und nach Ta Phin, einem Dorf der Roten Dao. Man sollte auch dem Wasserfall Thac Bac einen Besuch abstatten, den man über eine Straße nordwestlich der Stadt erreicht.

4

Tag 10: Von Hanoi nach Uong Bi

Nehmen Sie den Morgenbus nach Hanoi (Fahrtzeit 5 Std.) und dort einen Bus nach Uong Bi (Fahrtzeit 3 Std.), einem günstigen Zwischenstopp für den Besuch des heiligen Bergs Yen Tu *(siehe S. 208)*. Sehen Sie sich die Stadt bei einem Spaziergang an. Wenn Sie noch Zeit haben, besuchen Sie den Chua-Va-Bang-Tempel im Norden der Stadt.

Tag 11: Yen-Tu-Pilgerstätten

Brechen Sie früh auf, um sich die Pilgerstätten am nahen Berg Yen Tu anzusehen, die ältesten und bedeutungsvollsten des Landes. Yen Tu ist seit etwa 2000 Jahren ein heiliger Platz, am Berg stehen mehr als 800 religiöse Bauten, die meisten entstanden ab dem 13. Jahrhundert. Entweder man nimmt den beschwerlichen Weg zu Fuß auf sich oder man nutzt zuerst die Seilbahn zur Hoa-Yen-Pagode auf halber Strecke und dann eine zweite, um die schöne Bronzepagode aus dem 15. Jahrhundert auf dem 1060 Meter hohen Berggipfel zu bewundern.

Tag 12, 13 und 14: Bucht von Bai Tu Long

Um beeindruckende Naturschönheit zu erleben, nehmen Sie von Nam Mau einen Bus nach Cai Rong (Fahrtzeit 3 – 4 Std.), Ausgangspunkt für die Erkundung des nur wenig besuchten Nationalparks Bai Tu Long in der gleichnamigen Bucht *(siehe S. 206)*. Von Cai Rong bringt Sie eine Fähre in zwei Stunden durch den maritimen Nationalpark mit kristallklarem Wasser, goldenen Sandstränden und Karstinseln nach Co To. Suchen Sie sich entweder im Hauptort der Insel eine Unterkunft nahe dem Strand oder in einem der Resorts, die an etwas abgelegeneren Stränden liegen. Machen Sie Fahrradtouren über die kleine Insel und legen Sie in den vielen schönen Buchten und schönen Stränden eine Pause ein. Genießen Sie den Blick von den vielen Hügeln, auf einem steht sogar ein Leuchtturm. Wenn es Ihnen am Strand zu langweilig wird, können Sie auch die relativ intakten roten und grünen Korallenriffe, die die Insel umgeben, bei einem Schnorchel- oder Tauchausflug erkunden.

◁ Annam-Silberfasan
Dieser Fasan st leicht zu erkennen an seinem roten Gesicht und seinen roten Beinen, die das schöne silberne Gefieder kontrastieren. Er lebt an den Hängen des Truong Son und Hoang Lien Son. Der große Vogel fliegt nur kurze Strecken und ist deswegen problemlos auszumachen.

Orchideen ▷
Vietnam ist die Heimat einer großen Zahl von Orchideenarten, viele davon sind nur hier zu finden. Botaniker sowie Liebhaber dieser »Königin der Blumen« entdecken regelmäßig neue Arten. Der Norden scheint der bevorzugte Lebensraum der Orchideen zu sein, allein an den Hängen des Fansipan, des höchsten Berges des Landes, blühen 18 Arten. In der Nähe von Sapa, am Berg Hang Rong ist ein Orchideengarten zu bewundern. In Hanoi gibt es jedes Jahr im Frühjahr einen großen Orchideenmarkt.

NORDVIETNAMS FLORA UND FAUNA

Im nördlichen Teil Vietnams treffen die tropischen Ökosysteme Südostasiens auf die gemäßigten des asiatischen Festlands, Resultat ist eine fantastische Vielfalt an Pflanzen und Tieren. Die reichlichen Kalksteinformationen bieten hier Tausenden von Arten einen einzigartigen Lebensraum.

◁ Indochina-Tiger
Während diese majestätischen Katzen früher in großer Zahl durch die Wälder Nordvietnams streiften, ist der Bestand der Indochinesischen Tiger heute extrem gefährdet. Die streng verbotene Tigerjagd vor allem zu Zwecken traditioneller Medizin – die Knochen und besonders der Penis gelten immer noch als einzigartige Aphrodisiaka – hat die Zahl dieser prachtvollen, frei in der Wildnis lebenden Tiere in Vietnam auf weniger als 50 reduziert.

△ **Rotschenkel-Kleideraffe**
Dieser seltene Primat hat orangerote Hinterbeine und weiße Unterarme, die so sehr an Kleidung erinnern, dass man ihn manchmal als den »kostümierten Affen« bezeichnet. Ein langer weißer Schwanz unterstützt seine Beweglichkeit. Wie die meisten Affen ist er sehr sozial und lebt in Gruppen von bis zu 50 Tieren in den Baumwipfeln. Am ehesten werden Sie diese Affen im Naturreservat Van Long südlich von Hanoi zu sehen bekommen.

Gefährdete Arten

Die International Union for Conservation of Nature (www.iucn.org) listet über 40 stark gefährdete Arten in Vietnam auf. Hauptprobleme sind die Zerstörung der Lebensräume und Wilderei. Die Regierung ergreift Maßnahmen zur Erhaltung der pflanzlichen und tierischen Ressourcen des Landes durch die Einrichtung von Nationalparks sowie die Unterzeichnung des Übereinkommens über den internationalen Handel mit gefährdeten Arten und Kampagnen zur Sensibilisierung der Menschen für den langfristigen Wert von Wildtieren. Besucher sollten keine Souvenirs aus Elfenbein, Schildpatt, Tierhorn oder Korallen kaufen.

◁ **Schmetterlinge**
In den Frühlings- und Sommermonaten wimmelt es in den Wäldern von einer Vielfalt an Schmetterlingen, von denen es hier über 500 Arten und Unterarten gibt. Die Nationalparks Cuc Phuong und Ba Be sind perfekte Orte, sie zu sehen. Cuc Phuong veranstaltet sogar jedes Jahr im April ein Schmetterlingsfest.

△ **Höhlensalangane**
Diese Vögel leben in Kalksteinhöhlen im Norden. Um sie zu sehen, sollten Sie bei Sonnenuntergang einen Höhleneingang aufsuchen, denn dann kehren die Vögel, die tagsüber Insekten jagen, in ihre Nester zurück. Gleichzeitig verlassen die nachtaktive Fledermäuse in ähnlich großer Zahl die Höhle.

Schwimmendes Dorf zwischen Kalksteinfelsen in der Bucht von Halong ↑

❶

Bucht von Halong

D2 164 km östl. von Hanoi; 60 km nordöstl. von Haiphong von Hanoi nach Halong City von Tuan Chan Tourist Wharf, 8 km westl. von Halong City

Die Bucht von Halong (Vinh Ha Long) – als UNESCO-Welterbe geschützt – ist eine labyrinthähnliche Meereslandschaft mit bizarr geformten Felsen, Höhlen und Buchten. Ein Segelausflug in der Bucht ist ein eindrucksvolles Erlebnis.

Einer Sage nach entstand diese grandiose Szenerie aus vielen kleinen Inseln und Felsformationen durch die Schwanzschläge eines riesigen Drachen (*ha long* bedeutet »herabsteigender Drache«), den die Götter sandten, um die Feinde aus dem Norden abzuwehren. Die Bucht von Halong nimmt mit ihren rund 2000 Kalksteinfelsen über 1500 Quadratkilometer im Golf von Tonkin ein. Geologen erklären die Topografie durch jahrtausendelange Erosion.

Für die Erkundung der Inseln und Höhen, in denen es oftmals heilige Schreine gibt, sollte man sich mindestens einen Tag Zeit nehmen. In vielen Höhlen illuminieren bunte Flutlichter die Stalaktiten und Stalagmiten.

Viele Anbieter organisieren von Hanoi aus ein- bis mehrtägige Touren zur Bucht von Halong. Die bekannteren Ziele liegen im westlichen Teil der Bucht und sind oft sehr überlaufen. Eine Tour zu den entlegeneren, aber genauso schönen Inseln in der schimmernden Bucht auf einem gemieteten Charterboot mit einem ortskundigen Führer ist wesentlich entspannter.

①

Hang Dau Go

Die »Höhle der hölzernen Pfähle« auf der Insel Dau Go liegt auf dem Weg nach Cat Ba *(siehe S. 207)* und ist eine der berühmtesten in der Bucht von Halong. Ihr Name geht auf das 13. Jahrhundert zurück, als General Tran Hung Dao hier die Metallpflöcke versteckte, die – in seichtem Wasser in den Meeresboden gerammt – die Schiffe der mongolischen Flotte aufschlitzten. Die riesige Höhle hat drei Kammern, die man über 90 Treppenstufen erreicht, und ist voller bizarr anmutender Stalaktiten und Stalagmiten, die grün und blau angeleuchtet sind.

②

Hang Thien Cung

Ebenfalls auf der Insel Dau Go liegt die »Höhle des Himmelspalasts«, die man über eine steile Treppe erreicht. Sie wurde erst Mitte der 1990er Jahre entdeckt. Flutlichter in Rosa, Grün und Blau lassen die an der Höhlendecke hängenden Stalaktiten funkeln.

Entstehung von Karstlandschaften

Im und am Golf von Tonkin, in der Bucht von Halong und an Land bei Tam Coc ragen verwitterte Kalksteinformationen fast senkrecht in den Himmel. Diese porösen Felsen entstanden aus urzeitlichen Sedimenten am Meeresboden, die durch geologische Aktivität und Erosion nach oben wuchsen. Über der Meeresoberfläche ist das Gestein säurehaltigen, warmen Niederschlägen ausgesetzt, die den alkalisch reagierenden Kalkstein in durchlöcherte Türme verwandeln. Die bizarren Formen bilden ein spektakuläres Bild.

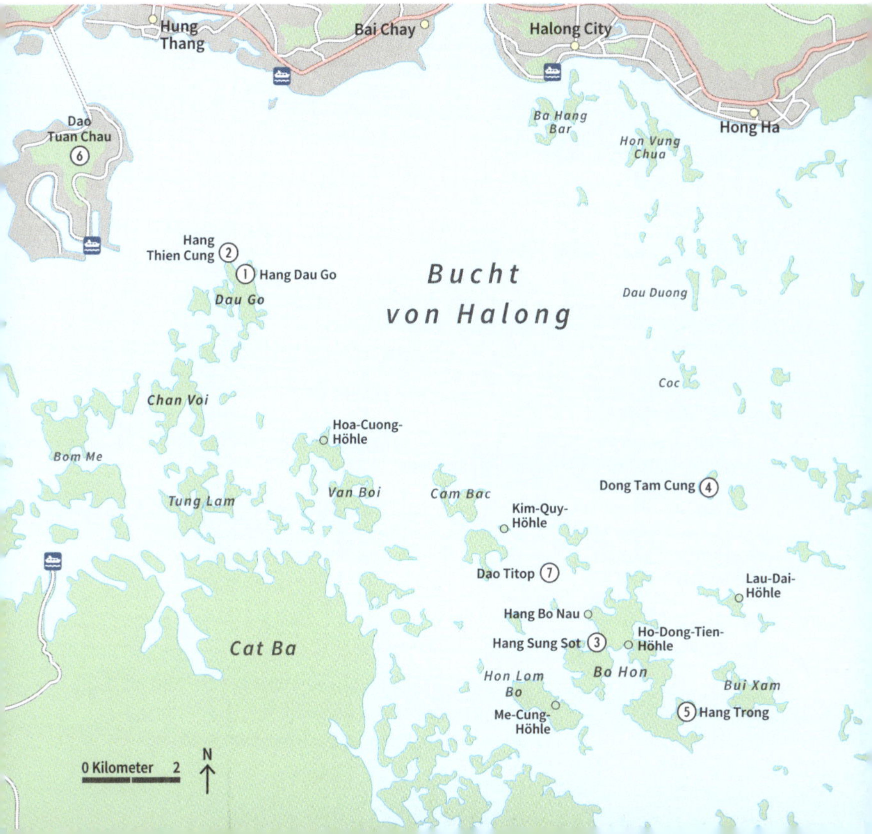

↑ *Stalaktiten in der Höhle Hang Sung Sot*

③

Hang Sung Sot

Die »Höhle der Ehrfurcht« liegt auf der Insel Bo Hon, von den Franzosen »Île de la Surprise« genannt, und ist die meistbesuchte in der Bucht von Halong.

In der ersten von drei Höhlen fällt ein phallusähnlicher, in grelles rosafarbenes Licht getauchter Felsen auf, den Einheimische als Fruchtbarkeitssymbol verehren. Zu weiteren Formationen gehören ein Buddha und eine Schildkröte. Faszinierender sind die Felsformationen in der tiefsten Höhle, der »Unberührten Burg«. Hier erscheinen die Stalagmiten und Stalaktiten durch die Wasserspiegelungen draußen fast lebendig. Am oberen Ausgang ist eine Aussichtsplattform.

Die nahe gelegene »Pelikanhöhle« Hang Bo Nau begeistert durch die Aussicht auf die Bucht.

④

Dong Tam Cung

Die »Höhle der drei Paläste« ist ein gewaltiger Spalt im Karstgestein, der Mitte der 1990er Jahre entdeckt wurde und aus drei mit Stalaktiten und Stalagmiten gefüllten Kammern besteht. Alle drei Grotten werden durch klug platzierte Scheinwerfer effektvoll in Szene gesetzt, vor allem die wie Karotten geformten Stalaktiten. Auf viele Besucher wirkt diese Höhle beeindruckender als Hang Dau Go.

⑤

Hang Trong

Etwas südöstlich von Hang Bo Nau liegt die kleine »Trommelhöhle«. Starker Wind verursacht zwischen den Stalaktiten und Stalagmiten leise, unheimliche Töne, die an Trommeln in der Ferne erinnern.

> Expertentipp
> **Kreuzfahrten**
> Zu den meisten Bootstouren gehört der Ausflug auf eine Insel, der Besuch mehrerer Höhlen und der eines der vielen schwimmenden Fischerdörfer dazu. Die beste Zeit hierfür ist der November, dann ist hier viel weniger los als zur Hochzeit von Mai bis August.

⑥

Dao Tuan Chau

Die große Insel südwestlich von Bai Chay wurde als Urlaubsresort und Freizeitpark entwickelt. Hier sieht man einige restaurierte französische Kolonialvillen, einen Jachthafen sowie zwei weiße Sandstrände. Von Dao Tuan Chau starten etliche Touren in die Bucht. Man erreicht die Insel über eine Straße vom Festland

⑦

Dao Titop

Die Hauptattraktion auf dieser Insel ist ein abgelegener, aber dennoch sehr beliebter Badestrand. Hier werden auch Wassersportmöglichkeiten wie Parasailing und Kajakfahren angeboten. Außerdem kann man auf Dao Titop über 400 Stufen zur Inselspitze gehen und die beeindruckende Aussicht über die Bucht von Halong genießen.

Alle drei Grotten von Dong Tam Cung werden durch klug platzierte Scheinwerfer effektvoll in Szene gesetzt, vor allem die wie Karotten geformten Stalaktiten.

Eine Kreuzfahrt auf einer Dschunke durch die Bucht von Halong

Schon gewusst?

Quan Am, die Göttin des Mitgefühls, ist eine der verehrtesten Bodhisattvas in Vietnam.

2

Parfümpagode

C2 65 km südwestl. von Hanoi am Hwy 21, My Duc von Hanoi und Ninh Binh nach My Duc, dort mit Ruderbooten zur Parfümpagode tägl.

Chua Huong, die Parfümpagode, erhebt sich im dichten Wald an Kalksteinhängen des Nui Huong Tich (»Berg des Dufthauchs«) über dem Fluss Suoi Yen und ist eine der spektakulärsten Sehenswürdigkeiten des Landes.

Die Parfümpagode umfasst einen ganzen Komplex mit 30 buddhistischen Schreinen. Beim alljährlichen Parfümpagoden-Fest *(siehe S. 42)* strömen viele Tausende Pilger den Berg hinauf und beten um Vergebung, Gesundheit und Nachwuchs.

Highlights

Die Den-Trinh-Pagode ist die erste Station am Berg. Hier müssen sich alle Pilger melden, Gläubige beten für den Segen ihrer Reise zur Huong-Tich-Pagode, dem faszinierendsten Schrein in einer Höhle. Der steile Aufstieg zur Pagode dauert mindestens eine Stunde. Am Eingang steht »Schönste Höhle unter dem Südhimmel«, von hier führen 120 Stufen in die Tiefe. Die von Weihrauchschwaden erfüllte Tropfsteinhöhle ist mit vergoldeten Buddha- und Quan-Am-Statuen geschmückt.

Thien Tru, die »Pagode der Himmlischen Küche« (18. Jh.), erhebt sich auf drei Ebenen am Berghang. Ein eleganter Glockenturm mit dreigliedrigem Dach steht vor dem Tempel, dessen Inneres von einer Quam-An-Statue beherrscht wird. Giai Oan, die »Gerechtigkeit stiftende Pagode«, ist bei Pilgern auf der Suche nach Reinigung und Gerechtigkeit beliebt, während einer der heiligsten Tempel, die Tien-Son-Pagode, mit vier rubinroten Statuen in einer Höhle liegt.

SEHENSWÜRDIGKEITEN

3

Nationalpark Cuc Phuong

B2 Distrikt Nho Quan, 45 km westl. von Ninh Binh; 140 km südwestl. von Hanoi +84 229 384 8006 Minibus von Ninh Binh tägl. 8–17:30 nach Anmeldung bei der Parkleitung cucphuongtourism.com

Cuc Phuong wurde 1962 als erster Nationalpark Vietnams eingerichtet und umschließt 223 Quadratkilometer tropischer Wälder mit einer beeindruckenden Pflanzen- und Tiervielfalt. Dazu zählen jeweils über 100 Säugetier- und Reptilienarten und über 300 Vogelarten. Seinen Ruf verdankt der Park auch der Pflanzenvielfalt.

Eine der Hauptattraktionen ist das **Endangered Primate Rescue Center**, eine Rettungsstation für bedrohte Affen in Asien. Hier werden bedrohte und verletzte Primaten gesund gepflegt, nachgezüchtet und später ausgewildert. Auf der Station leben viele unterschiedliche Primatenarten, darunter Languren, Gibbons und Loris, die man hier hautnah erleben kann.

In dem Nationalpark gibt es viele gute Trekkingpfade und etliche Sehenswürdigkeiten wie Wasserfälle und einen botanischen Garten. In einem nahen Dorf der Muong findet man einfache Unterkünfte.

Endangered Primate Rescue Center
tägl. eprc.asia

↑ *Die Parfümpagode wurde in den Fels des Bergs Nui Huong Tich gebaut*

Bootsfahrt zur Parfümpagode

Eine ganze Bootsflotte, ausschließlich von Frauen gesteuert, bringt Besucher auf dem majestätischen Fluss Suoi Yen zur Parfümpagode. Die eineinhalbstündige Fahrt ist ein stilles Gleiten durch fruchtbare Reisfelder, nur unterbrochen vom Ruderschlag. Der Weg auf den Berggipfel ist teilweise sehr steil. Planen Sie mindestens zwei Stunden für den Auf- und Abstieg ein. Alternativ können Sie gegen eine Gebühr auch mit den Seilbahn fahren.

Der Wasserfall Ben Hieu im Nationalpark Cuc Phuong und ein Rotschenkliger Kleideraffe (rechts) ↓

4

Halong City

C2 164 km östl. von Hanoi am Hwy 18; 60 km nordöstl. von Haiphong am Hwy 10 200 000 von Haiphong und Hanoi von Haiphong Halong Bay Tourism, +84 203 384 7481 Long-Tien-Pagodenfest (Ende Apr)

Halong City entstand 1994 durch die Zusammenlegung der Gemeinden Bai Chay und Hon Gai zu beiden Seiten der schmalen Cua-Luc-Meerenge, die eine Hängebrücke überspannt.

Am Westufer entwickelt sich Bai Chay zu einer aufstrebenden Stadt mit vielen Reiseanbietern, Hotels und Restaurants. Auf die meisten ausländischen Besucher wirkt Bai Chay wenig anziehend, aber man kann hier gut essen und übernachten. Östlich der Brücke liegt das industriell geprägte Hon Gai, die historische Stadthälfte. Zwar kann man auch hier essen gehen und ein Hotel finden, aber im Grunde ist Hon Gai untouristisch. Seinen Wohlstand verdankt der Ort der Industrie, vor allem den Kohleminen im Tagebau.

Jenseits des Hafens erhebt sich der Nui Bai Tho (»Gedichteberg«), eine der wenigen Sehenswürdigkeiten von Halong City. Der Kalksteinfelsen verdankt seinen Namen den verwitterten Lobeshymnen auf die Bucht von Halong an den Felswänden. Das älteste Gedicht soll Kaiser Le Thanh Tong 1468 verfasst haben. Im nördlichen Windschatten steht die Long-Tien-Pagode, der farbenprächtigste Tempel von Halong City.

5

Bucht von Bai Tu Long

D2 60 km östl. von Halong City von Halong City von Halong City und Cai Rong

Hier gibt es flache Gewässer, einige größere und viele winzige Eilande, Hunderte von Kalksteinfelsen und Strände. Im Grunde ist die Bucht von Bai Tu Long ebenso schön wie die von Halong, nur weniger überlaufen.

Leider hat die Bucht nur wenige Angebote für Besucher. Die meisten Ausflügler buchen daher eine Tour in Hanoi, erkunden die Bucht und verbringen die Nacht an Bord eines Boots, bevor es zurück geht. Eine Alternativroute zur Bucht von Bai Tu Long ist die Fahrt von Hon Gai durch Cam Pha und Cua Ong, vorbei an den riesigen Flächen, wo im Tagebau Kohle abgebaut wird. Hier kann man auch Boote chartern, um die entfernteren Bereiche zu erkunden.

Die größte Insel mit der besten Infrastruktur ist Van Don. Man erreicht sie auf dem Land- und Seeweg vom Industriehafenort Cua Ong. Die Südostküste ist dank der Traumstrände und dichten Mangroven ein beliebtes Ziel. Die meisten Unterkünfte rund um Bai Tu Long findet man im größten Inselort, dem Fischerdorf Cai Rong.

Restaurants

1958 Restaurant

Das gehobene Restaurant serviert in erster Linie nordvietnamesische Seafood-Gerichte in gemütlicher Umgebung. Die Preise sind überraschend günstig, es gibt auch eine große Auswahl an vegetarischen Optionen.

D2 Insel Tuan Chau, Halong Bay W halongparadisesuites.com

$$$

Wander Station

Das Café ist ein absolutes Must für Kaffeeliebhaber. Der sachkundige, Englisch sprechende Besitzer röstet die Bohnen selbst und ist ein sehr talentierter Barista. In dem stylishen Lokal mit vielen Pflanzen werden auch leckere vietnamesische Gerichte serviert.

C2 32 Van Lang, Halong City +84 203 351 8690

$$$

← *Blick vom Nui Bai Tho (»Gedichteberg«) auf Halong City und die Bucht*

Ein Schiff fährt durch die Felsinseln in der Bucht von Bai Tu Long ↑

Umgebung: Die äußerste der drei Inseln südlich von Van Don ist Quan Lan, vor allem wegen des weißen Sandstrands von Bai Bien lohnenswert – und einer der wenigen Orte mit Unterkünften außerhalb von Cai Rong.

Die von Cai Rong am weitesten entfernte Insel ist Co To. Die Fähre braucht pro Strecke fünf Stunden hierher. Ein Strand und die einfachen Unterkünfte machen das Eiland zum perfekten Inselidyll.

Etwa 20 Kilometer von Cai Rong entfernt liegt der Nationalpark Bai Tu Long – aufgrund seines faszinierenden marinen Ökosystems und seltener Tiere und Pflanzen ein beliebtes Naturreiseziel.

6

Cat Ba

C2 · 45 km östl. von Haiphong; 22 km südl. von Halong City · 22 000 · Tragflächenboot ab Haiphong, Charterboote ab Halong City und Bai Chay · catbavietnam.com

Cat Ba ist die größte Insel des Archipels mit mehr als 350 Eilanden. Sie zeichnet sich durch ihre üppige Natur aus, eine Landschaft voller Wasserfälle, Seen, Hügel, Wälder, Mangrovensümpfe und Korallenriffe. Der Hauptort Cat Ba Town wirkt überfüllt und schmuddelig, hat aber eine gute Infrastruktur. Die meisten Boote legen hier an. Die Stadt ist vor allem Basis für einen Besuch des **Nationalparks Cat Ba**.

Seit 1986 umfasst er fast die halbe Inselfläche zum Schutz der vielfältigen Tier- und Pflanzenwelt. Die Landschaft mit ihren Kalksteinfelsen, Seen, Grotten und Mangroven lädt zu Entdeckungstouren ein. Beeindruckend ist die mit 800 Arten höchst vielfältige Flora. Die Wälder bieten unterschiedlichsten Tierarten Lebensraum, darunter Wildschweinen, Hirschen, Makaken und zahlreichen Vogel- und Reptilienarten. Bekannt ist der Park vor allem wegen seiner vom Aussterben bedrohten Population von Cat-Ba-Languren (Goldkopflanguren).

Man kann den Park auf Trekking- und Campingtouren erkunden. Allerdings muss man Ausrüstung und Proviant mitbringen. Der kürzeste und beliebteste Pfad führt zum 200 Meter hohen Ngu Lam, von dessen Gipfel man einen herrlichen Blick hat. Eine längere Wanderung (4–6 Std.) führt unter dem Blätterdach des Waldes am Ech-See (»Froschsee«) zum Dorf Viet Hai. Von hier aus kommt man per Charterboot nach Cat Ba Town zurück.

Bootstouren führen ab Cat Ba Town auch durch die Bucht von Halong oder zur kleineren Bucht von Lan Ha im Nordosten: Die Strände dort hat man gegen eine kleine Gebühr fast für sich allein.

Nationalpark Cat Ba
20 km nordwestl. von Cat Ba Town · tägl. Sonnenauf- bis -untergang

Die Landschaft des Nationalparks Cat Ba mit ihren gezackten Kalksteinfelsen, Seen, Höhlen, Grotten und Mangroven lädt zu Entdeckungstouren ein.

7

Ninh Binh

C2 95 km südl. von Hanoi am Hwy 1 155 000 Reunification Express zwischen Hanoi und HCMC Hanoi Dinh Tien Hoang; + 84 229 388 4101 dulichninhbinh.com.vn

Ninh Binh ist der ideale Ausgangspunkt für Ausflüge in das südliche Delta des Roten Flusses und ein gut besuchtes Reiseziel mit etlichen Sehenswürdigkeiten in der Umgebung.

Hoa Lu, zwölf Kilometer nordwestlich von Ninh Binh, wurde unter Kaiser Tien Hoang De, dem Gründer der Dinh-Dynastie (reg. 968–980), 968 n. Chr. als Hauptstadt errichtet. Der auf diese Zeit zurückgehende Palast und eine Zitadelle wirken sogar als Ruinen noch beeindruckend. Ein zweiter Herrschertempel in der Nähe ist Le Dai Hanh (reg. 980–1009), dem Gründer der frühen Le-Dynastie, gewidmet, die der Dinh-Dynastie folgte und chinesische durch vietnamesische Münzen ersetzte.

Zwölf Kilometer nordwestlich von Hoa Lu liegt der größte Tempelkomplex des Landes, der Bai-Dinh-Tempel. Er wurde 2010 geöffnet und wartet mit 500 *Arhat*-Statuen und einer 91 Tonnen schweren Buddha-Bronzestatue auf. Im Südwesten von Hoa Lu in der Provinz Thanh Hoa steht die Zitadelle von Ho, seit 2011 UNESCO-Welterbe. Sie wurde im frühen 15. Jahrhundert während der Zeit der Ho-Dynastie gebaut. Erhalten geblieben sind nur vier massive Mauern und vier Bogentore.

Tam Coc, die »Drei Höhlen«, etwa zehn Kilometer südwestlich von Ninh Binh, wird in Vietnam gern als »Bucht von Halong an Land« angepriesen: Auch hier stößt man auf Karstgestein, doch die Felsen erheben sich aus einem Meer grüner Reisfelder. Bei einem Ausflug nach Tam Coc tastet man sich mit Stechkähnen drei Stunden lang durch Marschen und drei lange Höhlen. Trang An, etwa sieben Kilometer westlich von Ninh Binh, bietet eine ähnliche Landschaft wie wie Tam Coc und gehört seit 2014 zum UNESCO-Weltkultur- und -naturerbe.

Etwa 21 Kilometer nordwestlich von Ninh Binh liegt das idyllische Fischerdorf Kenh Ga auf einer kleinen Insel, die von Karstgestein umgeben ist. Kenh Ga ist auf einer dreistündigen Bootsfahrt von Tran Me, sieben Kilometer südlich von Ninh Binh, erreichbar – eine beschauliche Fahrt vorbei an ländlichem Idyll bis zur Van-Trinh-Grotte. Von der Stadt Tran Me aus kann man zu den Schilfgrasmarschen des **Naturreservats Van Long** fahren, in dessen unzugänglichen Kalksteinfelsen der seltene Delacour-Langur lebt.

In Phat Diem, etwa 30 Kilometer südöstlich von Ninh Binh, steht die **Phat-Diem-Kathedrale**, eine der bekanntesten Kirchen Vietnams. Der Jesuitenpriester Alexandre de Rhodes, der das erste romanisierte Alphabet Vietnams entwickelte, predigte hier 1627. Die Kathedrale entstand jedoch auf Betreiben des vietnamesischen Geistlichen Tran Luc. Der 1898 fertiggestellte Bau ist eine Mischung gotischer Kirchen- und sinovietnamesischer Tempelbauten.

Schon gewusst?

Ninh Binhs Landschaft diente als Kulisse für den Film *Kong: Skull Island* (2017).

Naturreservat Van Long

Distrikt Gia Vien, Provinz Ninh Binh tägl. nach Anmeldung

Phat-Diem-Kathedrale

+84 229 386 2058 tägl.

8

Yen-Tu-Pilgerstätten

C2 130 km nordöstl. von Hanoi; 14 km nördl. von Uong Bi von Hanoi, Halong City und Haiphong nach Uong Bi Pagodenfest (Mitte Feb–Apr)

Der heilige Berg Yen Tu (1060 m) ist der höchste der Gebirgskette. Er ist nach dem Mönch Yen Ky Sinh benannt, der hier vor rund 2000 Jahren das Nirwana erreichte.

Der Tempelkomplex Bai Dinh liegt mitten im Grünen

Yen Tu wurde im 13. Jahrhundert durch Kaiser Tran Nhan Tong (reg. 1278–93) berühmt, der sich hierher zurückzog, um fortan als Mönch zu leben. Rund 800 Tempel und Pagoden haben der Kaiser und seine Nachfolger hier errichtet.

Seit Jahrhunderten nehmen Tausende Pilger den beschwerlichen Aufstieg zum Gipfel des Yen Tu auf sich. Besucher allerdings bringt heute eine Seilbahn zur Hoa-Yen-Pagode, die etwa auf halbem Weg zum Gipfel liegt. Von hier führt eine weitere Seilbahn zum wichtigsten Tempel auf dem Gipfel, der »Bronzepagode« Chua Dong (15. Jh.). Sie ist das spirituelle Zentrum der Truc Lam oder Bambuswald-Schule des Mahayana-Buddhismus. Die Anlage wurde neu gestaltet, u. a. mit einer 20 Quadratmeter großen Lotosblüte aus 64 Tonnen Bronze.

Umgebung: An den westlichen Hängen der Yen-Tu-Gebirgskette, rund fünf Kilometer nördlich von Sao Dao am Highway 18, stehen zwei der interessantesten Pilgerstätten Vietnams: Chua Con Son, eine reizvolle Pagode im Norden, ist Nguyen Van Trai geweiht, dem dichtenden Krieger, der Kaiser Le Loi im 15. Jahrhundert bei der Vertreibung Chinas aus Vietnam unterstützte. In dem Tempel erklingen die Gebete und Gesänge von Mönchen und Nonnen fast ohne Unterbrechung von früh bis spät.

Im nahen kleinen Tempel Den Kiep Bac wird alljährlich im 8. Mondmonat ein großes Fest gefeiert zu Ehren von Tran Hung Dao, einem zum Gott erhobenen General der Tran-Dynastie (13. Jh.).

Schöne Aussicht
Yen Tu

Den besten Blick vom Yen Tu hat man direkt oberhalb der Chua-Dong-Pagode nahe dem Gipfel. Wenn Sie früh kommen, sollten Sie die Pagoden und Tempel durch einen Nebelschleier sehen können.

9

Haiphong

C2 · 100 km östl. von Hanoi, Hwy 5 · 2 200 000 · von HCMC und Danang · von Hanoi · von Hanoi und Halong City · von Cat Ba · 18 Minh Khai; +84 225 382 2616 · haiphongtourism.gov.vn

Die nach Ho Chi Minh City und Hanoi drittgrößte Stadt Vietnams ist der wichtigste Hafen im Norden. Die strategische Lage setzte Haiphong immer wieder Angriffen aus. Im Ersten Indochinakrieg und im Vietnamkrieg erlitt die Stadt Bombenangriffe. Heute ist sie mit Zementherstellung, Ölraffinerien und als Umschlagplatz für Kohle eine wichtige Industriemetropole.

Trotz der freundlichen Atmosphäre und einem guten Hotel- sowie Restaurantangebot kommen relativ wenige Besucher hierher. Die wichtigsten Sehenswürdigkeiten sind französische Kolonialbauten, darunter die Kathedrale (19. Jh.), das Opernhaus an der Quang Trung sowie das **Haiphong-Museum**, dessen gotische Fassade mehr hermacht als die Ausstellungen selbst. Etwas außerhalb des Zentrums stehen die Du-Hang-Pagode (Chua Hang) aus dem 17. Jahrhundert, bekannt für ihre kunstvolle Architektur, sowie Dinh Hang Kenh (Nguyen Cong Tru), ein altes Versammlungshaus.

Haiphong-Museum
11 Dien Tien Hoang
Di, Do 8–11:30, Mi, So 7:30–21:30

10

Hoa Binh

C2 74 km südwestl. von Hanoi 115 000 Hanoi 395 An Duong Vuong; +84 218 385 4374

Die kleine Stadt Hoa Binh heißt »Frieden«. Ironischerweise war sie wegen ihrer strategischen Lage am Song Da (»Schwarzer Fluss«) im Ersten Indochinakrieg Schauplatz vieler Gefechte. Spuren davon zeigt das **Hoa-Binh-Museum**, darunter ein französisches Landungsboot und ein Panzer.

Hoa Binh wird von Muong bewohnt. Einige gute Restaurants machen den Ort zu einem idealen Stopp bei einem Ausflug von Hanoi zu Zielen wie Moc Chau oder dem Mai-Chau-Tal.

Einige Kilometer nordwestlich liegt der Stausee Song Da. Reiseveranstalter arrangieren Trips zu dem Stausee sowie zu Dörfern ethnischer Minderheiten.

Hoa-Binh-Museum
6 An Duong Vuong
+84 218 385 2177
tägl. 7–11, 13:30–16:30

11

Mai-Chau-Tal

B2 140 km südwestl. von Hanoi; 70 km südöstl. von Moc Chau am Hwy 6 50 000 von Hanoi und Son La

Reisfelder und Dörfer mit Pfahlbauten prägen das fruchtbare Tal unterhalb der Gebirgskette von Truong Son. Die meisten Bewohner sind Weiße Thai. Die für ihre Gastfreundschaft bekannten Familien bieten in ihren Pfahlbauten Homestays an – eine Chance, das Leben der Bergvölker unverfälscht zu entdecken, auch wenn es an Wochenenden ziemlich voll werden kann. Einige der größeren Homestays veranstalten Thai-Tänze und Gesänge. Abends kann man den regionalen Alkohol *ruou can* kosten, den man mit Strohhalmen aus einem gemeinsamen Krug trinkt.

Zu den Höhepunkten der Gegend gehören Trekkingtouren auf den Trails durch die Felder und Dörfer im Tal.

Schon gewusst?

Weiße und Schwarze Thai sind die größte ethnische Gruppe in der Region Mai Chau.

12

Moc Chau

B2 200 km südwestl. von Hanoi; 121 km südöstl. von Son La am Hwy 6 118 000 von Hanoi und Son La

Das ländlich geprägte Moc Chau liegt auf einem Plateau gleichen Namens und ist für seine Teeplantagen und eine florierende Milchwirtschaft bekannt. Die frische Kuhmilch, cremiger Joghurt und süßen Milchprodukte gehen von hier täglich nach Hanoi in den Verkauf.

Moc Chau eignet sich für längere Aufenthalte weniger als das Mai-Chau-Tal, sodass die meisten Besucher auf der Fahrt von Hanoi nach Son La hier nur Rast machen. Volksgruppen wie die Hmong *(siehe S. 215)* und Thai leben in den umliegenden Dörfern, die einen Besuch lohnen.

13

Son La

B1 320 km nordwestl. von Hanoi am Hwy 6; 150 km östl. von Dien Bien Phu am Hwy 6 92 000 von Hanoi und Dien Bien Phu

Der kleine Ort Son La zu beiden Seiten des schmalen Flusses Nam La war einst als »Vietnamesisches Sibirien« gefürchtet. Diesen Ruf verdankt die Stadt dem berüchtigten **Gefängnis Son La** aus der französischen Kolonialzeit. Der Komplex steht noch auf einem bewaldeten Hügel. Das kühle Klima und die isolierte Lage waren ideal für die Inhaftierung vietnamesischer Nationalisten und Revolutionäre. Widerspenstige Insassen wurden in Fußfesseln in fensterlose Zellen verbannt, viele mit der Guillotine hingerichtet. Doch wie so oft erwies sich das Gefängnis als revolutionäre Keimzelle: Unter den politischen Gefangenen waren die späteren KP-Generalsekretäre Viet-

Teeplantagen ziehen sich über die Hügel bei Moc Chau

nams, Truong Chinh und Le Duan. Der Komplex umfasst heute auch ein Museum mit Zeugnissen der französischen Brutalität. Nicht ganz passend sind die ebenfalls ausgestellten Kunstobjekte und Trachten der Bergvölker.

Eine Sehenswürdigkeit im Ort ist der Markt am Ostufer des Nam La. Obst und Gemüse, aber auch Kunsthandwerk und Stoffe der Schwarzen und Weißen Thai werden hier feilgeboten. Hühner, Enten und Hängebauchschweine werden ebenso verkauft wie Ziegenfleisch, *thit de*, eine Spezialität der Region. Wer mutig ist, probiert *tiet canh*, geronnenes Ziegenblut mit Schalotten und Erdnüssen.

Etwa sieben Kilometer nördlich liegt das Dorf Ban Hin der Schwarzen Thai, wo Stelzenhäuser von Obstplantagen und Kaffeebüschen umgeben sind. Die Landschaft rund um Son La ist einmalig schön. Die Fahrt nach Dien Bien Phu führt durch Felder und an Dörfern verschiedener ethnischer Volksgruppen vorbei.

Gefängnis Son La
Dai Khao Ca
+84 212 385 2859 tägl. 7:30–11, 13:30–16:30

14

Dien Bien Phu

A1 470 km nordwestl. von Hanoi; 150 km westl. von Son La 70 000
Hanoi von Hanoi, Son La und Lai Chau

Dien Bien Phu liegt in einem fruchtbaren Tal an der Grenze zu Laos. Die Stadt verdankt ihre Berühmtheit der Entscheidungsschlacht von Dien Bien Phu. 1954 eroberten Viet-Minh-Truppen in fast zwei Monate dauernden Kämpfen die französische Festung. Der Oberbefehlshaber, General de Castries, und seine Einheiten kamen in Kriegsgefangenschaft.

Heute entwickelt sich die Stadt in rasantem Tempo. Ursprünglich gehörte Dien Bien Phu zur Provinz Lai Chau, die durch die Flutungen für den Son-La-Staudamm dem Wasser weichen musste. Deshalb schuf man die neue Provinz Dien Bien, deren Hauptstadt wirtschaftlich boomt.

Auf dem Schlachtfeld am Ostufer des Nam La stehen einige verrostete französische Panzer. In der Nähe gedenkt ein Ehrenmal der französischen Gefallenen. Das **Dien-Bien-Phu-Museum** dokumentiert mit Waffen, persönlichen Gegenständen der Soldaten, Fotos, Karten und Dioramen die Schlacht. Die gefallenen Viet Minh sind gegenüber auf dem Friedhof Dien Bien Phu bestattet.

Nördlich von hier erhebt sich der Hügel A1 mit einem Bunker des französischen Generals. Auf der Hügelspitze ist ein Tunneleingang der Viet Minh in das Lager der Franzosen (das sie mit einer Mine sprengten) erhalten. Ein Denkmal ehrt die gefallenen Kriegshelden Vietnams. Weiter nördlich steht das 120 Tonnen schwere bronzene Siegerdenkmal zum 50. Jahrestag der Schlacht – eines der größten Denkmäler des Landes.

Dien-Bien-Phu-Museum
1 Muong Thanh
tägl. 7:30–11, 13:30–17

Das Siegesdenkmal bei Dien Bien Phu

15

Sapa

B1 380 km nordwestl. von Hanoi 41 000 von Hanoi nach Lao Cai Lao Cai 2 Fansipan; +84 214 387 1975 Sa, So sapa-tourism.com

Sapa schmiegt sich mit seinen Reisterrassen inmitten üppiger Vegetation auf 1600 Meter Höhe an die östlichen Hänge der Hoang-Lien-Berge. Die Schönheit und das milde Klima sprachen sich 1918 durch Jesuitenpriester bis nach Hanoi herum. Schon vier Jahre später wurde der Bergort Sapa gegründet. Die Franzosen verwandelten die Region mit Villen, Hotels und Tennisplätzen in ein Ferienziel. Hier genossen die *colons* sommerliche Flirts ebenso wie frisch geerntete Erdbeeren und Wein.

Damit war es mit der japanischen Invasion 1941 plötzlich vorbei. Im Ersten Indochinakrieg und im Vietnamkrieg wurden viele Villen und Hotels aufgegeben oder zerbombt. Noch zerstörerischer war der chinesisch-vietnamesische Krieg 1979, unter dem die ganze Stadt litt.

Mit Beginn der Wirtschaftsreformen in den 1990er Jahren und der allmählichen Öffnung für den Tourismus erlebte auch Sapa einen Aufschwung. Dank lokaler Unternehmer und der jetzt wieder anreisenden Besucher gewann die Stadt schrittweise ihre alte Bedeutung aus der Kolonialzeit zurück.

Sapa erstreckt sich über mehrere Ebenen an den Abhängen, die Straßen sind kurvig, teils gibt es nur steile Treppen. Hier leben verschiedene Bergvölker, Kinh und – angezogen von der Bergluft und der wunderbaren Aussicht – eine wachsende Zahl Ausländer.

Eine große Gruppe unter den Bergvölkern bilden die meist Indigofarbe tragenden Schwarzen Hmong, gefolgt von den Roten Dao. Junge Frauen der Roten Dao tragen fein bestickte Röcke und Jacken, herausgeputzt mit schwerem Silberschmuck und Haartracht.

Die kleine, schlichte Kirche von Sapa (1930) bildet das Stadtzentrum, wo sich zu Festtagen der ganze Ort einfindet. Der Markt von Sapa, früher die Hauptattraktion der Stadt, zieht seit seinem Umzug aus dem Stadtzentrum in die Nähe des Busbahnhofs nicht mehr so viele Besucher an. Hier werden aber nach wie vor frische Waren angeboten. Oberhalb des Markts verkaufen zwei Läden Kunsthandwerk der Schwarzen Hmong und Roten Dao.

Hotel

Topas Ecolodge

Die abgelegene Ökolodge auf einem Hügel tief im Nationalpark Hoang Lien bietet moderne Unterkünfte im Chalet-Stil aus Stein, beeindruckende Ausblicke und einen Infinity-Pool. Ideal für eine Auszeit – hier gibt es auch kein Internet.

B1 24 Muong Hoa, Thanh Kim, Sapa topasecolodge.com

$$$

→ *Wunderschön terrassierte Reisfelder im Hochland von Sapa*

Trekking ist hier sehr beliebt, und man kann einfach zu Nachbardörfern wandern. Südöstlich der Stadt erhebt sich der Ham Rong (»Drachenkiefer-Berg«). Der sanfte Aufstieg führt durch Felsen und Grotten. Von oben bietet sich eine weite Aussicht über die bewaldeten Täler mit ihren bunten Häusern. Am Gipfel gibt es manchmal Aufführungen traditioneller Tänze der Bergvölker.

Umgebung: Das »Tor nach Sapa«, Lao Cai, liegt rund 40 Kilometer nordöstlich. In der Grenzstadt bleibt niemand lange, allerdings bietet Lao Cai auf dem Weg nach China oder Sapa und Bac Ha solide Hotels und Lokale.

Etwa acht Kilometer von Sapa entfernt erhebt sich der mit 3143 Metern höchste Gipfel Vietnams, der Fansipan. Der Berg ist bis zu einer Höhe von 200 Metern mit dichter subtropischer Vegetation bedeckt, darüber folgt Laubwald. Trotz des schwierigen Terrains und des mitunter schlechten Wetters zieht es viele Bergsteiger auf den Gipfel. Der Plan des Baus einer Seilbahn, die Sapa mit dem Gipfel des Fansipan verbinden soll und den Gipfel so für viele Menschen zugänglich machen würde, hat Proteste von Umweltschützern hervorgerufen, die eine zu große Verletzung der Natur befürchten.

Cat Cat, ein Dorf der Schwarzen Hmong, liegt drei Kilometer südlich von Sapa. Meist wandern Besucher den steilen Pfad hinab. Der Weg zurück lässt sich mit einem Motorradtaxi bewältigen. Die Hmong leben in Häusern aus Lehm, Flechtwerk, Bambus und Stroh, umgeben von Fässern voller Indigo zum Färben ihrer Kleidung.

Nur vier Kilometer von Cat Cat entfernt stößt man auf das Hmong-Dorf Sin Chai. Ta Phin, eine Siedlung der Roten Dao, ist nur zehn Kilometer von Sapa entfernt. Der Weg dorthin führt durch ein Tal mit Reisterrassen, die im Sonnenlicht glitzern. Kurz vor Ta Phin entdeckt man ein halb zerstörtes französisches Priesterseminar von 1942.

15 Kilometer nordwestlich von Sapa, an der Straße zum Tram-Ton-Pass, lohnt ein Besuch des Thac Bac (»Silber-Wasserfall«), dessen Wasser 100 Meter in die Tiefe stürzt. Frauen der Kinh, Schwarzen Dao und Roten Hmong verkaufen hier leckere Früchte.

↑ *Frauen der Blumen-Hmong in bunten Kleidern in Bac Ma*

16 Bac Ha

B1 · 330 km nordwestl. von Hanoi; 69 km östl. von Lao Cai · 12 000 · von Lao Cai und Sapa · 009, 20-9 · So · bachatourist.com

Die kleine Stadt in den Hügeln am Fluss Chay liegt 900 Meter über dem Meeresspiegel. An Wochentagen wirkt Bac Ha fast verlassen, doch sonntagmorgens strömen Angehörige der Bergstämme aus den umliegenden Dörfern in den Ort. Dao, Tay, Thai, Nung und die bunt gekleideten Blumen-Hmong führen mit Körben voller Waren und Feuerholz beladene Ponys in den Ortskern mit seinem Markt.

Hier wird mit Gewürzen, Früchten, Gemüse und Fleisch von Wildtieren gehandelt, aber die Frauen bieten auch bestickte Stoffe an. Die meisten Bergbewohner decken sich auf dem Markt im Gegenzug mit alltäglichen Gebrauchs- und Luxusgegenständen ein. So bekommt man hier Toilettenartikel, Weihrauchstäbchen und religiöse Utensilien aller Art, aber auch Nadel und Faden sowie Stoffe für Stickereien.

Umgebung: Viele Besucher fahren von Bac Ha weiter nach Norden und kombinieren den Besuch des Markts mit einem Ausflug in das winzige Dorf Can Cau. Es liegt rund 20 Kilometer von Bac Ha entfernt und hat am Samstag einen bei Einheimischen und Besuchern beliebten, äußerst lebendigen und farbenfrohen Markt.

Der Distrikt Bac Ha ist darüber hinaus für seinen starken Maisschnaps bekannt, der vor allem im Dorf Ban Pho, einer Siedlung der Blumen-Hmong nur vier Kilometer westlich von Bac Ha, gebrannt wird.

Expertentipp

Bac-Ha-Markt

Am besten erlebt man den bunten Sonntagsmarkt von Bac Ha schon frühmorgens. Dafür sollte man von Sapa um 5 Uhr und von Lao Cai um 6:30 Uhr aufbrechen.

↑ *Jadegrüne Pools am Thac-Ban-Wasserfall*

17 Nationalpark Ba Be

C1 · 240 km nördl. von Hanoi; 60 km nördl. von Bac Kan · +84 209 387 1180

Der Park erstreckt sich im entlegenen Hochland rund um drei miteinander verbundene Seen (Ba Be heißt »Drei Meere«). Zusammen bilden sie den größten Süßwassersee Vietnams. Auf etwa 100 Quadratkilometern sieht man hier Kalksteinfelsen, tropischen Regenwald, Bambushaine, Wasserfälle und Grotten. In den Wäldern leben viele Tierarten, u. a. der Tonkinlangur und die bedrohte Tonkin-Schnupfnase.

Zu den schönsten Ausflugszielen im Park zählt der spektakuläre, kaskadenartige Wasserfall Dau Dang am nordwestlichen Seezipfel. Ebenso sehenswert ist Hang Puong, eine Höhlenformation, die sich quer durch die Berge frisst. Die Höhle kann man rund zwölf Kilometer stromaufwärts am Fluss Nang bei einem Tagesausflug per Boot erkunden.

Südlich des Sees trifft man auf Pac Ngoi, ein hübsches Dorf, in dem Angehörige des Tay-Stammes wohnen. Viele Dorfbewohner bieten in ihren Häusern Homestays für Besucher an.

18 Cao Bang

C1 · 270 km nördl. von Hanoi am Hwy 3 · 45 000 · Hanoi und Lang Son

Im dicht bewaldeten Grenzgebiet zu China, rund um die Kleinstadt Cao Bang, leben ethnische Volksgruppen wie die Tay, Dao und Nung. Die Stadt kann man zugunsten der eindrucksvollen Naturkulisse links liegen lassen, viele Besucher kommen der Trekkingmöglichkeiten wegen hierher. Für die Vietnamesen hat die Region historische Bedeutung: Die Herrscher der Mac-Dynastie (16. Jh.) regierten das Reich von hier aus. Später diente Cao Bang Ho Chi Minh als Basis.

Umgebung: Etwa 60 Kilometer nordwestlich liegt Hang Pac Bo, die »Wasserrad-Höhle«, in der sich Ho Chi Minh 1941 nach seiner Rückkehr aus dem Exil versteckte. Ein kleines Museum gedenkt der Bedeutung der Höhle als Geburtsort der Viet Minh. Etwa 90 Kilometer nordöstlich rauscht der größte Wasserfall Vietnams, Thac Ban Gioc. Da er die Grenze zu China berührt, benötigt man eine Sondererlaubnis der Polizei von Cao Bang.

19 Dong Van Karst Plateau Geopark

B1 · 342 km nördl. von Hanoi · Ha Giang

Der Dong Van Karst Plateau Geopark in Vietnams nördlichster Provinz Ha Giang wartet mit einer fantastischen Landschaft auf und wurde 2010 der erste UNESCO-Geopark Vietnams. Die Kalksteingipfel sind durchschnittlich 1500 Meter hoch. Besucher müssen sich in Ha Giang eine Genehmigung besorgen und brauchen ein Auto mit Vierradantrieb oder ein Motorrad, um die Straßen befahren zu können.

Die spektakulären Ausblicke beginnen am Himmelstor oberhalb der Stadt Tam Son, wo ein grünes Tal an das Karstgebirge stößt. Von hier führt die Route über Yen Minh nach Dong Van, der nördlichsten Stadt Vietnams. Danach geht es über den Ma-Phi-Leng-Pass mit fantastischem Blick auf den Fluss Nho Que im Canyon darunter nach Meo Vac. Von dort kann man südlich nach Cao Bang oder über Bao Loc zum See Ba Be fahren.

Hmong in Nordvietnam

Die Hmong oder Meo sind eine der größten ethnischen Gruppen Vietnams. Das Nomadenvolk zog im frühen 19. Jahrhundert aus China nach Vietnam und siedelte im nördlichen Hochland. Die Hmong (der Name bedeutet in ihrer Sprache »frei«) sind für ihre Unabhängigkeit bekannt. Sie halten unbeirrt an ihren Sitten fest und wollen sich nicht assimilieren.

Hmong-Dörfer

Hmong-Dörfer, *giao* genannt, sind sehr kleine Gemeinden mit strohgedeckten Holzhütten. Im Gegensatz zu anderen Bergvölkern errichten die Hmong keine Pfahlbauten, sondern bauen nach uralten Traditionen, nach denen Häuser nur auf einem von den Vorfahren gesegneten Stück Land errichtet werden dürfen.

Textilien und Stickereien

Hmong-Textilstände findet man auf den Wochenmärkten des nördlichen Hochlandes überall. Die Hmong haben mit ihrem Kunsthandwerk bei Besuchern großen Erfolg, ihre Stickereien mit Applikationen sind beliebte Souvenirs.

↑ *Holzhütten eines Hmong-Dorfs inmitten von Reisfeldern*

Hmong-Gruppen

Die Blumen-Hmong, die größte Untergruppe der Hmong, werden wegen ihrer auffallenden, prächtigen Trachten bewundert. Sie besuchen den Markt von Bac Ha, um hier Produkte zu verkaufen und selbst Nützliches zu erstehen.

Die Schwarzen Hmong erkennt man an ihrer schwarz gefärbten Kleidung. Die Männer tragen weite Hosen, kurze Tuniken und Kappen, die Frauen Hosen oder Röcke und Gamaschen. Ihr Haar ist in offenen Hüten aufgetürmt.

Die Frauen der Roten Hmong fallen durch ihre aufgetürmte Haartracht auf. Alle verlorenen Haare werden sorgfältig gesammelt und zusammen mit dem Kopfhaar gewickelt. Auch Haare verstorbener Verwandter flicht man auf diese Weise mit ein.

Bestickte Taschen verraten den Ehestand.

In Webtaschen *(gui)* transportieren Hmong-Mütter ihre Babys.

Indigo nutzen Schwarze Hmong zum Färben von Kleidung.

Leuchtende Stoffe, oft mit Stickereien, verzieren die Blusen der Hmong-Frauen.

Hmong-Frauen verkaufen auf dem Markt in Bac Ha Räucherstäbchen ↑

Angkor Wat (siehe S. 220 – 223) im Sonnenuntergang

Abstecher nach Angkor

Angkor, die Hauptstadt des Khmer-Reichs, ist weltbekannt für die Zeugnisse der Baukunst der Khmer und eine archäologische Stätte von herausragender Bedeutung. Die Tempel im dichten Dschungel der heißen, trockenen Tiefebene in Westkambodscha entführen in eine märchenhafte und geheimnisvolle Welt. Sechs Jahrhunderte lang, von 802 bis 1432 n. Chr., war Angkor das politisch-religiöse Zentrum des Khmer-Reichs, das einst vom Südchinesischen Meer bis an die Bucht von Bengalen reichte.

Die Ruinen der alten Metropole bedecken heute 200 Quadratkilometer im Nordwesten Kambodschas. Während die Holzbauten und -paläste bereits vor Jahrhunderten zerfielen, haben die stolzen Tempel aus Stein, errichtet von einer Dynastie selbst ernannter Gottkönige, überdauert.

Angkor liegt zwischen zwei *baray* (künstliche Seen) und umfasst 70 Tempel, Gräber und andere historische Bauten, darunter Angkor Wat, den weltweit größten Tempelkomplex.

Abstecher nach Angkor
Highlights
1 Angkor Wat
2 Angkor Thom
Sehenswürdigkeiten
3 Phnom Bakheng
4 Preah Khan
5 Prasat Neak Pean
6 Ta Prohm
7 Prasat Kravan
8 Banteay Srei
9 Roluos-Gruppe
10 Siem Reap
Banteay Pre
Preah Khan 4
Krol Romeas
Tak Neang
Thomannom
Chau Say Tevoda
2 Angkor Thom
Beng Thom
West-Baray
Prasat Baksei Chamkrong
Phnom Bakheng 3
Bakheng
Prasat Ta Noreay
Angkor Wat 1
6
Siem Reap-Angkor International Airport
Prasat Prei
Kambodschanisches Kriegsmuseum
Siem Reap
Tonle-Sap-Ausstellung
6
Kambodschanisches Kulturdorf
Siehe Karte Seite 237
10 Siem Reap
0 Kilometer 2
N

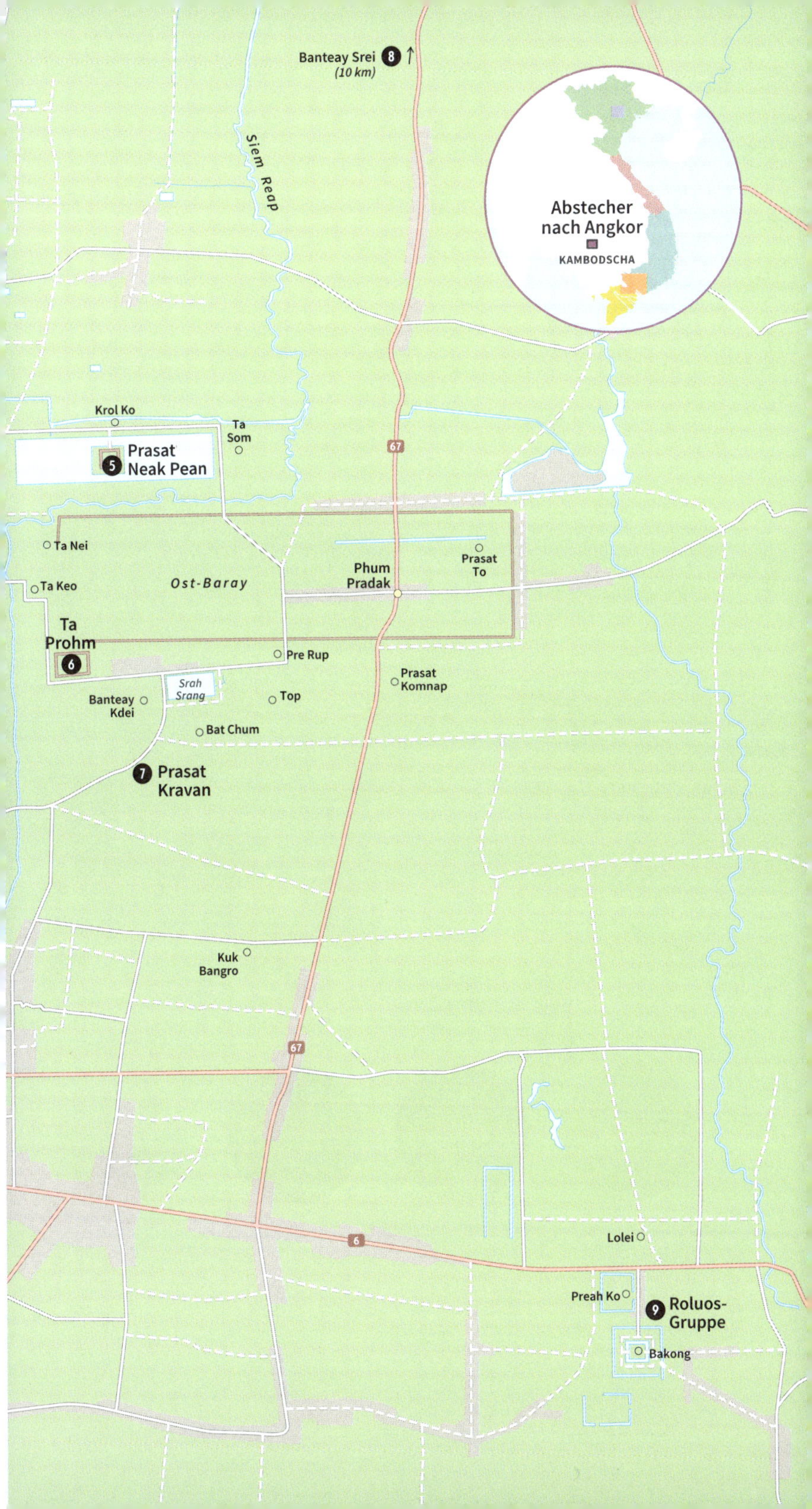

Banteay Srei 8
(10 km)
Siem Reap
Abstecher nach Angkor
KAMBODSCHA
Krol Ko
Ta Som
Prasat Neak Pean 5
67
Ta Nei
Ta Keo
Ost-Baray
Phum Pradak
Prasat To
Ta Prohm 6
Pre Rup
Srah Srang
Prasat Komnap
Banteay Kdei
Top
Bat Chum
7 Prasat Kravan
Kuk Bangro
67
6
Lolei
Preah Ko
9 Roluos-Gruppe
Bakong

1

Angkor Wat

C3 6 km nördl. von Siem Reap Siem Reap
Khmer Angkor Tour Guide Association, Siem Reap; +855 63 964 347
tägl. 5:30–18 (Ticketschalter ab 5) khmerangkortourguide.com

Angkor Wat ist mit seinen hohen Türmen, den reflektierenden Wasserbecken und den epischen Flachreliefs eines der bemerkenswertesten architektonischen Meisterwerke der Welt. Inmitten dichten grünen Dschungels und schöner Reisfelder ist die Anlage der ultimative Beleg für die hohe Kultur des alten Angkor-Reichs.

Angkor Wat ist der weltweit größte Sakralbau und heißt wörtlich »Stadt, die ein Tempel ist«. Die im 12. Jahrhundert unter König Suryavarman II. (reg. 1113–50) erbaute Anlage war ursprünglich dem Hindu-Gott Vishnu, dem Bewahrer der Schöpfung, geweiht. Der Grundriss folgt einem *mandala*, dem heiligen Plan des hinduistischen Universums: Der fünftürmige Tempel im Zentrum erinnert an eine Lotosknospe und symbolisiert den Berg Meru, den mystischen Sitz der Götterwelt und Zentrum des Universums. Die Außenmauern stehen für das Ende der Welt, der Tempelgraben für den kosmischen Ozean. Besonders interessant sind die feinen Steinverzierungen an den Mauern, darunter ein 600 Meter langes Flachrelief und 2000 Darstellungen von *apsaras*, himmlischen Tänzerinnen. Ungewöhnlich ist die Tempelausrichtung nach Westen zur untergehenden Sonne, dem Symbol des Todes. Einige Forscher gehen davon aus, dass Suryavarman II. die Absicht hatte, aus dem Tempel ein Grabmonument zu machen.

↑ *Basreliefs mit Kriegern in der Schlacht von Kurukshetra*

→ *Mönche auf dem Damm Richtung Haupteingang*

Chronik

1130–1150

△ Suryavarman II. veranlasst den Bau von Angkor Wat (damals Varah Vishnulok genannt), der nach seinem Tod beendet wird

1181–1218

△ Nach der Plünderung durch die Cham 1117 wird der Tempel wiederaufgebaut. Wechsel vom Hinduismus zum Buddhismus

1431

△ Phnom Penh wird Hauptstadt, die meisten Tempel in Angkor werden aufgegeben. Einige Mönche bleiben bis zur Kolonialzeit

1860

△ Der französische Forscher Henri Mouhot besucht Angkor Wat. Er macht die Anlage in der Welt bekannt

Highlight

Fotomotiv
Angkor Wat

Um ein gutes Foto von Angkor Wat und seiner Reflexion im Pool zu bekommen, besuchen Sie den Tempel kurz vor Schließung um 18 Uhr, wenn die fünf Türme in goldenes Licht getaucht sind. Positionieren Sie sich links vom Damm.

Reflexion der fünf Türme von Angkor Wat in einem der riesigen Pools vor dem Tempel ↑

Den Tempel entdecken

Angkor Wat ist eine großartige Kombination aus gewaltiger Wirkung als Ganzes und Detailreichtum bis ins Kleinste. Den besten Blick auf die ganze Anlage hat man vom zentralen Tempelweg zum Haupteingang im Westen der Anlage. Je näher man kommt, desto besser erkennt man die hohe Kunst und exzellente Ausführung der Flachreliefs. Die sakrale Herrlichkeit des Tempels eröffnet sich beim Durchschreiten der konzentrischen Umfassungsmauern.

Der südliche Abschnitt der Westgalerie zeigt Szenen aus dem indischen Hindu-Epos *Mahabharata*. Die Flachreliefs fallen durch die detaillierte Darstellung Hunderter schwer bewaffneter Krieger während der Schlacht von Kurukshetra auf.

Danach passieren Besucher einen schattigen, Kreuzgang-ähnlichen Bereich, der die zweite Anlage umfasst, um die innersten Teile des Tempels zu erreichen, wo die Mauern Steinreliefs mit Hunderten von *apsaras* zieren.

Zum Hauptheiligtum führt eine steile Treppe, die die Mühen symbolisiert, das Königreich der Götter zu erreichen. Die vier Eingänge weisen Buddha-Bildnisse auf – ein Indiz für die allmähliche Verdrängung des Hinduismus in Kambodscha.

↑ *Basrelief mit* apsaras *zieren die Mauern der zweiten Umfassung*

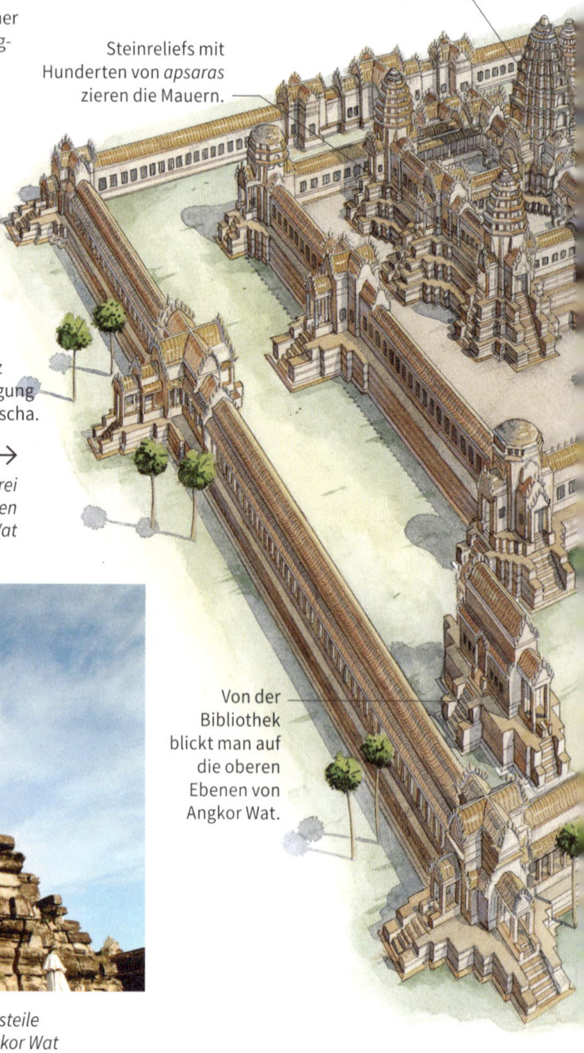

→ *Illustration der drei zentralen Anlagen von Angkor Wat*

↑ *Besucher besteigen das steile Hauptheiligtum von Angkor Wat*

Highlight

In Angkor unterwegs

Man hat mehrere Möglichkeiten, die Tempel von Angkor zu besuchen. Viele nehmen an organisierten Touren mit Minibus teil, unabhängiger ist man aber allein unterwegs. Dafür kann man für einen Tag ein Motorradtaxi oder Tuk-Tuk mieten – wobei sich viele Fahrer auch als Führer erweisen. Wenn man vollkommen unabhängig unterwegs sein will, kann man die großen Tempel auch zu Fuß besuchen. Man braucht dann nur den Transport von Siem Reap hinaus. Alternativ kann man sich auch ein Rad leihen, der Bereich rund um die Tempel ist glücklicherweise eben.

Schon gewusst?

Für alle Sehenswürdigkeiten des Angkor-Komplexes gibt es Ein-, Drei- und Sieben-Tage-Pässe.

2

Angkor Thom

C6 2 km nördl. von Angkor Wat; 8 km nördl. von Siem Reap Khmer Angkor Tour Guide Association; +855 63 964 347 tägl. 5–18

Das in seiner Größe und Architektur beeindruckende Angkor Thom – in der Sprache der Khmer bedeutet dies »Große Stadt« – wurde Ende des 12. Jahrhunderts von König Jayavarman VII. gegründet. Die einst größte Stadt des Khmer-Reichs wird durch eine acht Meter hohe, rund 13 Kilometer lange Mauer und einen breiten Graben geschützt. In der Stadt liegen zahlreiche Ruinen, darunter der berühmte Tempelkomplex Bayon ***(siehe S. 228)*****.**

①

Südtor

Das wuchtige Südtor ist der am besten erhaltene der fünf Torbogen von Angkor Thom. Zum Tor führt ein beeindruckender Prozessionsweg, der von 154 Steinstatuen – Göttern auf der linken, Dämonen auf der rechten Seite, gesäumt ist, die eine Schlange tragen. Das Südtor ist ein 23 Meter hoher Bau, dessen drei Türme vier riesige Steingesichter in den vier Himmelsrichtungen zieren. Zu beiden Seiten des Tors steht der dreiköpfige Elefant Erawan, Träger des Hindu-Gottes Indra.

②

Baphuon

Der Baphuon wurde nach 50 Jahren Restaurierung 2011 wieder für Besucher geöffnet. Er entstand im 11. Jahrhundert unter König Udayadityavarman II.

Der pyramidenähnliche Bau symbolisiert den mystischen Göttersitz am Berg Meru. Ein Zentralturm mit

↑ *Seit 2011 kann man den restaurierten Baphuon-Tempel wieder besuchen*

Highlight

←

Götter säumen den Prozessionsweg zum Südtor

Rätselhafter Baphuon

Französische Architekten begannen mit der Restaurierung des Baphuon 1959. Sie demontierten den Tempel, um die Substanz zu verstärken, und bauten ihn danach wieder zusammen (»Anastilosis«). Leider wurden die Pläne mit der Identifizierung der 300 000 Teile von den Roten Khmer zerstört. Als die Arbeiten 1996 wiederaufgenommen wurden, dauerte es über 16 Jahre, um das »riesige 3-D-Puzzle« zu lösen.

vier Eingängen erhob sich einst auf der Spitze, ist aber zerfallen.

Den Tempel erreicht man über einen 200 Meter langen, erhöhten Weg und vier Tore. Jedes ist mit Flachreliefs voller Szenen aus Hindu-Epen wie dem *Mahabharata* und dem *Ramayana* (*Reamker* in Khmer) geschmückt. Innen nimmt ein riesiger liegender Buddha die westliche Länge des Baus ein. Die Statue wurde wahrscheinlich erst im 15. Jahrhundert in den Hindu-Tempel integriert.

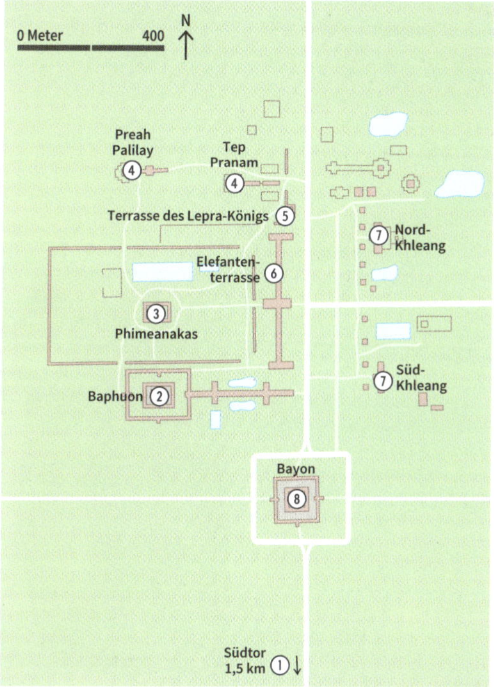

Den Tempel erreicht man über einen 200 Meter langen, erhöhten Weg und vier Tore. Jedes ist mit Flachreliefs voller Szenen aus Hindu-Epen geschmückt.

③

Phimeanakas

König Rajendravarman II. erbaute den königlichen Palasttempel im 10. Jahrhundert, Jayavarman VII. erweiterte ihn. Der hinduistische Tempel, auch »Himmelspalast« genannt, wird assoziiert mit dem sagenhaften Goldenen Turm, dem Sitz der neunköpfigen Schlange, der an dieser Stelle gestanden haben soll. Die Schlange erschien dem König als Frau, der Herrscher schlief mit ihr, bevor er seine anderen Frauen und Konkubinen aufsuchte. Hätte er die Schlange verschmäht, wäre er gestorben, so aber sicherte er die Nachfolge.

Der pyramidenähnliche Palast steht auf einer rechteckigen Basis, die 15 Hektar große Fläche wird von einer fünf Meter hohen Mauer aus Lateritgestein umgeben. Der Palast hat fünf von Steinlöwen bewachte Zugänge. Treppen führen an allen vier Seiten nach oben. An den vier Ecken wachen Elefanten. Von der obersten Ebene bietet sich eine herrliche Aussicht auf den südlich gelegenen Baphuon-Komplex.

④

Preah Palilay und Tep Pranam

Zwei kleinere Bauten, Preah Palilay und Tep Pranam, liegen etwas weiter entfernt nordwestlich der Terrasse des Lepra-Königs.

Das buddhistische Heiligtum Preah Palilay stammt aus dem 13. Jahrhundert und liegt versteckt hinter einer rechteckigen, jeweils 50 Meter langen Mauereinfriedung. Der teilweise eingestürzte Tempel ist nur durch ein Tor erreichbar und verjüngt sich an der Spitze zu einem Steinturm. Ein 33 Meter langer Weg führt zu einer Terrasse östlich des Schreins. Auffallend sind hier die Balustraden mit Schlangen *(naga)*.

Östlich davon steht Tep Pranam (16. Jh.), der früher wohl dem Mahayana-Buddhismus diente. Heute wird hier Theravada-Buddhismus vor einer Statue des sitzenden Buddhas (*mudra* oder »die Erde als Zeuge rufend«) zelebriert.

⑤

Terrasse des Lepra-Königs

Einen kurzen Fußweg südöstlich von Tep Pranam steht diese kleine Terrasse aus dem 12. Jahrhundert. Auf ihrer Spitze thront eine kopflose Statue, die als Lepra-König bekannt ist. Sie stellt wohl König Jayavarman VII. dar, der angeblich an der Krankheit litt, wirkt aber eigentlich wie eine Inkarnation des hinduistischen Unterweltgottes Yama. Die heutige Figur ist eine Kopie, das Original steht im Nationalmuseum von Phnom Penh.

Die Terrasse wird durch zwei wunderschön restaurierte Mauern mit Flachreliefs begrenzt. Die innere Mauer ist mit Figuren der Unterwelt, göttlichen Frauen, *nagas* mit fünf, sieben oder neun Köpfen, *devadas*, *apsaras*, Kriegern mit gezogenem Schwert und bizarren Meereswesen aufwendig verziert.

→ *Riesige Elefanten aus Sandstein säumen die Terrasse des Lepra-Königs*

↑ *Der bemerkenswerte Zugang zum Preah Palilay*

Die genaue Bedeutung der Terrasse, die wie eine Erweiterung der Elefantenterrasse wirkt, ist nicht ganz klar. Vielleicht diente sie königlichen Empfängen oder aber Einäscherungen.

⑥

Elefantenterrasse

Der über 300 Meter lange Bau von König Jayavarman VII. erstreckt sich vom Baphuon bis zur Terrasse des Lepra-Königs und besteht aus drei Haupt- und zwei kleineren Ebenen. Die Terrasse diente dem König bei militärischen und anderen Paraden. Den Bau schmücken lebensgroße Elefantenstatuen aus Sandstein, die wie in einer Prozession mit Elefantentreibern aufgereiht sind. Daneben sieht man Bildnisse von Tigern, Löwen, heiligen Gänsen, Schlangen und Garuda, dem Reittier Vishnus.

⑦

Nord- und Süd-Khleang

Die zwei sehr ähnlichen Bauten stehen östlich der an der Elefantenterrasse vorbeilaufenden Straße. Der Nord-Khleang entstand Ende des 10. Jahrhunderts unter König Jayaviravarman, der Süd-Khleang Anfang des 11. Jahrhunderts unter König Suryavarman I. (reg. 1002–50). Architektonisch fallen beide durch die Türbogen aus Sandstein sowie elegante Fensterbalustraden auf.

Die offizielle Funktion der Bauten ist unbekannt. Khleang bedeutet »Lagerhaus« und ist vermutlich eine irreführende, moderne Benennung.

Apsara-Tanzvorführungen

Es herrscht eine bemerkenswerte Kontinuität zwischen den Bildern der *Apsara*-Tänzerinnen, die viele der Tempel in Angkor dekorieren, und den zeitgenössischen Tanzvorführungen. Obwohl die Tradition der *apsaras* während der Kolonialzeit verblasste und unter dem Regime der Roten Khmer verboten war, wurde sie seitdem wiederbelebt. Tänzer werden in der Royal University of Fine Arts in Phnom Penh ausgebildet. Im Apsara Theatre in Siem Reap (www.angkorvillageresort.asia/apsara-theatre) finden Aufführungen statt.

Schon gewusst?

Der Name Bayon stammt von Restauratoren, die das Wort »Banyan« (Feigenbaum) falsch aussprachen.

↑ *Buddhistische Mönche besuchen den Tempel Bayon*

Highlight

8

Bayon

C2 Angkor Thom tägl. 5–18

Im Zentrum von Angkor Thom versinnbildlicht der Bayon die »untergegangene Kultur« Angkors. Der symbolträchtige, pyramidenähnliche Tempelberg erhebt sich über drei Ebenen mit 54 Türmen, die mit über 200 riesigen, rätselhaft lächelnden Steingesichtern verziert sind.

Das Hauptheiligtum des Bayon mit seinen vielen Türmen ist von einer äußeren Umfassungsmauer umgeben, die sich zwischen acht gleichmäßig verteilten, kreuzförmigen Bastionen erstreckt. Diese Mauer war ursprünglich eine schattige Galerie, ähnlich der in Angkor Wat. Das Dach ist schon lange zusammengebrochen, aber die Flachreliefs sind geblieben. Und auch wenn die Gesichter an den inneren Türmen die meiste Aufmerksamkeit auf sich ziehen, zeigt sich doch an diesen Reliefs die Einzigartigkeit des Bayon. Anders als die Reliefs in Angkor Wat, die in erster Linie religiöse Themen behandeln, zeigen diese Szenen aus dem alltäglichen Leben in Angkor.

Weitere Reliefs zieren die innere Umfassungsmauer, bevor man ins innerste Heiligtum mit seinen Türmen gelangt. Jeden Turm schmückt das Gesicht des allwissenden Avalokiteshvara. Der zentrale Bau – eine schroffe Darstellung des Bergs Meru – erhebt sich von einer runden Basis 43 Meter in die Höhe. Im Heiligtum stand einst eine Buddha-Statue, die aber zerstört wurde, als der Bayon ein hinduistischer Tempel wurde.

> **Der zentrale Bau - eine schroffe Darstellung des Bergs Meru - erhebt sich von einer runden Basis.**

↑ *Die Steingesichter an den Türmen des Bayon zeigen Avalokiteshvara*

Der Bodhisattva des universellen Mitgefühls

Die meisten Archäologen glauben heute, dass die fünf auf rätselhafte Weise lächelnden Gesichter am Bayon Avalokiteshvara symbolisieren, den Bodhisattva des universellen Mitgefühls, der außerhalb von Kambodscha oft als tausendarmige Figur dargestellt wird. Die Tatsache, dass sie auch Jayavarman VII. *(siehe S. 226)* ähneln, der den Tempel in Auftrag gab, ist wohl kein Zufall, da nach dem damaligen Verständnis Könige oft mit Gottheiten identifiziert wurden.

Chronik

12. Jh.
△ Baubeginn des Bayon. Er ist das Herzstück der riesigen neuen Stadt Angkor Thom von König Jayavarman VII.

13. Jh.
△ Der Hindu-König Jayavarman VIII. besteigt den Thron. Der Tempel wird hinsichtlich der neuen Religion verändert.

15. Jh.
△ Nach der Plünderung Angkor Thoms durch das Ayutthaya-Königreich unter Borommarachathirat II. wird der Bayon verlassen.

20. Jh.
△ Die École française d'Extrême-Orient beginnt mit der Restaurierung des Tempels, die bis in die 1990er Jahre andauert.

Geschichte des Bayon

Der Bayon war der letzte große Tempel, der in Angkor vor dem langsamen Niedergang des Reichs gebaut wurde. Er ist einzigartig zwischen den ganzen religiösen Stätten in Angkor, da er der einzige Tempel ist, der zu Ehren des Mahayana-Buddhismus errichtet wurde. König Jayavarman VII. war einer der erfolgreichsten Vertreter der Angkor-Fürsten, vertrieb Feinde und konsolidierte das Reich. Er brach auch mit den religiösen Traditionen seiner Hindu-Vorgänger und regierte als ein buddhistischer Monarch, der sich der Mahayana-Schule verschrieb. Als seinen architektonischen Beitrag zur Stadt ließ er den Mahayana-Tempel Bayon bauen. Nach seinem Tod wurde der Tempel unter Hinzufügung viele Skulpturen hinduisiert. Später änderte sich der Fokus erneut, als der Theravada-Buddhismus vorherrschte. Doch die Mahayana-Gesichter von Avalokiteshvara blieben immer erhalten.

Das Flachrelief zeigt eine weibliche devata, *eine hinduistische Gottheit* ↑

Expertentipp
Beste Zeit

Die beste Zeit, den Massen zu entkommen, ist der frühe Morgen, wenn die anderen Besucher den Sonnenaufgang in Angkor Wat ansehen und noch keine Busse da sind.

→ *Illustration des riesigen Tempelkomplexes Bayon*

↑ *Das Basrelief zeigt einen Khmer-König auf einem Elefanten, der seine Soldaten in die Schlacht führt*

Highlight

↑ *Innere Einfriedung des Bayon im frühen Morgenlicht*

Architektur von Angkor

Die Architektur der Angkor-Epoche begann im 9. Jahrhundert n. Chr. mit der Khmer-Hauptstadt von Jayavarman II. bei Roluos. Bis zum 13. Jahrhundert bildeten sich fünf architektonische Stile heraus: Der älteste, Preah Ko, war dem Erbe von Sambor Prei Kuk im Osten Angkors sowie dem Stil des Kompong Preah aus dem 8. Jahrhundert verpflichtet. Überreste davon findet man in Prasat Ak Yum am West-Baray. Nach ihrem Höhepunkt mit dem Bau von Angkor Wat verlor die Khmer-Architektur an Glanz.

Der älteste Tempel der Roluos-Gruppe, Preah Ko, wurde 879 gebaut. Seine charakteristischen Türme und die eleganten Reliefs beeinflussten das Design späterer Tempel in der Gegend.

Preah Ko ist im Gegensatz zu späteren Tempeln, die ganz aus Stein bestehen, aus einer Kombination aus Sandstein und Ziegeln gebaut worden. Die Türme waren ursprünglich vollständig verputzt.

Phnom Bakheng, 907 fertiggestellt, ist ein herausragendes Beispiel für den Bakheng-Stil. Die Anlage wurde auf einem Hügel gebaut, wobei Terrassen und Treppen in den Fels geschlagen wurden. Die fünf Türme sind wie die fünf Punkte auf der Fläche eines Würfels angeordnet.

Chronik

Preah Ko (875–890)

△ Typisch für den Preah-Ko-Stil ist eine einfache Anlage mit mindestens einem Steinturm auf einem Fundament aus Lateritgestein. Damals entstanden erstmals runde Einfriedungen, die man durch ein turmähnliches Tor, den *gopura*, betrat. Neu war auch ein Bibliotheksanbau, in dem vermutlich ein heiliges Feuer brannte.

Bakheng bis Pre Rup (890–965)

△ Die Architektur der Tempelberge nach dem Vorbild des Bergs Meru zeigt sich im klassischen Aufbau in Phnom Bakheng, Phnom Krom und Phnom Bok: vier Türme in jeder Ecke und ein fünfter im Zentrum. Der Pre-Rup-Stil entwickelte sich unter Rajendravarman II. (reg. 944–68) und erweiterte den Bakheng-Stil, indem die Türme höher und steiler wurden.

↑ *Diese Luftansicht von Angkor Wat verdeutlicht den symbolträchtigen Grundriss*

Schon gewusst?

Der zentrale Quincunx der Türme von Angkor steht für die fünf Gipfel des Bergs Meru.

Banteay Srei bis Baphuon (965–1080)

△ Der Baustil wird durch das fein verzierte Banteay Srei *(siehe S. 236)* repräsentiert. Typisch sind die detailreichen Bildnisse von *apsaras* und *devadas*. Mitte des 11. Jahrhunderts, als die Khmer-Architektur ihren Höhepunkt erreichte, entwickelte sich der Stil zur Baphuon-Architektur mit riesigen Proportionen und Gewölbegalerien.

Angkor Wat (1080–1175)

△ Kunsthistorisch gilt Angkor Wat *(siehe S. 220f)* als Höhepunkt der Architektur- und Bildhauerkunst der Khmer. Der imposanteste Tempelberg enthält die feinsten Flachreliefs, die ganze Geschichten erzählen. Die Kunst der Skulptierungen an Türstürzen erreichte in dieser Ära ihre Blütezeit.

Bayon (1175–1240)

△ Der Bayon-Stil, der letzte bedeutende Architekturstil Angkors, ist eine Synthese früherer Stile. Zwar wirkt er noch beeindruckend, läutete aber einen künstlerischen Niedergang ein. Lateritgestein wird von Sandstein verdrängt, die Hindu-Themen durch buddhistische Motive ersetzt.

SEHENSWÜRDIGKEITEN

3

Phnom Bakheng

F7 südl. von Angkor Thom tägl. Sonnenauf- bis -untergang

Der Tempelkomplex von Phnom Bakheng erhebt sich auf einem steilen, 67 Meter hohen Hügel über die umliegende Ebene. Er wurde unter Yasovarman I. (reg. 889–910) für den Hindu-Gott Shiva erbaut und weist einen der ersten Tempelberge *(siehe S. 232)* der Region auf – ein Stil, der die Architektur der Khmer-Sakralbauten prägen sollte. Leider haben nur einige der einst 109 Türme rund um Bakheng überdauert, aber die herausragend gearbeiteten Löwenstatuen zu beiden Seiten der fünf terrassierten Tempel haben überlebt. Das Hauptheiligtum ist mit Statuen und Säulen mit *apsaras* (himmlische Tänzerinnen) sowie *makaras* (mystische Meereswesen) versehen. Für Besucher führt ein Rundweg am Osthang des Hügels zum Gipfel. Von dort hat man eine herrliche Aussicht über Angkor und den West-Baray. Bei Sonnenuntergang ist es hier sehr voll, deshalb sollte man besser morgens kommen.

← *Steinrelief einer* apsara *in Phnom Bakheng*

4

Preah Khan

F7 2 km nordöstl. von Angkor Thom tägl. Sonnenauf- bis -untergang

Der nach dem heiligen Schwert von König Jayavarman II. benannte Tempel wurde von Jayavarman VII. (reg. 1181–1218) als Kloster und Religionsschule gegründet. Wahrscheinlich diente Preah Khan auch kurzzeitig als Hauptstadt für Jayavarman VII., als Angkor Thom nach der Zerstörung durch die Champa 1177 wieder aufgebaut wurde. Eine hier gefundene Stele mit Inschrift deutet darauf hin, dass der Tempel im Herzen einer alten Stadt namens Nagarajayacri lag. Der Hauptschrein war ursprünglich Buddha geweiht, aber die Hindu-Herrscher nach König Jayavarman VII. ersetzten viele Buddha-Bildnisse an den Wänden durch die von Hindu-Gottheiten.

Heute erstreckt sich der Tempel innerhalb einer drei Kilometer langen Mauer aus Lateritgestein auf einer Fläche von 57 Hektar mit einem großen See, einem *baray*.

Den kreuzförmigen Haupttempel erreicht man durch vier nach den Himmelsrichtungen erbaute Tore. Ein Highlight ist die wegen ihrer filigranen Flachreliefs mit *apsaras* berühmte Halle der Tänzer. Am »Schrein der Weißen Fürstin«, einer Frau von Jayavarman VII., beten noch heute Gläubige und bringen Blumen- sowie Weihrauchopfer dar. Am beeindruckendsten an der gesamten Anlage ist jedoch der »Tempel der vier Gesichter«, so genannt wegen der steinernen Gesichter am Hauptturm.

Wie auch in Ta Prohm stehen in Preah Khan riesige Bäume, deren Wurzeln die Laterit- und Sandsteinbauten überwuchern. Doch anders als Ta Prohm hat man Preah Khan mit großem Aufwand restauriert, viele der knorrigen alten Bäume wurden gefällt und die Mauern wiederaufgebaut.

Wie in Ta Prohm stehen auch in Preah Khan riesige Bäume, deren Wurzeln die Laterit- und Sandsteinbauten überwuchern.

5

Prasat Neak Pean

F7 4 km nordöstl. von Angkor Thom tägl. 5–18

Prasat Neak Pean, einer der ungewöhnlichsten Tempel Angkors, bedeutet »Zusammengerollte Schlange«. Wie viele Bauten in Angkor wurde er im späten 12. Jahrhundert unter König Jayavarman VII. errichtet. Der buddhistische Tempel liegt in der Mitte eines ausgetrockneten Sees, dem Nördlichen Baray.

Der Bau erstreckt sich rund um einen künstlichen Teich, flankiert von vier kleineren, rechteckigen Teichen. In der Mitte liegt eine Insel mit dem Hauptschrein für Bodhisattva Avalokiteshvara. Zwei ineinander verschlungene Schlangen zieren das Fundament – daher der Name. Östlich der Insel steht eine Statue von Balaha, einer Inkarnation von Avalokiteshvara, der sich einer buddhistischen Legende nach in ein

Schon gewusst?

Das Gesicht von Prajnaparamita, die über Ta Prohm blickt, ist dem der Mutter des Königs nachempfunden.

↑ *Die Ruinen von Ta Prohm sind von Baumwurzeln umschlungen*

Pferd verwandelte, um Schiffbrüchige vor einem Ungeheuer zu retten.

Der Teich versinnbildlicht den mystischen See Anavatapta, den Ursprung der vier großen Flüsse der Welt, symbolisiert durch vier Fontänen, durch die Wasser in die vier Außenteiche strömt. Als die Anlage noch ein Kloster war, suchten die Gläubigen hier Rat und badeten dann im heiligen Wasser.

6

Ta Prohm

F7 1 km östl. von Angkor Thom tägl. 5–18

Ta Prohm ist der geheimnisvollste Tempel von Angkor. Der Name bedeutet »Vorfahr von Brahma«. Ursprünglich war der Tempel ein buddhistisches Kloster, erbaut unter Jayavarman VII. Eine steinerne Stele beschreibt die Macht des Klosters, das in seiner Blütezeit 3000 Dörfer und 80 000 Diener umfasste. 18 Hohepriester und über 600 Tempeltänzer gehörten ebenfalls dazu. Der Reichtum des Tempels und seines Gründers Jayavarman VII. wird u. a. mit 40 000 Perlen angegeben.

Die Franzosen begannen hier während der Kolonialzeit mit der Erhaltung von Ruinen. Bis heute will man Ta Prohm so authentisch wie möglich belassen und restauriert daher sehr zurückhaltend, lässt also das Dschungeldickicht wuchern. Riesige Banyanbäume wachsen heute über den Ruinen und lassen sie so wirken, wie sie auch die ersten Entdecker sahen.

Der Tempel thront auf einer Hügelspitze und besteht aus einem Steinkomplex in einer rechteckigen Mauereinfriedung aus Lateritgestein. Die schmalen Wege nach oben, vorbei an gewaltigen Kapokbäumen, führen durch natürliche grüne Gänge – eine Erholung von der tropischen Sonne. Der Haupteingang zeigt zahlreiche Buddha-Bildnisse, die man aus den Ruinen gerettet hat.

Hinter dem Tor kommt man in den beeindruckenden Saal der Tänzer. Der sehenswerte Sandsteinbau ist mit blinden Türen und Reihen von Flachreliefs mit *apsaras* (himmlische Tänzerinnen) verziert. Westlich davon steht das Haupttheiligtum, eine einfache Steinkonstruktion mitten im Dschungel.

7

Prasat Kravan

F7 3 km östl. von Angkor Wat tägl. 5–18

Der aus fünf Ziegeltürmen bestehende, kleinere Tempel der Anlage entstand Anfang des 10. Jahrhunderts auf Geheiß von Harshavarman I. (reg. 915–23) für den Hindu-Gott Vishnu.

Der Tempelname bedeutet »Kardamom-Heiligtum« und ist vor allem wegen des Mauerwerks und der schönen Flachreliefs sehenswert. Diese zeigen Vishnu, seine Begleiterin Lakshmi, sein Adlerreittier Garuda, die Schlange Naga und andere göttliche Diener. Der südlichste Turm zeigt ein schönes Bildnis von Vishnu, der auf Garuda reitet.

↑ *Der Tempelkomplex Banteay Srei und das Detail eines hervorragenden Steinreliefs* (links)

8 Banteay Srei

F6 30 km nordöstl. von Siem Reap tägl. 5–17

Der einsam gelegene Tempelkomplex von Banteay Srei (»Zitadelle der Frauen«) begeistert durch seine detaillierten Reliefs. Die aus rosafarbenem Sandstein erbaute Anlage errichteten hinduistische Priester in der zweiten Hälfte des 10. Jahrhunderts, sie ist also im Gegensatz zu vielen Bauten in Angkor kein Tempel eines Herrschers.

Das rechteckige Hauptheiligtum ist durch eine Mauer und Überreste eines Grabens geschützt. Innen sind reich verzierte Schreine Shiva, dem Hindu-Gott der Zerstörung, geweiht. Über den Eingängen sieht man Szenen aus dem Hindu-Epos *Ramayana*. Ebenso herausragend sind die Statuen der Gottheiten in den Nischen der Türme. Die Götter tragen Lanzen und Lendenschurze. Die Göttinnen sind mit zu Knoten geflochtenen Haaren, indisch anmutenden Kleidern und Schmuck dargestellt.

9 Roluos-Gruppe

F7 12 km südöstl. von Siem Reap tägl. 5–18

Die Tempel sind nach der Stadt Roluos benannt. Sie gelten als älteste in Angkor und markieren den Standort von Hariharalaya, der ersten Khmer-Hauptstadt, die von Indravarman I. (reg. 877–889) gegründet wurde.

Drei Hauptkomplexe stehen noch: Lolei wurde unter Yasovarman I. (reg. 889–910) errichtet und steht auf einem Erdhügel. Die vier zentralen Ziegeltürme weisen erstaunlich gut erhaltene blinde Türen und Inschriften auf.

Südlich von Lolei stößt man auf Preah Ko, den »Heiligen Bullen«. Der unter Indravarman I. errichtete Tempel ist Shiva geweiht und wurde zu Ehren von Jayavarman II., dem Gründer des Khmer-Reichs, sowie der Eltern des Herrschers erbaut. Das Hauptheiligtum besteht aus sechs Türmen auf einem erhöhten Fundament. In der Nähe stehen drei ungewöhnlich gut erhaltene Statuen des heiligen Bullen Nandi. Die Motive auf den Türstürzen, Geheimtüren und Säulen zeigen *kala*, breit grinsende Fabelwesen mit riesigen Augen, *makara*, Seewesen mit rüsselähnlichen Schnauzen, und Garuda, das Reittier des Gottes Vishnu.

Jenseits von Preah Ko kann man den massiven Bau von Bakong kaum übersehen: Der Tempel ist Shiva geweiht und wurde im 9. Jahrhundert unter Indravarman I. errichtet. Man nähert sich ihm über einen von einer siebenköpfigen *naga* geschützten Straße. Im Herzen der Anlage ragt ein Erdhügel auf, ein Symbol des Bergs Meru, des Zentrums der hinduistischen Welt und Sitz der Götter. Der Hügel erhebt sich auf

Hotels

Raffles Grand Hotel d'Angkor
Das Hotel in einem wunderschönen Kolonialgebäude verströmt Klasse und ist eines der besten in Kambodscha. Die Zimmer sind aufwendig ausgestattet, der Service ist exzellent.

F7 1 Vithei Charles de Gaulle raffles.com

$$$

Heritage Suites Hotel
Das moderne, schicke Hotel mit Khmer-inspiriertem Dekor in einem Haus im Kolonialstil liegt sehr ruhig. Die Zimmer haben Holzboden und hohe Decken, der Service ist tadellos.

F7 Slokram heritagesuiteshotel.com

$$

fünf Ebenen. Die ersten drei sind mit Elefanten verziert. Auf dem Gipfel thront der Hauptschrein mit einem vierstufigen Turm. Das Ganze wird von acht Türmen mit Sandsteinreliefs eingerahmt.

10

Siem Reap

F7 250 km nordwestl. von Phnom Penh, Kambodscha 150 000
Khmer Angkor Tour Guide Association; +855 63 964 347
Wasserfestival (Okt/Nov)
tourismcambodia.com

Als Hauptstadt der gleichnamigen Provinz im nordwestlichen Kambodscha dient Siem Reap als Tor für Ausflüge zu den Tempeln. Der kleine, von König Sihamoni selten besuchte Königspalast steht in der Nähe des Raffles Grand Hotel d'Angkor. Südlich der Vishnu-Statue führt die Pokambor Avenue am rechten Ufer des Siem Reap ins Zentrum, zum Psar Chaa, dem alten Markt, auf dem man Souvenirs kaufen kann. Nicht weit von hier bietet das französische Viertel etliche Restaurants mit viel Flair. Wer bummeln möchte, kann am Ufer des Siem Reap an blau bemalten Pfahlbauten und Bambuswasserrädern vorbeischlendern. Das **Angkor National Museum** hat sich der Sammlung, Erhaltung und Präsentation der Artefakte Angkors verschrieben und bietet viele interessante Informationen.

Etwa zehn Kilometer weiter südlich liegt der Fähranleger am Tonle Sap, dem größten See Südostasiens und heute ein Biosphärenreservat.

Die Tempel und das Ticketbüro liegen sechs Kilometer nördlich der Stadt. Auf halbem Weg passiert man Wat Thmei, einen *stupa* mit den Schädeln von Khmer-Opfern.

Angkor National Museum
968 Charles De Gaulle
tägl. 8:30–18 angkornationalmuseum.com

↑ *Lächelndes Steingesicht im Tempel von Angkor Thom*

REISE-INFOS

Frau auf einem Fahrrad

Vietnam

Reiseplanung 240

In Vietnam unterwegs 242

Praktische Hinweise 246

Angkor

Reiseplanung 248

Praktische Hinweise 250

VIETNAM REISEPLANUNG

Mit etwas Planung sind die Vorbereitungen für die Reise schnell zu erledigen. Die folgenden Seiten bieten Ihnen Tipps und Hinweise für alle Eventualitäten.

Auf einen Blick

Währung

Dong (₫, d oder VND) | US Dollar ($)

Ausgaben pro Tag

Sparsam	Preisbewusst	Luxus
500 000–1 000 000 ₫ (20–40 $)	1 000 000–2 300 000 ₫ (40–100 $)	mehr als 2 300 000 ₫ (über 100 $)

Mineralwasser	Kaffee	Bier	Dinner für zwei
0,30 $	2,00 $	1,00 $	15 $

Wichtige Redewendungen

Hallo	Xin chào (Sin chow)
Danke	Cam o'n (Kahm uhn)
Bitte	Làm o'n (Lam uhn)
Auf Wiedersehen	Tạm biệt (Tarm byeet)
Sprechen Sie Englisch?	Bạn nói tiêng Anh duoc không?
Ich verstehe Sie nicht	Tôi không hiêu (Toy kohng hugh)

Strom

Die Stromspannung beträgt etwa 230 Volt Wechselstrom. Die meisten Steckdosen passen für runde französische Stecker – für deutsche Stecker aber nur in Ausnahmefällen.

Einreise

EU-Bürger brauchen einen Reisepass, der sechs Monate über die Gültigkeit des Visums hinaus gültig ist. Für deutsche Staatsangehörige ist die Einreise für einen Aufenthalt bis maximal 15 Tage visumfrei möglich. Alle anderen EU-Bürger sowie deutsche Staatsangehörige, die länger in Vietnam bleiben wollen, brauchen ein Visum, das von den Botschaften Vietnams ausgestellt wird. Man kann sie dort direkt oder über ein Reisebüro beantragen. Das Antragsformular findet man auch im Internet (http://visa.mofa.gov.vn).

Besucher, die über einen Flughafen einreisen, können auch ein elektronisches Visum (e-Visum) bei **Vietnam Visa Center** oder **Vietnam Visa Choice** beantragen. Das e-Visum ist für maximal 30 Tage und für eine einmalige Einreise gültig und kostet 25 US-$. Die Bearbeitungsdauer beträgt ca. drei Tage.

Vietnam Visa Center
W vietnamvisacenter.org
Vietnam Visa Choice
W vietnamvisachoice.com

Sicherheitshinweise

Über die aktuelle Sicherheitslage in Vietnam informieren das **Auswärtige Amt** bzw. die entsprechenden Ämter in Österreich und der Schweiz auf ihren Websites.

Deutschland
W auswaertiges-amt.de
Österreich
W bmeia.gv.at
Schweiz
W eda.admin.ch

Zoll

Bei der Einreise füllt man ein Zollformular aus, die gelbe Kopie erhält man zurück. Besucher aus der EU dürfen zollfrei einführen:

Tabakwaren: 400 Zigaretten oder 100 Zigarren oder 500 Gramm Tabak.

Alkohol: 1,5 Liter über 22 Prozent Alkohol oder zwei Liter unter 22 Prozent Alkohol oder drei Liter andere alkoholische Getränke.

Bargeld: Bargeld über 5000 $ muss deklariert werden.

Versicherungen

Eine Reisekrankenversicherung ist für Südostasien unbedingt anzuraten. Neben der Behandlung bei Erkrankungen und Unfällen sollte sie auch den Rücktransport aus medizinischen Gründen abdecken.

Impfungen

Die WHO empfiehlt für Reisen nach Südostasien eine Reihe von Impfungen, darunter gegen Hepatitis A und B, Tetanus, Röteln, Masern, Diphtherie, Tollwut, Mumps, Typhus und Japanische Encephalitis. Eine Malaria-Prophylaxe hängt von Reisezeit und Region ab. Denguefieber ist mittlerweile ein ernsthaftes Problem. Leider kann man sich dagegen nicht impfen lassen. Bei Einreise aus einem Land mit Gelbfieber ist eine gültige Impfung nicht älter als ein Jahr erforderlich.

Bezahlen

Die vietnamesische Landeswährung ist der *dong*, US-Dollar werden aber überall gern genommen. In Großstädten akzeptieren Airlines, Reisebüros, Hotels und Restaurants sowie viele Läden die gängigen Kredit- und Debitkarten. Bargeld braucht man für kleinere Einkäufe und erhält man an Geldautomaten, die es mittlerweile sogar in kleineren Städten gibt. Geld kann man bei Banken tauschen, dort sind die Kurse auch besser als in privaten Wechselstuben.

Hotels

Die meisten Unterkünfte kann man online buchen. Das sollte man vor allem während der Hauptreisezeit im Juli und August, während Tet Nguyen Dan *(siehe S. 42)* und anderen Festen tun, dann können die Preise bis zu 50 Prozent höher sein. Beim Check-in wird der Pass kopiert, damit das Hotel Ihre Anwesenheit bei der lokalen Polizei melden kann.

Reisende mit besonderen Bedürfnissen

Leider gibt es für behinderte Reisende, vor allem für Rollstuhlfahrer, in Vietnam nur sehr beschränkte Einrichtungen. Aufzüge sind selten, Behindertentoiletten praktisch unbekannt, und die Badezimmertüren sind meist unter 60 Zentimeter breit. Viele gehobene Hotels und Ferienresorts sind für Behinderte adäquat ausgestattet, und Reisebüros organisieren einen Helfer oder Pfleger, sofern notwendig. Weder Züge noch Busse haben spezielle Zugänge oder Vorrichtungen für Rollstuhlfahrer, die beste Option ist es in diesem Fall, eine Auto mit Fahrer zu mieten. Mit etwas Planung und der Hilfe von spezialisierten Agenturen wie **Disabled Travel Advice**, **Accessible Journeys** und **Disability Horizons** kann man auch Vietnam als behinderter Besucher bereisen.

Disabled Travel Advice
W disabledtraveladvice.co.uk
Accessible Journeys
W disabilitytravel.com
Disability Horizons
W disabilityhorizons.com

Sprache

Die offizielle Sprache ist Vietnamesisch, aber in Städten und touristischen Regionen sprechen auch viele Englisch, vor allem jüngere Menschen. Ältere sprechen oftmals auch noch Französisch.

Öffnungszeiten

Feiertage Die meisten Büros und Läden haben geschlossen. Zu Tet Nguyen Dan ist alles zwischen drei bis sieben Tage geschlossen.
Öffnungszeiten Die Geschäftszeiten sind werktags allgemein 7:30–11:30 und 13:30–16:30 Uhr. Banken und Büros haben am Wochenende geschlossen. Läden und Märkte haben gewöhnlich die ganze Woche geöffnet, oftmals auch bis spät in den Abend, dafür legen sie nachmittags eine Pause ein.
Museen Die meisten Museen sind an Feiertagen und an einem Wochentag, meist Montag, geschlossen.

Feiertage

1. Jan	Neujahr
Feb	Tet Nguyen Dan
Mitte Apr	Tag der Hung-Könige
30. Apr	Tag der Befreiung
1. Mai	Tag der Arbeit
2. Sep	Nationalfeiertag

IN VIETNAM UNTERWEGS

Ob Sie einen Städtetrip planen oder einen Aufenthalt im ländlichen Gebiet – hier erfahren Sie, wie Sie Ihre Wunschdestination am besten erreichen und sich im Land bewegen.

Auf einen Blick

Tickets

Typische Transportkosten von Hanoi nach Ho Chi Minh City

Zug	54–125 $	Einfach
Luxusbus	40–50 $	Einfach
Flugzeug	49–150 $	Einfach
Taxi	900 $	Einfach

Tempolimits

Highways und Landstraßen	Stadtgebiet
60 km/h	40 km/h

Anreise mit dem Flugzeug

Hanois Noi Bai und HCMCs Tan Son Nhat sind die beiden Hauptflughäfen für Fernflüge, obwohl sich auch der Flughafen Danang immer mehr zu einem internationalen Airport entwickelt. Inlandsflüge sind relativ günstig, die Hauptanbieter sind **Vietnam Airlines**, **Jetstar** und **VietJet Air**.

Vietnam Airlines
W vietnamairlines.com
Jetstar
W jetstar.com/vn/en/home
VietJet Air
W vietjetair.com

Zug

Nationaler Zugverkehr

Das Eisenbahnnetz von Vietnam Railways erstreckt sich von der chinesischen Grenze im Norden bei Lao Cai und Dong Dang nach Hanoi. Von dort gibt es Nebenlinien nach Halong und Haiphong, die Reunification Line folgt dem Küstenverlauf von Hanoi bis nach Ho Chi Minh City mit Haltepunkten in größeren Städten. Es gibt vier Ticketkategorien: Hard Seat (Holzbank), Soft Seat (gepolsterter Sitz), Hard Sleeper (Abteil mit sechs Schlafliegen) und Soft Sleeper (eigenes Abteil mit vier Betten). Tickets sollte man mindestens zwei Tage im Voraus buchen, an Bahnhöfen, bei Reiseagenturen oder online – entweder direkt bei **Vietnam Railways** oder über **Baolau**. An vielen planmäßigen Zügen hängen Luxusabteile unabhängiger Unternehmen, die man über **Vietnam Impressive** buchen kann.

Vietnam Railways
W dsvn.vn
Baolau
W baolau.com
Vietnam Impressive
W vietnamimpressive.com

Internationaler Zugverkehr

Vietnams einzige internationale Zugverbindungen sind die von Hanoi nach China, täglich nach Nanning (13 Std.) und zweimal in der Wochen via Nanning und Guilin nach Beijing (38 Std.).

Von den Flughäfen in die Stadt

Flughafen	Distanz zur Stadt	Taxipreis	Transportmittel	Fahrzeit
Can Tho (Can Tho)	10 km	220 000 Dong	Bus	25 Min.
Dalat (Lien Khuong)	30 km	430 000 Dong	Bus	45 Min.
Danang (Da Nang)	2 km	60 000 Dong	–	10 Min.
Hai Phong (Cat Bi)	6 km	150 000 Dong	Bus	20 Min.
Hanoi (Noi Bai)	45 km	320 000 Dong	Bus	45 Min.
HCMC (Tan Son Nhat)	6 km	160 000 Dong	Bus	20 Min.
Hue (Phu Bai)	15 km	250 000 Dong	Bus	20 Min.
Nha Trang (Cam Ranh)	30 km	400 000 Dong	Bus	35 Min.
Phu Quoc (Phu Quoc)	10 km	50 000 Dong	Bus	10 Min.
Vinh (Vinh)	7 km	60 000 Dong	–	20 Min.

Entfernungen

Die Karte zeigt die ungefähren Fahrtzeiten mit dem Auto zwischen den Hauptsehenswürdigkeiten in Vietnam.

Hanoi – Sapa	5 Std.
Hanoi – Ho Chi Minh City	32 Std.
Hanoi – Halong City	3,5 Std.
Hanoi – Vinh	6 Std.
Vinh – Hue	7 Std.
Hue – Danang	2 Std.
Danang – Nha Trang	10 Std.
Nha Trang – Buon Ma Thuot	4,5 Std.
Nha Trang – Phan Thiet	4 Std.
Phan Thiet – Ho Chi Minh City	4,5 Std.
Ho Chi Minh City – Can Tho	3,5 Std.
Ho Chi Minh City – Chau Doc	5,5 Std.

Fernbusse

Private Busse

Die meisten Besucher nutzen die Dienste privater Busunternehmen, die die Hauptsehenswürdigkeiten anfahren. Sie sind sehr komfortabel, viele haben auch Schlafkojen. Sogenannte Open-Tour-Tickets mit vielen Haltepunkten sind sinnvoll für längere Strecken wie etwa von Hanoi nach HCMC. Tickets kauft man direkt auf der Website der Busunternehmen wie **Mai Linh Express**, auf Transport-Websites wie Baolau *(siehe S. 242)* oder bei Reiseagenturen wie **The Sinh Tourist**.

Mai Linh Express
W mailinhexpress.vn/en
The Sinh Tourist
W thesinhtourist.vn

Nationaler Busservice und staatliche Busse

Auch die staatlichen Busse werden komfortabler. Sie sind günstiger als private, aber langsamer, da sie an mehr Stellen halten. Besucher nutzen solche Busse normalerweise nur, wenn sie sich jenseits touristischer Routen bewegen.

Minibusse

Private Minibusse bieten oft dieselben Routen an wie staatliche Busse. Obwohl sie normalerweise immer ungemütlich überfüllt sind, lernt man hier doch den vietnamesischen Alltag kennen. Die Fahrpreise sind verhandelbar, fragen Sie einen Einheimischen.

Boote und Fähren

Reguläre Fähren fahren zu Vietnams Inseln wie Phu Quoc (von Ha Tien), Bai Tu Long (von Cai Rong), Cat Ba (von Haiphong) und Con Dao (langsames Boot von Vung Tau, Speedboot von Soc Trang). Alle kann man einfach über Baolau *(siehe S. 242)* buchen. Fähren können wegen schlechter Wetterbedingungen ausfallen.

Im Mekong-Delta werden einige Fernstrecken angeboten – mit langsamen Booten oder schnellen Tragflächenbooten. **Greenlines** fährt von HCMC über Can Gio nach Vung Tau und von dort nach My Tho und Ben Tre, **Lan Anh Cruise** mit Schnellbooten von HCMC über Can Tho nach Chau Doc und von da flussaufwärts nach Phnom Penh in Kambodscha. In Ho Chi Minh City gibt es den **Saigon Waterbus**, der sich vor allem zu Stoßzeiten als sehr nützlich erweist.

Greenlines
W greenlines-dp.com
Lan Anh Cruise
W lananhcruise.com
Saigon Waterbus
W saigonwaterbus.vn

Öffentliche Verkehrsmittel

Der öffentliche Personenverkehr beschränkt sich in den Städten auf Busse, Taxis, Motorradtaxis und den Wasserbus. Staus während der Rushhour sind in den größeren Städten ein riesiges Problem. Wenn Sie nur wenig Gepäck haben, kommen Sie schneller zu Fuß oder mit einem Motorradtaxi voran. Am einfachsten ist man in Städten mit dem Fahrrad unterwegs, das man für ein paar Dollar am Tag mieten kann.

Busse und Minibusse

Die Stadtbusse in Vietnam sind zwar billig, aber zumeist heillos überfüllt, auch wenn sich das schön langsam ändert – in den meisten Großstädten fahren mittlerweile moderne Busse mit Klimaanlage. Minibusse kann man bei den meisten Hotels oder Reiseagenturen zu einem erschwinglichen Preis buchen – ideal für Ausflüge und Fahrten in die Umgebung.

Taxis

In allen Städten findet man Taxis mit Taxameter. **Mai Linh** ist ein landesweites Taxiunternehmen, das auch Motorradtaxis und einen Busservice in andere Städte anbietet. Die dominierende App in Vietnam für Autos und Motorräder ist **Grab**, obwohl die Preise seit der Übernahme von Uber ziemlich gestiegen sind. Es gibt auch etliche lokale Apps wie TaxiGo, Vivu, T.net, Xelo oder Vato, deren Dienste günstiger sind.

Mai Linh
W mailinh.vn
Grab
W grab.com/vn/en

Organisierte Touren

In Hanoi und Ho Chi Minh City gibt es unzählige Unternehmen, die organisierte Touren im Programm haben, etwa **Queen Travel** in Hanoi und **Kim Tran Travel** in HCMC. Für den Besuch von Bergvölkern sollte man sich an eine Agentur wenden, die von Einheimischen geführt wird, etwa **Sapa O'Chau**, die auch eine Zweigstelle in Hanoi haben.

Queen Travel
W queentravel.vn
Kim Tran Travel
W thekimtourist.com
Sapa O'Chau
W sapaochau.org

Metro

Sowohl in Hanoi als auch in Ho Chi Minh City werden Metros gebaut, sie sollen, wenn es zu keinen weiteren Verzögerungen kommt, zwischen 2020 und 2021 eröffnen. Vor Ort erhalten Sie aktuelle Informationen.

Autofahren

Führerschein

Um in Vietnam ein Auto fahren zu dürfen, braucht man einen vietnamesischen Führerschein. Man kann zwar seinen Heimat- oder internationalen Führerschein umschreiben lassen, doch das dauert lange und ist mit hohem bürokratischen Aufwand verbunden.

Mietwagen mit Fahrer

Da das Selbstfahren für die allermeisten Besucher keine Option ist, mietet man ein Auto, einen Jeep oder einen Minibus zusammen mit einem Fahrer mit vietnamesischem Führerschein. Buchen kann man direkt bei Mietwagenfirmen oder über eine Reiseagentur. Reist man in einer Gruppe, kann das durchaus preisgünstig sein. Klären Sie bei längeren Fahrten vorab, wer für die Unterkunft und Verpflegung des Fahrers sowie für Benzin, Zölle, Parkgebühren und Reparaturkosten aufkommt.

Motorräder

Um in Vietnam legal ein Motorrad mit mehr als 50 Kubikzentimetern zu fahren, braucht man einen vietnamesischen Führerschein. Für einen Roller oder ein Moped (unter 50 ccm) braucht man keinen Führerschein. Falls Sie sich trotz des chaotischen Verkehrs in Vietnam dazu entschließen, selbst zu fahren, stellen Sie sicher, dass Ihre Versicherung alles abdeckt, und fahren Sie nur mit Helm.

Sicherheit im Straßenverkehr

Wenn Sie selbst ein Motorrad fahren, machen Sie sich die ersten paar Tage mit dem oftmals erratischen Verkehr in Vietnam vertraut. Achten Sie auch immer auf Tiere auf der Straße.

Für den »normalen« Besucher ist schon das Überqueren von Straßen eine Herausforderung. Es gibt nur wenige Ampeln und Zebrastreifen – und die meisten anderen Verkehrsteilnehmer beachten sie nur bedingt. Am besten wartet man die vorbeifahrenden Autos ab und bewegt sich dann vorsichtig, aber konstant mit gleichmäßigem Tempo durch den Verkehrsstrom der Autos, Motor- und Fahrräder. Vermeiden Sie es unbedingt, abrupt stehen zu bleiben oder zu zögern – das führt leicht zu einem Unfall, da die Zweiradfahrer Ihr Verhalten nicht einschätzen können.

Fahrradfahren

Das unverfälschte Vietnam kann man wunderbar vom Fahrradsattel aus erleben. Die Route zwischen Hanoi und Ho Chi Minh City ist das Mekka vieler Fahrradenthusiasten. Da der Highway 1 zunehmend unter Staus und Überflutungen leidet, nehmen viele den Highway 14. Zwar fehlt hier die Meeresbrise der Küstenroute, aber die Strecke ist sehr malerisch. Durch das Mekong-Delta fährt man auf ebenen Strecken. Die Landschaft hier ist wunderschön, vor allem während der Reisernte (Feb/März, Aug/Sep, Dez/Jan). Im zentralen Hochland sind immer mehr Mountainbiker unterwegs. Die Straßenbedingungen im südlichen Teil sind wechselhaft. Flüsse an der Strecke laden zum Rasten ein. **Veloasia** organisiert eine Reihe maßgeschneiderter Touren durch einsame Regionen Vietnams. Ein ebenso ausgezeichneter Anbieter ist **SpiceRoads** mit Hauptsitz in Bangkok. Touren rund um Dalat und durch das südliche zentrale Hochland bietet **Phat Tire Ventures** an. Im Winter sollte man wegen gefährlicher Straßenbedingungen das nördliche Hochland meiden.

Wer auf eigene Faust radeln möchte, sollte seine eigene Ausrüstung mitbringen, denn Leihräder sind oft nicht im besten Zustand.

Veloasia
W veloasia.com
SpiceRoads
W spiceroads.com
Phat Tire Ventures
W ptv-vietnam.com

Andere Verkehrsmittel

Im Folgenden einige weitere Verkehrsmittel, mit denen man in Städten und ländlichen Gegenden von A nach B kommt:

Motorradtaxis
Die *xe on* genannten Motorradtaxis sind die günstigste Variante für kürzere Strecken, auch wenn sie nicht so sicher sind wie Autotaxis. Einige Sie sich vorab auf einen Preis. Er beginnt bei 15 000 bis 20 000 Dong für eine Strecke von bis zu 1,5 Kilometern.

Easy Rider
Für längere Fahrten abseits ausgetretener Pfade kann man ein Motorrad mit englisch sprechendem Fahrer mieten, der sich oft auch als Führer erweist und in ländlichen Gegenden auch Unterkünfte und Essen organisiert. Die Preise starten bei 60 bis 80 $ pro Tag. Vergewissern Sie sich, dass Unterkünfte und Essen im Preis mit eingeschlossen sind, und informieren Sie sich vorab, wer für Benzin und Reparaturen aufkommt.

Cyclo
Diese dreirädrigen Fahrradrikschas findet man vor allem in touristischen Gebieten der Großstädte. Sie sind ideal für kürzere Distanzen. Einigen Sie sich vorab auf einen Preis, der für eine kurze Strecke zwischen 12 000 und 25 000 Dong liegen sollte. Achtung: Rikschafahrer stehen in dem Ruf, Ausländer einen zu hohen Preis zu berechnen.

PRAKTISCHE HINWEISE VIETNAM

Ein paar wenige Kenntnisse der lokalen Gegebenheiten genügen – hier finden Sie die wichtigsten Hinweise und Tipps für Ihren Vietnam-Aufenthalt.

Auf einen Blick

Notrufnummern

Polizei	Ambulanz	Feuerwehr	Sperr-Notruf
113	115	114	+49 116 116

Zeit

Vietnam ist der Mitteleuropäischen Zeit (MEZ) sechs Stunden voraus, in der Sommerzeit sind es fünf Stunden.

Leitungswasser

Leitungswasser kann man in Vietnam nur trinken, wenn man es vorher abkocht.

Trinkgelder

Trinkgeld war im kommunistischen Vietnam lange unbekannt, deshalb wird es geschätzt, aber nicht erwartet – vor allem außerhalb der touristischen Gebiete. Ein paar Tausend Dong sind in den meisten Fällen ausreichend als Anerkennung für hervorragenden Service, mehr sollten persönliche Führer oder Fahrer bekommen.

Persönliche Sicherheit

Obwohl das Reisen in Vietnam generell recht sicher ist, sollte man ein paar Vorsichtsmaßnahmen beachten. Kleinkriminalität wie Handtaschenraub oder Taschendiebstahl passiert vor allem in den Großstädten. Hier sollte man keine größeren Bargeldmengen oder wertvollen Schmuck bei sich tragen. Am besten verwahren Sie Bargeld und eine Kopie Ihres Reisepasses in einem versteckten Bauchgürtel, den Rest der Wertsachen im Hotelsafe. Achten Sie auf motorisierte Diebe.

Beim Verlust von Pass oder wenn Sie anderweitig in größeren Schwierigkeiten sind, wenden Sie sich an die Botschaft Ihres Heimatlandes.

Botschaft Deutschland
C3 29 Tran Phu, Distrikt Ba Dinh, Hanoi +84 24 3267 3335
hanoi.diplo.de

Botschaft Österreich
C4 Prime Center, 53 Quang Trung, 8. Stock, Distrikt Hai Ba Trung, Hanoi
+84 24 3943 3050
aussenministerium.at/hanoi

Botschaft Schweiz
C3 Hanoi Central Office Building, 44B Ly Thuong Kiet, 15. Stock, Hanoi
+84 24 3934 6589
eda.admin.ch/hanoi

Minen

Minen, Bomben und Granaten, die nicht explodiert sind, bilden in Regionen wie der Demilitarisierten Zone *(siehe S. 160)* bis heute eine Gefahr. In Urlaubszentren ist diese Bedrohung jedoch absolut gebannt. Wer abseits des Weges einen verdächtigen Gegenstand findet, sollte ihn auf keinen Fall anfassen, vorsichtig weggehen und die Behörden darüber informieren.

Gesundheit

Die meisten modernen medizinischen Einrichtungen mit halbwegs westlichem Standard findet man in Ho Chi Minh City und Hanoi. Ärzte und Krankenhäuser erwarten sofortige Bezahlung in bar.

Die meisten Apotheken in den Großstädten haben ein großes Medikamentenangebot. Achten Sie jedoch auf das Verfallsdatum. Spezielle Medikamente, die Sie ständig einnehmen müssen, sollten Sie von zu Hause mitbringen. Moskitos, die Krankheiten übertragen können, sind vor allem in der Dämmerung aktiv. Benutzen Sie Antimückenmittel, schlafen Sie unter einem Moskitonetz. In Zimmern mit Klimaanlage oder Ventilator sind Moskitos in der Regel nicht aktiv.

Trinken Sie nur Wasser aus Flaschen oder abgekochtes Wasser, Tee und Kaffee. Essen Sie in Lokalen keinen Salat, da dieser wahrscheinlich mit Leitungswasser gewaschen wurde. Da in Vietnam auch Vogelgrippe auftritt, vermeiden Sie den Kontakt mit lebenden Tieren.

Rauchen, Alkohol und Drogen

Offiziell ist das Rauchen in den meisten öffentlichen Innenräumen verboten.

Die Alkoholgrenzen im Straßenverkehr liegen für Fahrrad- und Motorradfahrer bei 0,5 Promille, für Autofahrer bei null Promille.

Der Besitz von illegalen Drogen (selbst kleinste Mengen) führt oft zu hohen Freiheitsstrafen, sogar die Todesstrafe droht.

Ausweis

Es ist zwar gesetzlich vorgeschrieben, dass man sich immer ausweisen können muss. Eine Kopie von Pass und Visum wird aber auch akzeptiert.

Etikette

Obwohl Vietnam ein recht liberales Land ist, sollte man einige lokale Gepflogenheiten achten: Frauen sollten sich in ländlichen Gegenden konservativ kleiden. Berühren Sie einen Vietnamesen nie am Kopf. Achten Sie darauf, dass Ihre Füße beim Sitzen nie auf Menschen oder religiöse Ikonen gerichtet sind.

Politische Demonstrationen oder Militärgerät zu fotografieren, kann Ärger einbringen, ebenso Kritik an der Regierung.

Tempelbesuch

Seien Sie respektvoll und kleiden Sie sich zurückhaltend. Shorts und ärmellose T-Shirts sind nicht angemessen. Ziehen Sie vor Betreten eines Tempels die Schuhe aus.

LGBT-Sicherheit

Homosexualität ist in Vietnam legal und wird immer mehr akzeptiert. In kleineren Städten und auf dem Land geht es traditioneller zu, hier können offene Liebesbekundungen negative Resonanz zeitigen. Mehr Informationen finden Sie unter www.utopia-asia.com.

Mobiltelefone und WLAN

Mit dem Kauf einer vietnamesischen SIM-Karte, *chip* oder *simkaa* genannt, kann man Geld sparen. Viettel ist der größte der vier Mobilfunkanbieter und hat die beste Abdeckung. Alle Mobilfunkanbieter verkaufen SIM-Karten (100 000 – 500 000 Dong). Nehmen Sie zum Kauf Ihren Pass mit. WLAN gibt es in fast allen Unterkünften, in vielen Cafés, Restaurants und Shoppingmalls.

Post

Postämter öffnen meist sieben Tage die Woche. Die schnellste und verlässlichste Art, Briefe zu verschicken, ist via Express Mail Service, der 200 000 Dong kostet und zwei bis vier Tage nach Europa braucht. In größeren Städten gibt es DHL, Federal Express und UPS.

Mehrwertsteuer

Reisende können bei Ausreise an einem der internationalen Flughäfen für größere Anschaffungen (ab 2 000 000 Dong; 100 $) 85 Prozent der zehnprozentigen Mehrwertsteuer zurückhalten. In lizenzierten Läden bekommt man unter Vorlage seines Passes ein Mehrwertsteuerrückerstattungsformular. Damit wendet man sich vor dem Einchecken an den entsprechenden Schalter.

Websites und Apps

National Administration of Tourism
Vietnams offizielle Tourismus-Website: www.vietnamtourism.com

Happy Cow
Nützliche Website, um vegetarische Lokale zu finden, auch als App: www.happycow.net

Homestay
Wählen Sie aus 250 Homestays in Vietnam: www.homestay.com

Zalo°
Die populärste Nachrichten-App Vietnams.

ANGKOR REISEPLANUNG

Mit etwas Planung sind die Vorbereitungen für die Reise schnell zu erledigen. Die folgenden Seiten bieten Ihnen Tipps und Hinweise für Anreise und Aufenthalt in Angkor.

Auf einen Blick

Währung

Riel (KHR)

US-Dollar ($)

Ausgaben pro Tag

Sparsam	Preisbewusst	Luxus
30 $	60 $	100 $

Mineralwasser	Kaffee	Bier	Dinner für zwei
0,50 $	1 $	1,50 $	20 $

Wichtige Redewendungen

Hallo	Joom reapsooa
Auf Wiedersehen	Joom reapleah
Bitte	Soom
Danke	Awkoon
Sprechen Sie Englisch?	Taw neak niyiay Phiasaa Awngkles
Ich verstehe Sie nicht	Khnyom min yul tee

Strom

Das Stromnetz von Kambodscha liefert 230 Volt Spannung. US-Stecker mit flachen und französische mit runden Kontakten gibt es am meisten.

Einreise

In Kambodscha benötigt man für die Einreise ein Visum. In der Regel ist das ein Touristenvisum (für 30 US-Dollar). Wer auf den Flughäfen von Siem Reap und Phnom Penh ankommt oder über Land einreist, erhält an der Passkontrolle automatisch ein Visum für einen Monat. Man kann es aber auch im Voraus über e-visa besorgen. Wer sich erst bei Ankunft ein Visum ausstellen lässt, benötigt ein Passbild. Ohne dieses wird eine zusätzliche, wenn auch niedrige Gebühr fällig.

e-visa
W evisa.gov.kh

Sicherheitshinweise

Über die aktuelle Sicherheitslage in Kambodscha informieren das **Auswärtige Amt** bzw. die entsprechenden Ämter in Österreich und der Schweiz auf ihren Websites.

Deutschland
W auswaertiges-amt.de
Österreich
W bmeia.gv.at
Schweiz
W eda.admin.ch

Zoll

Die Zollbestimmungen in Kambodscha sind im Vergleich zu den Nachbarländern relativ locker, nur für die Ausfuhr von Antiquitäten gelten strikte Regeln (siehe www.customs.gov.kh). Besucher dürfen zollfrei einführen:
Tabakwaren: 400 Zigaretten oder 100 Zigarren oder 400 Gramm Tabak.
Alkohol: Zwei Liter Wein oder eine Flasche Schnaps.
Bargeld: Bargeld über 10 000 $ muss deklariert werden.

Impfungen

Es ist äußerst ratsam, sich gegen einige der weitverbreiteten Krankheiten impfen zu lassen, dazu gehören Hepatitis A und B, Typhus, Polio und Wundstarrkrampf. Eine Gelbfieber-Impfung muss man nur vorweisen, wenn man in Kambodscha direkt aus einem Gelbfieber-Gebiet einreist.

In Kambodscha gibt es zwar auch Malaria, kommt aber in Phnom Penh und Siem Reap nicht vor.

Bezahlen

Kambodschas Währung ist der Riel (KHR), doch der US-Dollar ist so etwas wie die De-facto-Währung, die man am häufigsten benötigt. Riel wird zumeist für Wechselgeld und kleinere Beträge verwendet. Dollar sollte man sich vor Reiseantritt besorgen, Riel bekommt man vor Ort bei Banken, in Wechselstuben oder an Geldautomaten, die weitverbreitet sind.

Größere Hotels, Airlines, teure Restaurants und gehobene Läden akzeptieren die gängigen Kreditkarten.

Hotels

Man kann fast alle Unterkünfte in Siem Reap und anderen großen Städten online buchen – entweder direkt auf der Website des Hotels oder über eine Hotelbuchungs-Website.

Die kühleren, trockeneren Monate von November bis März sind die Hauptreisezeit in Kambodscha. Dann ziehen auch die Preise für Unterkünfte an, deshalb empfiehlt es sich, vorab zu buchen. Während der Regenzeit von April bis Oktober gibt es oft gute Angebote, vor allem in Siem Reap.

Luxushotels weisen in ihren Zimmerangeboten oftmals nicht die zehnprozentige Steuer aus, der Betrag wird dann zur endgültigen Rechnung hinzugefügt.

Reisende mit besonderen Bedürfnissen

Auf behinderte Reisende ist Kambodscha nicht allzu gut vorbereitet. Die Wege sind holprig, die Straßen schlecht, die Bordsteinkanten hoch. Aber Kambodscha ist eben, und die großen Sehenswürdigkeiten sind auch mit einem Rollstuhl leicht zugänglich. Weniger erschlossene Gebiete stellen jedoch eine Herausforderung dar. Die Hotels besitzen meist weder Fahrstühle noch Behindertentoiletten. Agenturen wie **About Asia** und **Accessible Holidays** haben spezielle Angebote.

About Asia
W aboutasiatravel.com
Accessible Holidays
W disabledholidays.com

Anreise

Die zwei Hauptflughäfen Kambodschas für internationale Flüge sind Phnom Penh International Airport und Siem Reap-Angkor International Airport. Von hier gehen regelmäßig Flüge nach Bangkok, Kuala Lumpur und Singapur mit weltweiten Anschlussflügen.

Zwischen Phnom Penh und Ho Chi Minh City sowie zwischen Siem Reap und Bangkok in Thailand gibt es exzellente Fernbusverbindungen in modernen Fahrzeugen mit Klimaanlage.

Anreise mit dem Flugzeug

Vietnam Airlines und Cambodia Angkor Air fliegen von Ho Chi Minh City bis zu sechsmal täglich zum Siem Reap-Angkor International Airport, von Hanoi etwa viermal und einmal von Danang. Es gibt auch mehrmals die Woche Flüge von der Insel Phu Quoc nach Siem Reap. Regionale Billigflieger wie AirAsia landen ebenso in Siem Reap und machen eine Reise durch Südostasien so sehr einfach.

Der Flughafen Siem Reap-Angkor International liegt sechs Kilometer vom Stadtzentrum entfernt. Ein Taxi ins Zentrum kostet etwa 10 $ und benötigt etwa 20 Minuten. Alternativ kann man auch ein Tuk-Tuk nehmen. Tuk-Tuks auf dem Flughafengelände kosten genauso viel wie ein Taxi, wenn man das Gelände verlässt, wird es günstiger.

Anreise über Land

Ein Bus fährt regelmäßig von Phnom Ngo Lao in Ho Chi Minh City in die kambodschanische Hauptstadt Phnom Penh (Fahrtzeit ca. 6 Std.). Dort muss man dann in einen anderen Bus Richtung Siem Reap umsteigen (Fahrtzeit ca. 6 Std.). Die ganze Fahrtzeit von Ho Chi Ming City nach Siem Reap kann zwischen zwölf und 20 Stunden dauern, je nach Länge des Aufenthalts in Phnom Penh.

Mindestens zwölf Grenzübergänge führen von Thailand, Vietnam und Laos nach Kambodscha. Frequentierte Grenzübergänge sind von Veun Kham in Laos nach Dom Kralor und von Moc Bai in Vietnam nach Bavet. Da von dort normalerweise keine Zug- oder Busverbindungen bestehen, muss man auf lokale Anbieter zurückgreifen.

Tickets für Fernbusse kann man vorab online bei Baolau *(siehe S. 242)* buchen.

PRAKTISCHE HINWEISE ANGKOR

Ein paar wenige Kenntnisse der lokalen Gegebenheiten genügen – hier finden Sie die wichtigsten Hinweise und Tipps für Ihren Kambodscha-Aufenthalt.

Auf einen Blick

Notrufnummern

Polizei	Ambulanz	Feuerwehr	Sperr-Notruf
117	**119**	**118**	**+49 116 116**

Zeit

Kambodscha ist der Mitteleuropäischen Zeit (MEZ) sechs Stunden voraus, in der Sommerzeit sind es fünf Stunden.

Leitungswasser

Leitungswasser kann man in Kambodscha nur trinken, wenn man es vorher abkocht.

Trinkgelder

Bedienung	5–10 %
Gepäckträger im Hotel	1 $
Führer	10 %
Taxifahrer	wird nicht erwartet

Persönliche Sicherheit

Kambodscha ist ein relativ sicheres Reiseland. Die Hauptgefahr ist Taschendiebstahl, vor allem in Phnom Penh und auf belebten Märkten. Achten Sie auf Ihre Besitztümer, vor allem wenn Sie mit einem Tuk-Tuk oder eine Motorrad fahren. Gehen Sie bei einem Diebstahl sofort zur englischsprachigen Touristenpolizei, wenn Sie ihn bei Ihrer Versicherung melden wollen.

Seien Sie bei Bitten um Spenden für Waisenhäuser vorsichtig. Hierbei kann es sich auch um Abzocke handeln.

Etliche Gebiete, vor allem im Nordosten, sind noch voller Blindgänger. Seien Sie äußerst achtsam, engagieren Sie ortskundige Führer und verlassen Sie niemals die markierten Wege.

Beim Verlust von Pass oder Personalausweis oder wenn Sie anderweitig in größeren Schwierigkeiten sind, wenden Sie sich an die Botschaft Ihres Heimatlandes.

Botschaft Deutschland
76–78, Rue Yougoslavie (Street 214), Phnom Penh +855 23 216 193
phnom-penh.diplo.de

Honorarkonsulat Österreich
Legacy Business Center 11F No. 29, Mao Tse Toung Boulevard, Phnom Penh
+855 23 999 001

Konsulat Schweiz
50, Street 334, Phnom Penh
+855 23 218 305

Gesundheit

Das Gesundheitswesen ist in Kambodscha nicht gut ausgebaut, auch wenn es in Phnom Penh einige sehr teure Privatkliniken gibt, darunter auch das **SOS Medical Center** (www.international-sos.com). Bei kleineren Beschwerden helfen auch Apotheken weiter.

Leichte Magenprobleme, hervorgerufen durch ungewohntes Essen, das Klima und fehlende Hygiene, treten häufig auf. Am besten ruht man sich dann aus und trinkt viel sauberes Wasser. Falls nach ein paar Tagen keine Besserung eintritt, sollte man eine Apotheke oder ein Krankenhaus aufsuchen.

Moskitos sind in Kambodscha eine Plage, vor allem gegen Ende des Monsuns. Schützen Sie sich entsprechend.

SOS Medical Center

W international-sos.com

Rauchen, Alkohol und Drogen

Offiziell ist Rauchen an öffentlichen Plätzen wie Bars und Restaurants verboten, das wird aber oft ignoriert. Alkohol gibt es fast überall, das Trinken desselben ist gesellschaftlich akzeptiert. Selbst gebrannten Schnaps sollte man lieber nicht probieren.

Drogenhändler sehen in Ausländern oft potenzielle Kunden, vor allem in Phnom Penh sollte es Sie nicht wundern, wenn Ihnen mitten auf der Straße Drogen angeboten werden. Wer beim Drogenhandel gefasst wird, den erwarten hohe Strafen. Auch Ausländer werden dafür ohne Zögern hart belangt.

Ausweis

Touristen sind zwar gesetzlich nicht verpflichtet, einen Ausweis mit sich zu führen, trotzdem ist es ratsam, immer eine Kopie seines Ausweises dabeizuhaben, besonders wenn man außerhalb der Städte unterwegs ist.

Etikette

Die traditionelle Begrüßung ist der *sompeyar*, eine leichte Verbeugung mit zusammengepressten Händen, aber auch das Händeschütteln wird immer gebräuchlicher. Trotz der offensichtlichen lockeren Atmosphäre in den touristischen Gebieten ist Kambodscha ein konservatives Land. Mit angemessener Kleidung – bedeckte Schultern und Knie für Männer und Frauen – machen Sie einen guten ersten Eindruck. Lautes oder aggressives Benehmen wird als unangemessen angesehen.

LGBT-Sicherheit

Kambodscha ist verglichen mit anderen Ländern in der Region Homosexuellen gegenüber relativ freundlich, es gibt keine gesetzlichen Beschränkungen und in städtischen Gebieten eine soziale Akzeptanz. In Phnom Penh und Sihanoukville gibt es eine lebendige Szene, über das ganze Land verteilt etliche Hotels und Bars (siehe www.cambodia-gay.com). Das öffentliche Zeigen von Zuneigung wird generell nicht als angemessen angesehen. Auf dem Land geht es traditioneller zu, zu offener Feindseligkeit kommt es jedoch auch dort nicht.

Tempelbesuch

Kambodschanische Tempel stehen auch Nicht-Buddhisten offen, man sollte sich jedoch respektvoll benehmen. Schultern und Beine sollten bedeckt sein, die Schuhe zieht man vor Betreten eines Tempels aus. Mönche dürfen Frauen nicht berühren, also bitte keinen Handschlag oder »vertrauliche« Fotos.

Mobiltelefone und WLAN

WLAN ist in größeren Städten fast allgegenwärtig, beinahe jedes Hotel, Restaurant und Café bietet eine kostenlose Verbindung. Die Übertragungsgeschwindigkeiten sind zwar nicht allzu schnell, aber ausreichend.

Internationale GSM-Mobiltelefone haben in Kambodscha einen gute Abdeckung – erkundigen Sie sich vorab bei Ihrem Provider. Lokale Prepaid-SIM-Karten kann man in jedem Telefonladen unter Vorweis seines Passes kaufen und aufladen.

Post

Die Post funktioniert in Kambodscha leidlich zuverlässig. Die Postämter sind von 7 bis 19 Uhr geöffnet und sonntags geschlossen. Postkarten und Briefe benötigen bis zu zwei Wochen in Länder außerhalb Asiens, sind jedoch günstig. Für den Versand von Wertsachen findet man in Siem Reap und Phnom Penh Kurierdienste wie DHL und UPS.

Websites und App

tourismcambodia.org
Offizielle Tourismus-Website der Regierung mit vielen Informationen zu Sehenswürdigkeiten und Events.

phnompenhpost.com
Dank der Website von Kambodschas größter englischsprachige Zeitung bleibt man informiert, was im Land und in der Welt passiert.

Audio Khmer
Kostenlose App, die für einfache Kommunikation auf Englisch und Khmer sorgt.

REGISTER

Seitenzahlen in **fetter** Schrift verweisen auf Haupteinträge

A

Alexandre-Yersin-Museum (Nha Trang) **117**
Alkohol
  Angkor 250
  Vietnam 247
Altstadt (Hanoi) 188f
Angkor
  Architektur **232f**
  Hotels 237
  Karte 218f
Angkor Thom **224–231**
  Karte 225
Angkor Wat 93, **216–237**
  Architektur **232f**
  Hotels 237
  Karte 218f
Anreise
  Angkor 249
  Vietnam 242f
Ap Bac 40
  Architektur **26f**
  Angkor Wat **232f**
  Ho Chi Minh City 11
  Hoi An **134**
Apps
  Angkor 251
  Vietnam 247
Apsara-Tanzvorführungen **227**
Ausgaben pro Tag
  Angkor 248
  Vietnam 240
Ausweis
  Angkor 251
  Vietnam 247
Autofahren 245
  Mietwagen 245
  Tempolimits 242

B

Ba Be, Nationalpark **214**
Ba Ho (Fluss) **118**
Ba Na **157**
Bac Ha **213**
Bac Lieu **105**
Bach Ma, Nationalpark **158**
Bach-Ma-Tempel (Hanoi) **172**, 189
Bai Tu Long
  Bucht 34, **206f**
  Nationalpark 25, 197
Banteay Srei (Angkor Wat) 233, **236**
Bao Dais Sommerpalast (Dalat) **121**
Bao-Quoc-Pagode (Hue) **147**
Baphuon (Angkor Thom) **224f**
Bars
  Hanoi 175
  Ho Chi Minh City 67
  Hue 148
Bayon (Angkor Thom) **228–231**
Ben Tre 35, **101**
Ben-Thanh-Markt (HCMC) **70**
Bezahlen
  Angkor 249
  Vietnam 241
Bibliothek (Zitadelle von Hue) **144**
Binh Chau, Heiße Quellen von **80**
Binh-Tay-Markt (HCMC) **75**
Binh-Thuy-Gemeindehaus (Can Tho) **97**
Bitexco Financial Tower (HCMC) **66f**
Bo-Bla-Wasserfälle **123**
Boote und Bootstouren 11, 244
  Bootsbauer des Mekong-Deltas **103**
  Bucht von Halong 202
  Ho Chi Minh City 66
  Parfümfluss **152f**
  Parfümpagode 205
  Vinh Long **110f**
Botanischer Garten (Hanoi) 182
Botschaften
  Angkor 250
  Vietnam 246
Botschafter-Pagode (Hanoi) **176**
Bucht von Halong 10, 33, **200–203**
  Karte 201
Buddhismus
  Bodhisattva des universellen Mitgefühls **229**
  siehe auch Pagoden; Tempel
Buon Ma Thuot 40, **123**
Bus
  Angkor 249
  Vietnam 244

C

Can Gio, Naturpark **81**
Can Tho 91, **96f**
  Hotels 97
  Karte 97
Can-Tho-Museum **96**
Cao Bang **214**
Cao-Dai-Tempel **62f**
Cao-Dai-Tempel (Danang) 154f
Cao Lanh **104**
Cat Ba, Insel **207**
Cat Tien, Nationalpark 25, **81**
Cau Da **118**
Champa-Reich 26
  Cham-Türme Po Nagar (Nha Trang) **117**
  Kunst und Skulpturen der Cham **141**
  Museum der Cham-Skulpturen (Danang) 154
  My Son **138–141**
Chau Doc 92, **106f**
China Beach **157**
Cholon (HCMC) **84f**
Chua Ba Da (Hanoi) 175
Co-Loa-Zitadelle (Hanoi) **186**
Con Dao, Nationalpark **99**
Con-Dao-Inseln 13, 34, **98f**
  Karte 99
  Restaurants 99
Con Son, Insel **98**
Continental Hotel (HCMC) **64f**, 83
Cot Co (Zitadelle von Hue) **142f**
Cu-Chi-Tunnel 41, **76**
Cua Dai Beach (Hoi An) 32, **137**
Cuc Phuong, Nationalpark 25, 195, **205**

D

Dai Lanh 119
Dalat **120–123**
  Bahnhof **121**
  Karte 121
  Kathedrale **120**
  Seilbahn **122f**
Dambri-Wasserfälle **123**
Danang **154f**
  Restaurants 155
Dan Nam Giao (Hue) **149**
Dao Titop (Bucht von Halong) **202**
Dao Tuan Chau (Bucht von Halong) **202**
Datanla-Wasserfälle **123**
Demilitarisierte Zone (DMZ) 41, **160**
Den Ngoc Son (Hanoi) 174, 175
Dien Bien Phu 196, **211**
Dien-Tho-Palast (Zitadelle von Hue) **144**
Dieu-De-Pagode (Hue) **147**
DMZ *siehe* Demilitarisierte Zone
Doc Let 119
Dom Tam Cung (Bucht von Halong) **202**
Dong-Ba-Markt (Hue) **146**
Dong Hoi **161**
Dong Khanh, Grabmal (Hue) **150**
Dong Khoi (HCMC) 82f
Dong Van Karst Plateau Geopark 35, **214**
Dong-Xuan-Markt (Hanoi) **172**, 188
Drogen
  Angkor 251
  Vietnam 247
Duong Lam **186f**

E

Ein-Säulen-Pagode (Hanoi) **182**
Ein-Säulen-Pagode von Thu Duc (HCMC) **76**

Einreise
Angkor 248
Vietnam 240
Elefantenterrasse (Angkor Thom) **227**
Erkundungstouren
2 Wochen von Hanoi nach Ho Chi Minh City **20–23**
Hanoi **168f**
Ho Chi Minh City **58f**
Mekong-Delta und Südvietnam **90–93**
Nordvietnam **194–197**
Essen und trinken **30f**
Streetfood 10, 30
siehe auch Restaurants und Cafés
Etikette
Angkor 251
Vietnam 247

F

Fähren 244
Fahrradfahren 39, 245
Feiertage 241
Festivals und Events **42f**
Film **72**
Flora und Fauna
Mekong-Delta und Südvietnam **94f**
Nordvietnam **198f**
Flughäfen
Verbindungen von und zu 243
Flugreisen
Angkor 249
Vietnam 242
Französische Kolonialarchitektur 27
Führerschein 245
Fünf-Phönix-Wachturm (Zitadelle von Hue) **143**

G

Gefängnisse
Gefängnis Son La 211
Hoa-Lo-Gefängnismuseum (Hanoi) **176**
Geologie
Dong Van Karst Plateau Geopark 35, **214**
Entstehung von Karstlandschaften **201**
Geschichte **44–51**
Angkor Wat 224
Gesundheit
Angkor 250f
Impfungen in Angkor 248f
Impfungen in Vietnam 241
Krankenversicherung 241
Vietnam 246f
Gia Long, Grabmal (Hue) **151**
Giac-Vien-Pagode (HCMC) **78**
Gong-Vien-Van-Hoa-Park (HCMC) 68
Gouverneurspalast (Hanoi) 177
Grabmäler der Kaiser (Hue) **150f**
Karte 151
Grotten *siehe* Höhlen

H

Ha Tien 92, **107**
Hac Cuu 107
Hai-Ba-Trung-Tempel **178**
Hainan-Chinesische Versammlungshalle (Hoi An) **136**
Haiphong **209**
Halong City **206**
Hang Buom (Hanoi) 189
Hang Dau Go (Bucht von Halong) **200f**
Hang Ma (Hanoi) 188
Hang Mam (Hanoi) 189
Hang Nga (Nga's Crazy House, Dalat) **120**
Hang Sung Sot (Bucht von Halong) **202**
Hang Thien Cung (Bucht von Halong) **201**
Hang Trong (Bucht von Halong) **202**
Hanoi 18, **164–189**
Bars 175
Erkundungstour **168f**
Karte 166f
Restaurants und Cafés 175
Shopping 176
Spaziergang 188f
Hauptpostamt (HCMC) **68**, 82
Haus von Phung Hung (Hoi An) **132**
Haus von Quan Thang (Hoi An) **134**
Haus von Tan Ky (Hoi An) **134**
Heiße Quellen
Binh Chau **80**
Thap Ba **118**
Hien-Lam-Pavillon (Zitadelle von Hue) **145**
Hinduismus
My Son **138–141**
siehe auch Tempel
Historische Gebäude
Bahnhof von Dalat **121**
Binh-Thuy-Gemeindehaus (Can Tho) **97**
Continental Hotel (HCMC) **64f**
Hainan-Chinesische Versammlungshalle (Hoi An) **136**
Hang Nga (Nga's Crazy House, Dalat) **120**
Hauptpostamt (HCMC) **68**
Haus von Phung Hung (Hoi An) **132**
Haus von Quan Thang (Hoi An) **134**
Haus von Tan Ky (Hoi An) **134**
Ho Chi Minhs Wohnhaus (Hanoi) **182**
Kantonesische (Quang Dong) Versammlungshalle (Hoi An) **133**
Oper (Hanoi) **177**
Palast der Wiedervereinigung (HCMC) **68f**
Rex Hotel (HCMC) **67**
Röhrenhäuser 27
Sitz des Volkskomitees (HCMC) **65**
Sofitel Legend Metropole Hotel (Hanoi) **177**
Stadttheater (HCMC) **64**
Thanh Choung Viet Palace **187**
Tran-Familienkapelle (Hoi An) **135**
Versammlungshalle Phuc Kien (Hoi An) **136**
siehe auch Kirchen und Kathedralen; Pagoden; Paläste; Tempel; Zitadellen
Hmong **215**
Ho Chi Minh **181**
Geburtsort 163
Ho-Chi-Minh-Mausoleum (Hanoi) **180f**
Ho-Chi-Minh-Museum (Hanoi) **180**
Ho Chi Minhs Wohnhaus (Hanoi) **182**
Ho Chi Minh City 16, **54–85**, 91
Architektur 11
Bars 67
Bootstouren 66
Erkundungstour **58f**
Karte 56f
Restaurants 67, 69, 73
Spaziergänge 82–85
Ho-Chi-Minh-City-Museum **66**
Ho-Chi-Minh-Pfad 40, **163**
Ho Coc Beach **80**
Ho-Quyen-Arena (Hue) **149**
Ho Tay (Hanoi) **184f**
Hoa Binh **210**
Hoa-Lo-Gefängnismuseum (Hanoi) **176**
Hoan-Kiem-See (Hanoi) **174f**
Höhlen
Dom Tam Cung (Bucht von Halong) **202**
Hang Dau Go (Bucht von Halong) **200f**
Hang Sung Sot (Bucht von Halong) **202**
Hang Thien Cung (Bucht von Halong) **201**
Hang Trong (Bucht von Halong) **202**
Phong Nha-Ke Bang, Nationalpark **163**
Son Doong **163**

Hoi An 11, 32, **132–137**
- Hotels 133
- Karte 133
- Restaurants 135
- Shopping 136

Hon Chong **118**
Hon Lao 119
Hon Mieu 119
Hon Mot 119
Hon Mun 119
Hon Ong 119
Hon Tam 119
Hon Tre 119
Hotels
- Angkor 249
- Angkor Wat 237
- Can Tho 97
- Hoi An 133
- Hue 147
- Mekong-Delta und Südvietnam 108
- Nordvietnam 212
- Südliches Zentralvietnam 124
- Vietnam 241
- Zentralvietnam 156

Hue 13, **146–151**
- Bars 148
- Grabmäler der Kaiser **150f**
- Hotels 147
- Karte 147
- Restaurants 148
- Zitadelle **142–145**

Hung-Könige, Tempel der **187**
Hung Mieu (Zitadelle von Hue) **144f**

I

Impfungen
- Angkor 248f
- Vietnam 241

J

Jadekaiser-Pagode **60f**
Das Jahr in Vietnam **42f**
Japanische Brücke (Hoi An) **132**

K

Kaffee 31
Kajak 39
Kantonesische (Quang Dong) Versammlungshalle (Hoi An) **133**
Karst **201**
- Dong Van Karst Plateau Geopark 35, **214**

Karten
- Angkor Thom 225
- Angkor Wat 218f
- Bucht von Halong 201
- Can Tho 97
- Cholon (HCMC) 84f
- Con-Dao-Inseln 99
- Dalat 121
- Dong Khoi (HCMC) 82f
- Hanoi 166f
- Ho Chi Minh City 56f
- Hoi An 133
- Hue 147
- Hue: Grabmäler der Kaiser 151
- Hue: Zitadelle 143
- Mekong-Delta und Südvietnam 88f
- My Son 138
- Nha Trang 117, 118
- Nordvietnam 192f
- Parfümfluss 152f
- Phu Quoc 109
- Siem Reap 237
- Südliches Zentralvietnam 114f
- Vietnam 14f
- Vinh Long 110f
- Zentralvietnam 130f

Kathedrale Notre Dame (HCMC) **67**, 82
Kathedrale St. Joseph (Hanoi) **175**
Kathedralen *siehe* Kirchen und Kathedralen
Khai Dinh, Grabmal (Hue) **150**
Khe Sanh Combat Base **160**
Kim-Lien-Pagode (Hanoi) **184**
Kim Lien **163**
Kirchen und Kathedralen
- Kathedrale von Dalat **120**
- Kathedrale von Nha Trang **116**
- Kathedrale Notre Dame (HCMC) **67**, 82
- Kathedrale St. Joseph (Hanoi) **175**
- My-Tho-Kirche 100
- Phat-Diem-Kathedrale 208

Kitesurfen 38
Klöster
- Ta Prohm (Angkor Wat) **235**
- Thien Vien Truc Lam **122f**

Kokosnuss-Mönch **101**
Kontum **126**
Krankenhäuser
- Angkor 250f
- Vietnam 246f

Kultstätte (Phönix-Insel) 101
Kunst
- Kunst und Skulpturen der Cham **141**
- *siehe auch* Museen und Sammlungen

Kunsthandwerksladen Hoi An **137**

L

Lak-See **123**
Lam-Dong-Museum (Dalat) **121**
Lang Co Beach **159**
Lang Ga (Chicken Village, Dalat) **122**
Lat-Dorf (Dalat) **122**
Le-Van-Duyet-Tempel (HCMC) **71**
Lenin-Park (Hanoi) 184
Leitungswasser
- Angkor 250
- Vietnam 246

LGBT
- Angkor 251
- Vietnam 247

Lien-Phai-Pagode (Hanoi) **179**
Linh-Phuos-Pagode (Dalat) **122**
Long-Son-Pagode (Nha Trang) **116**
Long Hai **79**
Lotte Observation Deck (Hanoi) **183**
Lower Dong Khoi (HCMC) 83

M

Mai-Chau-Tal 35, 195, **210**
Mandarin-Säle (Zitadelle von Hue) **143**
Mariamman-Hindu-Tempel (HCMC) **69**
Märkte 13, 36
- Ben-Thanh-Markt (HCMC) **70**
- Binh-Tay-Markt (HCMC) **75**
- Cai-Be-Markt (Vinh Long) 103
- Dong-Ba-Markt (Hue) **146**
- Dong-Xuan-Markt (Hanoi) **172**, 188
- Nachtmarkt (Hanoi) 188
- Quang-Ba-Blumenmarkt (Hanoi) **179**
- Schwimmende Märkte (Can Tho) **96f**
- Zentralmarkt (Dalat) **122**
- Zentralmarkt (Hoi An) **136f**

Marmorberge **156**
Medizinische Versorgung *siehe* Gesundheit
Mekong-Delta und Südvietnam 17, **86–111**
- Bootsbauer **103**
- Erkundungstour **90–93**
- Essen und trinken 31
- Flora und Fauna **94f**
- Häuser im Mekong-Delta **104**
- Hotels 108
- Karte 88f
- Restaurants und Cafés 102, 108

Memorial House Museum (Hanoi) 189
Metro 244
Metropolitan Building (HCMC) 82
Mietwagen 245
Minen 246
Minh Mang, Grabmal (Hue) **151**

Minibusse 244
Mobiltelefone
Angkor 251
Vietnam 247
Moc Chau 196, **210**
Moscheen
Zentralmoschee Saigon (HCMC) **64**
Motorräder 39, 245
Motorradtaxis 245
Mui Ne Beach **124f**
Munirangsyaram-Tempel (Can Tho) **96**
Museen und Sammlungen
Alexandre-Yersin-Museum (Nha Trang) **117**
Angkor National Museum (Siem Reap) 237
Bach Dinh (Vung Tau) 79
Can-Tho-Museum **96**
Dien-Bien-Phu-Museum 211
Dong-Thap-Museum (Cao Lanh) 104
Ethnografisches Museum Dak Lak (Buon Ma Thuot) 123
Ethnologisches Museum (Hanoi) **186**
Haiphong-Museum 209
Ho-Chi-Minh-City-Museum **66**
Ho-Chi-Minh-Museum (Hanoi) **180**
Hoa-Binh-Museum 210
Hoa-Lo-Gefängnismuseum (Hanoi) **176**
Khmer-Museum (Soc Trang) 105
Khmer-Museum (Tra Vinh) 102
Kien-Giang-Museum (Rach Gia) 106
Lam-Dong-Museum (Dalat) **121**
Memorial House Museum (Hanoi) 189
Museen zum Vietnamkrieg 41
Museum der Cham-Skulpturen (Danang) 154
Museum für die Frauen Südvietnams (HCMC) **72f**
Museum der Geschichte Vietnams (HCMC) **71**
Museum der Kaiserlichen Antiquitäten (Hue) **146**
Museum des Keramikhandels (Hoi An) **135**
Museum für Kriegsrelikte (HCMC) **73**
Museum der Sa-Huynh-Kultur (Hoi An) **134**
Museum der Schönen Künste (HCMC) **70**
Nationalmuseum für Vietnamesische Geschichte (Hanoi) **178f**
Oceanographic Institute (Cau Da) 118
Seminarmuseum (Kontum) 126
Tarot-Museum (Can Tho) **97**
Vietnamesisches Frauenmuseum (Hanoi) **176**
Vietnamesisches Museum der Schönen Künste (Hanoi) **180**
Museum für die Frauen Südvietnams (HCMC) **72f**
Museum der Kaiserlichen Antiquitäten (Hue) **146**
Museum für Kriegsrelikte (HCMC) **73**
Museum der Schönen Künste (HCMC) **70**
Musik **28f**
My Lai, Massaker von (1968) 41, **127**
My Son 12, **138–141**
Karte 138
My Tho **100**

N

Nachtmarkt (Hanoi) 188
Nationalmuseum für Vietnamesische Geschichte (Hanoi) **178f**
Nationalparks
Ba Be **214**
Bach Ma **158**
Bai Tu Long 25, 197
Cat Ba 207
Cat Tien 25, **81**
Con Dao **99**
Cuc Phuong 25, 195, **205**
Phong Nha-Ke Bang 25, **163**
Yok Don 25, **126**
Naturreservate und -parks
Can Gio **81**
Pu Luong 35
Van Long 208
Naturwunder **24f**
Neun Dynastische Urnen (Zitadelle von Hue) **145**
Neun-Heilige-Kanonen (Zitadelle von Hue) **143**
Nghia-An-Hoi-Quan-Pagode (HCMC) **74**
Ngo-Mon-Tor (Zitadelle von Hue) **142**
Nha Trang 12, 32, **116–119**
Karten 117, 118
Kathedrale **116**
Strände **119**
Ninh Binh 195, **208**
Nord-Khleang (Angkor Thom) **227**
Nordvietnam 19, **190–215**
Erkundungstour **194–197**
Essen und trinken 30
Flora und Fauna **198f**
Hotels 212
Karte 192f
Restaurants und Cafés 206
Notrufnummern
Angkor 250
Vietnam 246
Nui Ba Den **78**

O

Öffentlicher Nahverkehr 242, 244
Öffnungszeiten 241
Ong-Pagode (Can Tho) **96**, 97
Oper (Hanoi) **177**
Organisierte Touren 244
Outdoor-Aktivitäten **38f**

P

Pagoden 26
Bao Quoc (Hue) **147**
Botschafterpagode (Hanoi) **176**
Chua Ba Da (Hanoi) 175
Dieu De (Hue) **147**
Ein-Säulen-Pagode (Hanoi) **182**
Ein-Säulen-Pagode von Thu Duc (HCMC) **76**
Giac Vien (HCMC) **78**
Jadekaiser-Pagode **60f**
Kim Lien (Hanoi) **184**
Lien Phai (Hanoi) **179**
Linh Phuos (Dalat) **122**
Long Son (Nha Trang) **116**
Nghia An Hoi Quan (HCMC) **74**
Ong (Can Tho) **96**, 97
Parfümpagode 195, **204f**
Pho Da (Danang) 155
Phung Son (HCMC) **76**
Quan Am (HCMC) **75**
Quan Cong (Hoi An) **136**
Thay **186**
Thien Hau (HCMC) **74f**
Thien Mu (Hue) **148f**
Thien Vuong (Dalat) **121**
Tran Quoc (Hanoi) 184f
Tu Dam (Hue) **148**
Tu Hieu (Hue) **148**
Vien Minh (Ben Tre) 101
Vinh Nghiem (HCMC) **72**
Vinh Trang (My Tho) 100
Xa Loi (HCMC) **73**
siehe auch Tempel
Palast der Wiedervereinigung (HCMC) **68f**
Paläste
Bao Dais Sommerpalast (Dalat) **121**
Dien-Tho-Palast (Zitadelle von Hue) **144**
Palast der Wiedervereinigung (HCMC) **68f**
Phimeanakas (Angkor Thom) **226**
Thai-Hoa-Palast (Zitadelle von Hue) **143**

Parfümfluss
Bootstour **152f**
Parfümpagode 195, **204f**
Parks und Gärten
Gong-Vien-Van-Hoa-Park (HCMC) 68
Le-Van-Tam-Park (HCMC) 60
Lenin-Park (Hanoi) 184
Persönliche Sicherheit
Angkor 250
Vietnam 246
Pfahlhäuser
Ho Chi Minhs Wohnhaus (Hanoi) **182**
Mai-Chau-Tal 35
Mekong-Delta **104**
Phan Rang-Thap Cham **125**
Phan Thiet **124**
Phimeanakas (Angkor Thom) **226**
Phnom Bakheng (Angkor Wat) **234**
Pho-Da-Pagode (Danang) 155
Phong Nha-Ke Bang, Nationalpark 25, **163**
Phönix-Insel **101**
Phu Quoc, Insel 33, 92, **108f**
Karte 109
Phung-Son-Pagode (HCMC) **76**
Pilgerstätten
Yen-Tu-Pilgerstätten **208f**
Po Nagar, Cham-Türme (Nha Trang) **117**
Post
Angkor 251
Vietnam 247
Prasat Kravan (Angkor Wat) **235**
Prasat Neak Pean (Angkor Wat) **234f**
Preah Khan (Angkor Wat) **234**
Preah Palilay (Angkor Thom) **226**
Pu Luong, Naturreservat 35
Puppen 12, 29, **173**
Wasserpuppen-Theater Thang Long (Hanoi) **172**

Q

Quan-Am-Pagode (HCMC) **75**
Quan Chuong (Hanoi) 188
Quan-Cong-Pagode (Hoi An) **136**
Quan-Thanh-Tempel (Hanoi) 184
Quang-Ba-Blumenmarkt (Hanoi) **179**
Quang Ngai **127**
Quoc-Hoc-Schule (Hue) 181
Quy Nhon **126f**

R

Rach Gia **106**
Rauchen
Angkor 251
Vietnam 247
Reise-Infos
Angkor **248–251**
Vietnam **242–247**
Reisende mit besonderen Bedürfnissen
Angkor 249
Vietnam 241
Restaurants und Cafés
Con-Dao-Inseln 99
Danang 155
Hanoi 175
Ho Chi Minh City 67, 69, 73
Hoi An 135
Hue 148
Mekong-Delta und Südvietnam 102, 108
Nordvietnam 206
Südliches Zentralvietnam 117
siehe auch Essen und trinken
Rex Hotel (HCMC) **67**, 83
Rollstuhlfahrer
Angkor 249
Vietnam 241
Roluos-Gruppe **236**

S

Sa Huynh **127**
Saigon *siehe* Ho Chi Minh City
Sam-Berge 107
Sapa 196, **212f**
Schildkröten 98
Schnorcheln 39
Schwimmen 39
Schwimmende Märkte (Can Tho) **96f**
Shopping **36f**
Hanoi 176
Hoi An 136
Sicherheit
Angkor 250
LGBT in Angkor 251
LGBT in Vietnam 247
Outdoor-Aktivitäten 39
Reisehinweise für Angkor 248
Reisehinweise für Vietnam 240
Vietnam 246
Siem Reap 93, **237**
Karte 237
Sitz des Volkskomitees (HCMC) **65**, 82
Soc Trang 91, **104f**
Sofitel Legend Metropole Hotel (Hanoi) **177**
Son-Doong-Höhle **163**
Son La **210f**
Son Tra (Affenberg) **156**
Spaziergänge
Altstadt (Hanoi) 188f
Cholon (HCMC) 84f
Dong Khoi (HCMC) 82f
Sprache
Sprachführer 258–262
Vietnam 241
Stadtstrand (Nha Trang) **116f**
Stadttheater (HCMC) **64**, 83
Straßenverkehr 245
Strände **32f**
Bucht von Halong 33
China Beach **157**
Cua Dai Beach (Hoi An) 32, **137**
Ho Coc Beach **80**
Lang Co Beach **159**
Mui Ne Beach **124f**
Nha Trang 12, 32, **119**
Phu Quoc 33
Stadtstrand (Nha Trang) **116f**
Thuan An Beach **159**
Strom
Angkor 248
Vietnam 240
Suoi Voi **158f**
Surfen 38
Süd-Khleang (Angkor Thom) **227**
Südliches Zentralvietnam 17, **112–127**
Hotels 124
Karte 114f
Restaurants 117
Südtor (Angkor Thom) **224**
Südvietnam *siehe* Mekong-Delta und Südvietnam

T

Ta-Cu-Berg **124**
Ta Prohm (Angkor Wat) **235**
Tarot-Museum (Can Tho) **97**
Tauchen 32, 39
Taxis 244
Motorradtaxis 245
Telefonieren
Angkor 251
Vietnam 247
Tempel 26
Angkor Wat **216–237**
Ba Chua Xu (Chau Doc) 107
Bach Ma (Hanoi) **172**, 189
Banteay Srei (Angkor Wat) 233, **236**
Bayon (Angkor Thom) **228–231**
Cao Dai **62f**
Cao Dai (Danang) 154f
Dan Nam Giao (Hue) **149**
Hai Ba Trung **178**
Le Van Duyet (HCMC) **71**
Mariamman-Hindu-Tempel (HCMC) **69**
Munirangsyaram (Can Tho) **96**
My Son 12, **138–141**
Phat Thay Tay An (Chau Doc) 107
Phimeanakas (Angkor Thom) **226**
Phnom Bakheng (Angkor Wat) **234**

Po Klong Garai (Phan Rang-Thap Cham) 125
Po Re Me (Phan Rang-Thap Cham) 125
Prasat Kravan (Angkor Wat) **235**
Prasat Neak Pean (Angkor Wat) **234f**
Preah Khan (Angkor Wat) **234**
Quan Thanh (Hanoi) 184
Roluos-Gruppe **236**
Tempel der Hung-Könige **187**
Tempel der Literatur (Hanoi) **170f**
Tempelbesuch in Angkor 251
Tempelbesuch in Vietnam 247
Van Thanh Mieu 103
siehe auch Pagoden
Tempolimits 242
Tep Pranam (Angkor Thom) **226**
Terrasse des Lepra-Königs (Angkor Thom) **226f**
Thai-Hoa-Palast (Zitadelle von Hue) **143**
Thang Long, Gründung von **174**
Thang Long, Wasserpuppen-Theater (Hanoi) **172**
Thanh-Toan-Brücke 146
Thanh Choung Viet Palace **187**
Thanh Nam, Nguyen (Kokosnuss-Mönch) **101**
Thap Ba, Heiße Quellen von **118**
Thay-Pagode **186**
The Mieu (Zitadelle von Hue) **145**
Theater (Zitadelle von Hue) **144**
Theater **28f**
Stadttheater (HCMC) **64**
Wasserpuppen-Theater 12, 29, **173**
Wasserpuppen-Theater Thang Long (Hanoi) **172**
Thien-Hau-Pagode (HCMC) **74f**
Thien-Mu-Pagode (Hue) **148f**
Thien-Vuong-Pagode (Dalat) **121**
Thien Vien Truc Lam **122f**
Thieu Tri, Grabmal (Hue) **151**
Thong-Nhat-Park (Hanoi) 184
Thuan An Beach **159**
Tiere 10
Endangered Primate Rescue Center (Nationalpark Cuc Phuong) 205
Meeresschildkröten 98
Mekong-Delta und Südvietnam **94f**
Nordvietnam **198f**
Vogelbeobachtung 38
siehe auch Nationalparks; Naturreservate und Parks
Touren
Organisierte Touren 244f
siehe auch Bootsfahrten
Tran-Familienkapelle (Hoi An) **135**
Tran-Quoc-Pagode (Hanoi) 184f
Trekking 38
Trinkgelder
Angkor 250
Vietnam 246
Trung-Schwestern **178**
Tu-Dam-Pagode (Hue) **148**
Tu Duc, Grabmal (Hue) **150**
Tu-Hieu-Pagode (Hue) **148**
Tunnel 41, **77**
Cu Chi 41, **76**
Vinh Moc **161**

U

Unterhaltung *siehe* Festivals und Events; Theater
Unterkunft
Buchung in Angkor 249
Buchung in Vietnam 241
siehe auch Hotels
Uong Bi 197

V

Verbotene Purpurstadt (Zitadelle von Hue) **144**
Versammlungshalle Phuc Kien (Hoi An) **136**
Versicherung 241
Versteckte Ecken Vietnams **34f**
Vietnamesisches Frauenmuseum (Hanoi) **176**
Vietnamesisches Museum der Schönen Künste (Hanoi) **180**
Vietnamkrieg **40f**, 49
China Beach 157
Demilitarisierte Zone (DMZ) 41, **160**
Ho-Chi-Minh-Pfad **163**
Ho Chi Minh 181
Khe Sanh Combat Base **160**
Kriegerdenkmal (Cao Lanh) 104
Marmorberge 156
Massaker von My Lai (1968) 41, **127**
Museen 41
Museum für Kriegsrelikte (HCMC) **73**
Tunnel **76**, **77**, **161**
Vincom Shopping Center (HCMC) 83
Vinh Long 91, **103**
Bootstour **110f**
Vinh-Moc-Tunnel **161**
Vinh-Nghiem-Pagode (HCMC) **72**
Visum
Angkor 248
Vietnam 240
Vögel *siehe* Tiere
Vung Tau **78f**

W

Währung
Angkor 248
Vietnam 240
Wasserfälle
Bo-Bla-Wasserfälle **123**
Dambri-Wasserfälle **123**
Datanla-Wasserfälle **123**
Wasserpuppen-Theater 12, 29, **173**
Thang Long (Hanoi) **172**
Water Park, Dam Sen (HCMC) 78
Websites
Angkor 251
Vietnam 247
Wichtige Redewendungen
Angkor 248
Vietnam 240
Windsurfen 38
WLAN
Angkor 251
Vietnam 247

X

Xa-Loi-Pagode (HCMC) **73**
Xuan-Huong-See (Dalat) **120**

Y

Yen-Tu-Pilgerstätten **208f**
Yersin, Alexandre
Alexandre-Yersin-Museum (Nha Trang) **117**
Yok Don, Nationalpark 25, **126**

Z

Zeit
Angkor 250
Vietnam 246
Zentralmarkt (Dalat) **122**
Zentralmarkt (Hoi An) **136f**
Zentralmoschee Saigon (HCMC) **64**
Zentralvietnam 18, **128–163**
Essen und trinken 31
Hotels 156
Karte 130f
Zitadellen
Co-Loa-Zitadelle (Hanoi) **186**
Zitadelle von Hanoi (Hanoi) **183**
Zitadelle von Hue 27, **142–145**
Zitadelle von Hanoi **183**
Zitadelle von Hue **142–145**
Karte 143
Zoll
Angkor 248
Vietnam 240
Züge 242

SPRACHFÜHRER

Vietnamesisch gehört zu den Mon-Khmer-Sprachen innerhalb der austroasiatischen Sprachfamilie. Neben dem Standard-Vietnamesisch im Großraum Hanoi gibt es zahlreiche andere Dialekte, vor allem in Zentral- und Südvietnam. Sie weichen in ihrer Phonetik (u. a. haben sie weniger Tonlagen als das Standard-Vietnamesisch) und dem Wortschatz ab, nicht jedoch in der Grammatik. Jahrhundertelang war Chinesisch *(chu han)* die offizielle Beamten- und Bildungssprache, da es kein geschriebenes Vietnamesisch gab. Später entstand eine Schriftform namens *chu nom* für die Landessprache. Im 17. Jahrhundert entwickelten katholische Missionare aus Europa eine einfache vietnamesische Transkription mit lateinischen Buchstaben. Mit den ersten Franzosen wurde *quoc ngu* eingeführt. Trotz anfänglicher Widerstände gegen die neue Schriftsprache, die als Instrument kolonialer Herrschaft galt, verbreitete sie sich dank ihrer Erlernbarkeit rasch und überzeugte auch die Kritiker.

Die sechs Tonfälle

Vietnamesisch ist eine komplexe tonale Sprache, d. h., Wörter werden in unterschiedlichen Tonlagen ausgesprochen. Das im Alltag gesprochene Vietnamesisch weist sechs Tonfälle auf, die durch verschiedene Zeichen, meist über dem Vokal, unterschieden werden. Der Tonfall kann die Bedeutung eines Worts entscheidend verändern, z. B. hat das Wort *ma* je nach Tonlage sechs verschiedene Bedeutungen. In der folgenden Übersicht markieren Akzente die Tonlage einer jeden Silbe:

Ma (Geist)	Mittlerer, gleichmäßiger Ton
Mà (aber)	Fallender, gleichmäßiger Ton
Mã (Pferd)	Aufsteigender, unterbrochener Ton mit Knacklaut
Mả (Grab)	Aufsteigend-absteigender Ton
Má (Wange)	Aufsteigender Ton
Mạ (Reissetzling)	Schroff fallender Ton, starker Knacklaut

Familienbezeichnungen

Begriffe zur Bezeichnung von Familienzugehörigkeit, die »Verwandtschaftswörter«, werden bei der persönlichen Anrede verwendet. Die Wortwahl hängt vom Geschlecht, Alter, gesellschaftlichen Status und dem Grad der Verwandtschaft sowie der Vertrautheit ab. Die häufigsten Begriffe sind:

Anh (älterer Bruder) als Anrede für einen jungen Mann.
Chị (ältere Schwester), weibliche Entsprechung von **anh**.
Em (jüngere Geschwister) als Anrede eines jüngeren Gegenübers.
Ông (Großvater) als Anrede eines älteren Herrn; formal und voller Respekt, dem englischen »Sir« vergleichbar.
Bà (Großmutter) bei Anrede einer älteren Frau, sehr respektvoll und formal.
Cô ähnlich wie »Madam« im Englischen.

Ausspracheregeln

Die meisten Konsonanten werden ähnlich wie im Deutschen ausgesprochen – mit folgenden Ausnahmen:

c	wie **k**
ch	am Silbenanfang wie in **tj**a
d	im Süden wie **j**, im Norden stimmhaftes **s** wie in **S**ahne
đ	**d** wie in **D**orf
gi	im Süden wie **j**, im Norden stimmhaftes **s** wie in **S**ahne
kh	wie **ch** in Da**ch**
ng, ngh	wie **ng** mit geschlossenen Lippen
nh	**nj** wie in Ke**ni**a
th	stark aspiriertes **t**
tr	stimmloses **tsch**
x	scharfes, stimmloses **s**

Vokale werden in etwa so ausgesprochen:

a	wie in fr**a**gen
â, ă	wie in h**a**tte, Tendenz zum **o**
e	wie in j**ä**h
ê	wie in L**e**ben
i	wie in T**i**nte
o	wie in v**o**r
ô	ähnlich dem engl. **a** in b**a**ll
ơ	ähnlich dem engl. **o** in w**o**rst
u	wie in K**u**ss
ư	zwischen **u** und **ü**
y	wie in T**i**nte

Grundbegriffe

Hallo!	**Xin chào!**
Auf Wiedersehen!	**Tạm biệt!**
Ja/nein	**Vâng/không**
Ich verstehe	**Tôi hiểu**

Ich verstehe nicht	**Tôi không hiểu**
Ich weiß es nicht	**Tôi không biết**
Danke	**Cám ơn!**
Sprechen Sie Englisch?	**Anh/chị có biết tiếng Anh không?**
Ich spreche nicht Vietnamesisch	**Tôi không biết tiếng Việt**
Entschuldigung!	**Xin lỗi!**
Keineswegs	**Không dám**
Kommen Sie bitte rein!	**Mời anh/chị vào!**
Notfall	**Cấp cứu**
Polizei	**Công an**
Krankenwagen	**Xe cấp cứu**
Feuerwehr	**Cứu hỏa**

Nützliche Redewendungen

Ich heiße …	**Tên tôi là …**
Wie heißen Sie?	**Tên anh/chị là gì?**
Guten Tag/ angenehm	**Rất hân hạnh được gặp anh/chị**
Wie geht es Ihnen?	**Anh/chị có khỏe không?**
Welchen Beruf haben Sie?	**Anh/chị làm nghề gì?**
Wie alt sind Sie?	**Anh/chị bao nhiêu tuổi?**
Aus welchem Land kommen Sie?	**Anh/chị là người nước nào?**
Was ist das?	**Dây là cái gì?**
Gibt es … hier?	**Ở dây có … không?**
Wo ist …?	**… ở đâu?**
Wie teuer ist das?	**Cái này giá bao nhiêu?**
Wie viel Uhr ist es?	**Bây giờ là mấy giờ?**
Glückwunsch	**Chúc mừng**
Wo sind die Toiletten?	**Phòng vệ sinh ở dâu?**

Nützliche Wörter

ich	**tôi**
Mann	**đàn ông**
Frau	**đàn bà**
Familie	**gia đình**
Eltern	**bố mẹ/cha mẹ/ ba má**
Vater	**bố/cha/ba**
Mutter	**mẹ/má/mạ**
jüngerer Bruder	**em trai**
älterer Bruder	**anh trai**
jüngere Schwester	**em gái**
ältere Schwester	**chị**
groß/klein	**to/nhỏ**
hoch/niedrig	**cao/thấp**
heiß/kalt	**nóng/lạnh**
gut/schlecht	**tốt/xấu**
jung/alt	**trẻ/già**
alt/neu	**cũ/mới**
teuer/preiswert	**đắt/rẻ**
hier	**đây**
dort	**kia**
Was?	**gì?**
Wer?	**ai?**
Wo?	**(ở) đâu?**
Warum?	**(tại) sao?**
Wie? Wie ist das?	**thế nào?**

Geld

Ich möchte 100 US-$ in vietnamesisches Geld umtauschen.	**Tôi muốn đổi 100 đô la Mỹ ra tiền Việt.**
Wechselkurs	**tỷ giá hối đoái**
Ich möchte gern diese Reiseschecks einlösen.	**Tôi muốn đổi séc du lịch này ra tiền mặt.**
Bank	**ngân hàng**
Geld/Bargeld	**tiền/tiền mặt**
Kreditkarte	**thẻ tín dụng**
Dollar	**đô la**
Vietnamesischer Dong	**đồng (Việt Nam)**

Postamt und Banken

Ich möchte gern ein Telefonat führen.	**Tôi muốn gọi điện thoại.**
Ich möchte gern ein internationales Telefonat führen.	**Tôi muốn gọi điện thoại quốc tế.**
Mobiltelefon	**máy điện thoại di động**
Telefonauskunft	**chỉ dẫn điện thoại**
öffentliche Telefonzelle	**trạm điện thoại công cộng**
Vorwahl	**mã (vùng)**
Postamt	**bưu điện**
Briefmarke	**tem**
Brief	**thư**
Einschreiben	**thư bảo đảm**
Adresse	**địa chỉ**
Straße	**phố**
Stadt	**thành phố**
Dorf	**làng**

Shopping

Wo kann ich … kaufen?	**Tôi có thể mua … ở đâu?**
Wie viel kostet das?	**Cái này giá bao nhiêu?**

Darf ich das anprobieren?	Tôi mặc thử có được không?
Wie viel?	Bao nhiêu?
Wie viele?	Mấy?
teuer/preiswert	đắt/rẻ
handeln	mặc cả
Größe	số, cỡ
Farbe	màu
blau	xanh da trời
braun	nâu
gelb	vàng
grau	xám
grün	xanh lá cây
rot	đỏ
schwarz	đen
weiß	trắng
Apotheke	hiệu thuốc
Buchhandlung	hiệu sách
Holzstatue	bức tượng gỗ
Kaufhaus	cửa hàng bách hóa
Lackgemälde	tranh sơn mài
Markt	chợ
Seidenmalerei	tranh lụa
Seidenschal	khăn lụa
Souvenirladen	cửa hàng lưu niệm
Souvenirs	đồ lưu niệm
Supermarkt	siêu thị
Tablett	khay
Tischtuch	khăn trải bàn
Vase	lọ hoa

Sightseeing

Reisebüro	công ty du lịch
Wo ist der internationale Ticketschalter?	Phòng bán vé máy bay quốc tế ở đâu?
Vietnam Airlines	Hãng hàng không Việt Nam
Berg	núi
Bucht	vịnh
Ethnische Volksgruppe	dân tộc ít người
Festival	lễ hội
Fluss	sông
Höhle, Grotte	hang
Insel	hòn đảo
Landschaft	nông thôn
Museum	bảo tàng
Pagode	chùa
See	hồ
Strand	bãi
Tempel	đền
Wald, Dschungel	rừng

Unterwegs

Auto	xe ô tô
Autovermietung	thuê xe ô tô
Bahnhof	nhà ga
Busbahnhof	bến xe búyt
Cyclo	xích lô
Einfaches Ticket	vé một lượt
Fahrkarte	vé
Fahrrad	xe đạp
Flughafen	sân bay
Flugticket	vé máy bay
Flugzeug	máy bay
Hin- und Rückfahrticket	vé khứ hồi
Motorrad	xe máy
Taxi	tắc xi
Zug	xe lửa
Wie lange dauert es bis nach …?	Đi … mất bao lâu?
Kennen Sie den Weg nach …?	Anh/chị có biết đường … không?
Ist das weit?	Có xa không?
geradeaus	đi thẳng
wenden	rẽ
links	trái
rechts	phải
Reisepass	hộ chiếu
Visum	thị thực
Zoll	hải quan

Im Hotel

Hotel	khách sạn
Gästehaus	nhà khách
Zimmer (Einzel-, Doppel-)	phòng (đơn, đôi)
Klimaanlage	máy lạnh
Reisepassnummer	số hộ chiếu

Im Restaurant

Ich möchte einen Tisch für zwei Personen reservieren.	Tôi muốn đặt trước một bàn Cho hai người.
Kellner	người phục vụ
Kann ich die Karte sehen?	Cho tôi xem thực đơn.
Haben Sie heute ein besonderes Tagesgericht?	Hôm nay có món gì đặc biệt không?
Was möchten Sie bestellen?	Anh/chị muốn gọi gì?
Kann ich die Rechnung haben, bitte?	Anh/chị cho hóa đơn?
Ich bin Vegetarier.	Tôi ăn chay.

lecker/ausgezeichnet	**ngon/ngon tuyệt**
scharf (würzig)	**cay**
süß	**ngọt**
sauer	**chua**
bitter	**đắng**
Frühstück	**bữa ăn sáng**
Stäbchen	**đôi đũa**
Messer	**dao**
Gabel	**nĩa**
Löffel	**thìa**
trinken	**uống**
essen	**ăn**
hungrig/durstig	**đói/khát**
Restaurant	**hiệu ăn, nhà hàng**
westliches Essen	**món ăn Âu**
vietnamesische Spezialitäten	**đặc sản Việt Nam**

Auf der Speisekarte

Aal	**lương**
Apfel	**táo**
Bambussprösslinge	**măng**
Banane	**chuối**
Birne	**đào**
Bohnensprösslinge	**giá**
Brot	**bánh mì**
Butter	**bơ**
Dessert	**(món) tráng miệng**
Ei	**trứng**
Eis	**đá**
Eiscreme	**kem**
Ente	**vịt**
Fisch	**cá**
Fischsauce	**nước mắm**
Fleisch (gut durch, medium, roh)	**thịt (tái, vừa, chin)**
Frosch	**ếch**
Frucht	**hoa quả, trái cây**
Frühlingsrolle	**nem rán (chả giò)**
Garnele	**tôm**
Gemüse	**rau**
Hähnchen	**(thịt) gà**
Hummer	**tôm hùm**
Ingwer	**gừng**
Kartoffel (Süßkartoffel)	**khoai tây (khoai)**
Klebreis	**gạo (cơm) nếp**
Kokosnuss	**dừa**
Krebs	**cua**
Kuchen	**bánh ngọt**
Mandarine	**quít**
Mango	**xoài**
Milch	**sữa**
Nicht-Klebreis	**gạo (cơm) tẻ**
Nudeln	**mì, miến**
Nudelsuppe mit Rind/Hühnchen	**phở bò/gà**
Papaya	**đu đủ**
Pfeffer	**hạt tiêu**
Pilze	**nấm**
Rambutan	**chôm chôm**
Reis	**gạo**
Reis (gekocht)	**cơm**
Rindfleisch	**thịt bò**
Rindfleisch mit Pilzen gebraten	**bò xào mấm**
Salat	**xà lách**
Salz	**muối**
Schnecke	**ốc**
Schwein	**thịt lợn**
Sojasauce	**tương**
Speisekarte	**thực đơn**
Suppe	**xúp**
Vietnamesische Nudelsuppe	**phở**
Vorspeise	**(món) khai vị**
Zitrone	**chanh**
Zitronengras	**xả**
Zucker	**đường**
Zwiebel	**hành**

Getränke

Bier	**bia**
Kaffee (mit Milch)	**cà phê (cà phê sữa)**
Milch	**sữa**
Mineralwasser	**nước khoáng**
Obstsaft	**nước quả, nước trái cây**
Softdrink	**nước ngọt**
Tee	**trà, chè**
Wasser	**nước**
Wein	**rượu vang**
Glas	**cốc**
Flasche	**chai**

Gesundheit

Was ist mit Ihnen los?	**Anh/chị bị làm sao?**
Akupunktur	**châm cứu**
Allergie	**dị ứng**
Ambulanz	**xe cấp cứu**
Antibiotika	**thuốc kháng sinh**
Apotheke	**cửa hàng thuốc**
Arzt	**bác sĩ**
Blut	**máu**

Blutdruck (hoch/niedrig)	**huyết áp (cao/thấp)**
Diabetes	**bệnh đái đường**
Durchfall	**đi ngoài**
Fieber	**sốt**
Grippe	**cúm**
Halsentzündung	**viêm họng**
Herz	**tim**
Husten	**ho**
Hygiene	**vệ sinh**
Injektion	**tiêm**
Kopfschmerzen	**đau đầu**
Krankenhaus	**bệnh viện**
Krankheit	**bệnh**
Lebensmittelvergiftung	**ngộ độc thức ăn**
Malaria	**bệnh sốt rét**
Medikament	**thuốc**
Ohr	**tai**
Operation	**mổ**
Rezept	**đơn thuốc**
Schlaflosigkeit	**mất ngủ**
schwindelig	**chóng mặt, hoa mắt**
Temperatur	**sốt**
Tetanusimpfung	**tiêm phòng uốn ván**
Traditionelle vietnamesische Medizin	**thuốc Nam**
Unfall (Verkehr)	**tai nạn (giao thông)**
Zahn	**răng**
Zahnschmerzen	**đau răng**

Zeit und Jahreszeiten

Minute	**phút**
Stunde	**giờ**
Tag	**ngày**
Woche	**tuần**
Monat	**tháng**
Jahr	**năm**
Montag	**(ngày) thứ hai**
Dienstag	**(ngày) thứ ba**
Mittwoch	**(ngày) thứ tư**
Donnerstag	**(ngày) thứ năm**
Freitag	**(ngày) thứ sáu**
Samstag	**(ngày) thứ bảy**
Sonntag	**Chủ nhật**
Jahreszeit	**mùa**
Frühjahr	**mùa xuân**
Sommer	**mùa hè/mùa hạ**
Herbst	**mùa thu**
Winter	**mùa đông**
Trockenzeit	**mùa khô**
Regenzeit	**mùa mưa**
Regen (es regnet)	**mưa (trời mưa)**
Wind	**gió**
sonnig	**nắng**
Wetter	**thời tiết**
warm/kalt	**ấm/lạnh**
Mondkalender	**Âm lịch**
Sonnenkalender	**Dương lịch**
Vietnamesisches Neujahr	**Tết Nguyên đán**
Wie viel Uhr ist es?	**Bây giờ là mấy giờ?**
8:30 Uhr	**tám giờ rưỡi**
8:45 Uhr	**tám giờ bốm mươi lăm phút/chín giờ kém mười (phút)**
10:15 Uhr	**mười giờ mười lăm phút**
12:00 Uhr	**mười hai giờ**
Morgen	**buổi sang**
Mittag	**buổi trưa**
Nachmittag	**buổi chiều**
Abend	**buổi tối**
Nacht	**đêm**

Zahlen

1	**một**
2	**hai**
3	**ba**
4	**bốn**
5	**năm**
6	**sáu**
7	**bảy**
8	**tám**
9	**chín**
10	**mười**
11	**mười một**
12	**mười hai**
15	**mười lăm**
20	**hai mươi**
21	**hai mươi mốt**
24	**hai mươi bốn/ hai mươi tư**
25	**hai mươi lăm**
30	**ba mươi**
40	**bốn mươi**
50	**năm mươi**
100	**một trăm**
101	**một trăm linh (lẻ) một**
105	**một trăm linh (lẻ) năm**
200	**hai trăm**
300	**ba trăm**
1000	**một nghìn/ một ngàn**
10 000	**mười nghìn/ mười ngàn**
1 000 000	**một triệu**

DANKSAGUNG

Dorling Kindersley bedankt sich bei allen Personen, die bei der Herstellung dieses Buchs mitgewirkt haben.

BILDNACHWEIS

o = oben; u = unten; m = Mitte; l = links; r = rechts

123RF.com: amadeustx 4; Simon Dannhauer 24ul, 202ol; efired 116o; hanoiphotography 168mr; Thi Hong Hanh Mac 10mo; Melinda Nagy 172ul; Alexey Pelikh 236o; quangpraha 42ur; Chan Richie 171or; Surawut Sudha 212u; Rolf Svedjeholm 35ml; thaifairs 82ul; Minh Vũ 181mru.

4Corners: Stefano Coltelli 226 – 227o.

Alamy Stock Photo: Avanti 119mru; bamboofox 39ml; Judy Bellah 205mru; Oliver Benn 90mr; Pawel Bienkowski 107u; blickwinkel 199mru; Anders Blomqvist 125or; Michael Brooks 78ol, 134o; Nacho Calonge 161o; Jordi Cami 76om; Vicky Chan 197o; Felix Choo 99or; Chronicle 220ur; Piero Cruciatti 90o; Danita Delimont 96ur, 106m, 160ul; dleiva 34o; Godong 85ur; Hemis 29or, 33or, 205u; Hemis.fr/Brusini Aurélien 194ur; Bob Henry 168ul; Cyril Hou 25ur; imageBROKER 61ur, 76ur; Aztec Images 73or; Design Pics Inc 183u; incamerastock 200mro; Intersection Photos 22 – 23mo; Jon Arnold Images Ltd 232ml; Johnny Jones 176um, 189ol; Yann Jouanique 18um, 164 –165; Claudine Klodien 92 –93o; Markus Kortlueke 108or; Jason Langley 27ml, 153ul; Lazyllama 233mr; Leslie Garland Pictures 220ul; LOOK Die Bildagentur der Fotografen GmbH 173u; Loop Images Ltd 16, 54 – 55; M. Sobreira 229ur; mauritius images GmbH 61mro, 155or; MKilarski 43ul, 124ol; Gail Mooney-Kelly 66u; mvlampila 20mru; Duy Phuong Nguye 159mlu; Quang Ngoc Nguyen 119ur; B. O'Kane 181mr; Dan Oldenburg 141ul; James packwood 158o; Efrain Padro 12mlu, 180o; Thoai Pham 158 –159u; Mark Phillips 145or; Hanoi Photography 126ul, 127o; Tim Plowden 199o; Graham Prentice 74 – 75o; Prisma by Dukas Presseagentur GmbH 199m; Reciprocity Images 134um; David Reed 173ml; Robertharding 61o, 104u, 119mr, 146ul, 211om; Tony Roddam 149ur; Yavuz Sariyildiz 152; David Saunders 40u; Leonid Serebrennikov 137r, 146o; Valerii Shanin 37ur; Paul Springett 10 83ol; SPUTNIK 181ul; ClickAlps Srls 102o; Friedrich Stark 175ul; David Sutherland 215o; Bjorn Svensson 215mr; Beng Kwang Tan 11mr; Komal Thadani 222ul; Thanh Thu Thai 111ul; Universal Images Group North America LLC 58ur; Lucas Vallecillos 93or; Jelle Vanderwolf 35mru; Howard Walker 154 –155u; Rob Whitworth 2012 25mru; Steve Whyte 232mr; Andrew Woodley 109ml; Robert Wyatt 22 – 23o, 187ur; Ron Yue 233m; Ariadne Van Zandbergen 92 – 93mo, 230ol.

AWL Images: Jon Arnold 36l; Walter Bibikow 103ul; Jason Langley 228; Travel Pix Collection 230ul.

Bridgeman Images: Kaiser Sui Yangdi (569 – 618), gemalt von Yan Liben (600 – 673) 45ur; Tran Hung Dao, Sieger der Schlacht am Fluss Bach Dang, kommandiert seine Truppen 46 – 47o; Musée National de Phnom Penh, Kambodscha 229ul; Geschichtsbilder 45um, 46um, 47mr, 48ur, 48mr, 48 – 49o.

CPA Media: 44 – 45o, 46ur, 47um, 48ol, 50ol; Bình Giang 44um; David Henley 44ol, 46ol.

Depositphotos Inc: ThaiThu 95ml; Winston 237ur.

Dorling Kindersley: David Henley 173mr.

Dreamstime.com: Stig Alenäs 99ur; Amadeustx 156 –157u; Anandoart 28 – 29u; Alexander Arndt 236mlo; Scott Biales 38u; Pipop Boosarakumwadi 141ur; Panom Bounak 168o; Vladimir Cech 95mru; Chrishowey 13ol; Chuotnhatdesigner 11ur; Luke Derriman 220um; Dinosmichail 26 – 27u, 41ml; Dndavis 40mro; Dragoncello 27ur; Esmehelit 180mro; Feathercollector 80mlo; Gopause 38ol; Franzisca Guedel 198ol; Hoxuanhuong 42ml, 71ur, 116ur; Ulf Huebner 27or, 80 – 81o; Katoosha 72ul; Khellon 70mo; Olga Khoroshunova 98o; Yen Mai Kim 42mr, 62ul, 63o; Laraslk 124 –125u; Quan Tran Minh 40ol; Minzpeter 149o; Anna Moskvina 38mro; Denis Moskvinov 70 – 71o; Hoang Bao Nguyen 45mro; Ongchangwei 26ol, 143or; 150 –151o; Outcast85 206ul; Phieulinh 196ol; Phoebe0317 189ul; Phuongphoto 78 – 79u, 110; Piccaya 58ml; Pradit Pinyopasakul 220mro; Pixattitude 230 – 231; Rodrigolab 58mru, 62mro; Luca Roggero 101or; Chayuti Siritan 29mro; Softlightaa 13mr; Ngoc Tran Thanh 184 –185; Huy Thoai 22mlu, 68o, 142o; Ranulph Thorpe 215ml; Tienduong 211ur; tktktk 178 –179o; Tuayai 41mru; Viensaigon 123ur, 186o; Richard Van Der Woude 96o; Oleg Zhukov 122 –123um.

Getty Images: AFP/Hoang Dinh Nam 42mro, 43or, 43mr, 51um, /Kao Nguyen 51ur, /Linh Pham 8 – 9u, 157o, /Tang Chhin Sothy 50mr; Christophe Archambault 177o; Bettmann Archive 49ur; Ho Ngoc Binh 8ml, 64 – 65o, 214o; Christophe Boisvieux 135ul; Nathalie Cuvelier 148ul; DEA/ Biblioteca Ambrosiana 229ur; Chau Doan 28ol; ExploringMekong.com 106ol; EyeEm/Karn Bulsuk 31ml, Philippe Capillon 174ol, /Minh Luan Dam 10ul, /Uta Gleiser 168ml; Godong 229ml; hadynyah 8mlu; Hulton Archive/Liaison/Dirck Halstead 51or; Jessica Page Photo 18ol, 128 –129; Jethuynh 42mlo; Wolfgang Kaehler 198mro; Reed Kaestner 19, 190 –191; Domingo Leiva 207o; Lonely Planet Images/Anders Blomqvist 187ol; MeogiaPhoto 208 – 209o; Kevin Miller 84ul; NG Photography 17ul, 112 –113; Quynh Anh Nguyen 20mr; Corbis/Tim Page 49um; Pinnee 31ul; Andrea Pistolesi 204 – 205o; Phung Huynh Vu Qui 6 – 7, 42ul, 132 –133o, 194o; Co Rentmeester 49or; Sino images 233ol; Inti St Clair 203; Andrew JK Tan 216 – 217; TASS/Nikolai Malyshev 50ur; Jean-Philippe Tournut 196or; Borja Sanchez Trillo 43ml; Pham Ty 52 – 53; Vu Pham Van 144o; Tran Tuan Viet 104 –105o, 162; nik wheeler 50 – 51o.

iStockphoto.com: 12ee12 10 –11u; 1905HKN 220ur; Alxpin 17o, 86 – 87, 94ul, 100u; Awesome-aki 208 – 209u; BirdHunter591 94or; cristaltran 11o; CWLawrence 238 – 239; Degist 170ul; DeltaOFF 58o; Matthew Digati 224 – 225o; ErmakovaElena 32 – 33u; galitskaya 122ol; Gargolas 47or; hadynyah 90ul; HaiMinhDuong 33ml; holgs 47ur; HuyThoai 92o, 119ol; Image Source 143ul; jejim 41o; joakimbkk 220mru;

Kewadee 226ur; Laughingmango 23or, 36–37u, 75ur; filipe_lopes 58mr; Lquang2410 24–25o; luctra_design 35or; MasterLu 200o; mihtiander 39o; milos-todorovic 95or; nicolasboivin 194mlu; Nikada 13ur, 22ol, 30ol, 171ol; ninelutsk 39mru; olyniteowl 37or; OSTILL 232–233m; OwenPrice 196mr; piccaya 224ur; PhongTranVN 136ol; Praditp 234mlu; Quang_Vu 20o, 140o; Roman-Babakin 45or, 141ol; SamuelBrownNG 67ol; SanerG 229mro; Sergwsq 235o; Oleh_Slobodeniuk 223or; Tazzy1 198ul; tbradford 20ul; tegmen 12–13u, 119mro; ThanhNgocTran 12o, 138–139; thesomegirl 30ur; ThuTruong 31ol; TonyNg 51mro; Techa Tungateja 37ml; u3k 33ur; VichienPetchmai 2–3; Vinhdav 178ul; VuCong-Danh 85or, 120o; xuanhuongho 43mru, 43ur; yenwen 222or; YinYang 171ul.

Lotte Coralis Vietnam Co., Ltd: 182–183u.

Picfair.com: Stig Alenäs 34ul; Dmitry Rukhlenko 221.

Rex by Shutterstock: imageBROKER/Gerhard Zwerger-Schoner 43ol.

Robert Harding Picture Library: Ryan Deboodt 163ur; LOOK Bildagentur der Fotografen/Hauke Dressler 32ol; Alex Robinson 108–109u; G & M Therin-Weise 69u.

Stars & Stripes: 77mr.

Umschlag
Vorderseite und Buchrücken: **Picfair.com:** Nguyen Quang Ngoc.
Rückseite: **Getty Images:** LINH PHAM or; **iStockphoto.com:** Gargolas mlo, hadynyah m.

Kartografie
Grundlage für die Karten von Ho Chi Minh City und Hanoi: Netmaps.

Grundlage für die Karten von Phu Quoc, Hoi An, Nha Trang und Bucht von Halong: © www.openstreetmap.org, lizenziert unter CC-BY-SA.

Alle anderen Bilder © Dorling Kindersley
Weitere Informationen: **www.dkimages.com**

MIX
Paper from responsible sources
FSC www.fsc.org FSC™ C018179

Dieser Reiseführer wird regelmäßig aktualisiert. Angaben wie Telefonnummern, Öffnungszeiten, Adressen, Preise und Fahrpläne können sich jedoch ändern. Der Verlag kann für fehlerhafte oder veraltete Angaben nicht haftbar gemacht werden. Für Hinweise, Verbesserungsvorschläge und Korrekturen ist der Verlag dankbar. Bitte richten Sie Ihr Schreiben an:

Dorling Kindersley Verlag GmbH
Redaktion Reiseführer
Arnulfstraße 124 • 80636 München
travel@dk-germany.de

DK | Penguin Random House

www.dorlingkindersley.de

Hauptautoren Andrew Forbes, Richard Sterling, Charles Young, Peter Holmshaw
Senior Editor Alison McGill
Senior Designer Laura O'Brien
Project Editor Rada Radojicic
Project Art Editors Bess Daly, Hansa Babra, Stuti Tiwari Bhatia, Ankita Sharma
Factcheck Ron Emmons
Editor Scarlett O'Hara
Korrektur Debra Wolter
Register Hilary Bird
Senior Picture Researcher Ellen Root
Bildredaktion Marta Bescos, Vishal Ghavri, Sumita Khatwani
Illustrationen Gary Cross, Surat Kumar Mantu, Arun Pottiyaril, Gautam Trivedi, Mark Warner
Senior Cartographic Editor Casper Morris
Kartografie Uma Bhattacharya, Suresh Kumar, Reetu Pandey
Design Umschlag Maxine Pedliham, Bess Daly
Bildredaktion Umschlag Susie Peachey
Senior DTP Designer Jason Little
DTP Coordinator George Nimmo
Producer Igrain Roberts
Managing Editor Rachel Fox
Art Director Maxine Pedliham
Publishing Director Georgina Dee

Zuerst erschienen 2007 in Großbritannien bei Dorling Kindersley Ltd., London

Aktualisierte Neuauflage 2020 / 2021

Programmleitung Dr. Jörg Theilacker, DK Verlag
Projektleitung Stefanie Franz, DK Verlag
Übersetzung Klaus Kamphausen, München; Dr. Gabriele Rupp, München
Redaktion Dr. Gabriele Rupp, München
Schlussredaktion Philip Anton, Köln
Umschlaggestaltung Ute Berretz, München
Satz und Produktion DK Verlag, München
Druck Vivar Printing Sdn Bhd, Malaysia

ISBN 978-3-7342-0254-4
9 10 11 12 22 21 20 19

Vis-à-Vis

Vis-à-Vis-Reiseführer

Nordamerika
Kanada
USA
Alaska
Chicago
Florida
Hawaii
Kalifornien
Las Vegas
Neuengland
New Orleans
New York
San Francisco
USA Nordwesten & Vancouver
USA Südwesten & Nationalparks
Washington, DC

Mittelamerika und Karibik
Costa Rica
Karibik
Kuba
Mexiko

Südamerika
Argentinien
Brasilien
Chile
Peru

Afrika
Ägypten
Marokko
Südafrika

Südeuropa
Italien
Apulien
Bologna & Emilia-Romagna
Florenz & Toskana
Gardasee
Ligurien
Mailand
Neapel
Rom
Sardinien
Sizilien
Südtirol
Umbrien
Venedig & Veneto

Spanien
Barcelona & Katalonien
Gran Canaria
Madrid
Mallorca
Nordspanien
Sevilla & Andalusien
Teneriffa

Portugal
Lissabon

Westeuropa
Irland
Dublin

Großbritannien
London
Schottland
Südengland

Niederlande
Amsterdam

Belgien & Luxemburg
Brüssel

Frankreich
Bretagne
Korsika
Loire-Tal
Paris
Provence & Côte d'Azur
Straßburg & Elsass
Südwestfrankreich

Nordeuropa
Dänemark
Kopenhagen

Schweden
Stockholm

Norwegen

Mitteleuropa
Deutschland
Berlin
Bodensee
Dresden
Hamburg
München & Südbayern

Österreich
Wien
Schweiz
Slowenien
Kroatien
Tschechien & Slowakei
Prag
Polen
Danzig & Ostpommern
Krakau
Baltikum
Budapest (Ungarn)

Osteuropa
Moskau
Sankt Petersburg

Südosteuropa
Griechenland Athen & Festland
Griechische Inseln
Kreta

Östliches Mittelmeer
Türkei
Istanbul
Zypern
Jerusalem (Israel)

Südasien
Indien
Delhi, Agra & Jaipur
Indiens Süden
Sri Lanka

Südostasien
Bali & Lombok
Kambodscha & Laos
Malaysia & Singapur
Myanmar
Thailand
Thailand – Strände & Inseln
Vietnam & Angkor

Ostasien
China
Beijing & Shanghai
Japan
Tokyo

Australasien
Australien
Neuseeland

A
B
C
D
1
2
3
4
5
6
7
Daxing
Dong Van Karst Plateau Geopark
Ha Giang
Lao Cai
Bac Ha
Sapa
Cao Bang
Nanning
CHINA
Nationalpark Ba Be
Pho Rang
Muong Lay
Bac Kan
Lo
Qinzhou
Lang Son
Yen Bai
Thai Nguyen
Muang Boun Tai
Thuan Chau
Da
Mong Cai
Tam Dao
Tran Phu
Dien Bien Phu
Son La
Bac Giang
Pilgerstätten Yen Tu
Cam Pha
Bucht von Bai Tu Long
HANOI
Bac Ninh
Ma
Ha Dong
Halong City
Moc Chau
Hoa Binh
Muang Xai
Haiphong
Bucht von Halong
Mai Chau Valley
Parfüm-pagode
Cat Ba
Nam Ou
Nam Dinh
Nationalpark Cuc Phuong
Ninh Binh
Ngoc Lac
Luang Prabang
Thanh Hoa
Nhu Xuan
Muang Kham
Quang Loi
Quy Chau
Thai Hoa
LAOS
Tuong Duong
Ca
Con Cuong
Dien Chau
Golf von Tonkin
Ban Xiang Khong
Kim Lien
Vinh
Phong Hong
Duc Tho
Ha Tinh
VIENTIANE
Huong Khe
Hoa Binh
Nationalpark Phong Nha-Ke Bang
Dong Hoi
Udon Thani
Thakhek
Son Doong-Höhle
Vinh-Moc-Tunnel
Demilitarisierte Zone
Som Det
Dong Ha
Khe Sanh Combat Base
Khanthabouli
Thuan An Beach
Khon Kaen
Hue
Lang Co Beach
Suoi Voi
Roi Et
Loeng Nok Tha
Danang
Nationalpark Bach Ma
Marble Mountains
Bergort Ba Na
Hoi An
Salavan
My Son
Tam Ky
THAILAND
Dak Glei
Binh Son
Ubon Ratchathani
Pakse
Quang Ng
Dak Chum
Attapeu
Ba To
Sa Huy
Nakhon Ratchasima
Plei Kan
Dak Ha
Kon Plong
Bong So
Sa Thay
Kontum
Phu M
Muang Khong
Pleiku
An Khe
Binh
Qu
Chur Se
Sisophon
siehe Angkor-Karte, rechts unten
Stung Treng
Canh Vinh
Sor
Nationalpark Yok Don
A Yun Pa
Van H
Battambang
Tonle Sap
Mekong
Buon Ho
Tuy
Ea Kar
Buon Ma Thuot
KAMBODSCHA
Kratie
Lak-See
Ninh
Kompong Chhang
Nha
Kampong Cham
Gia Nghia
Dalat
Koh Kong
Loc Ninh
Hiep Thanh
Tan Son
PHNOM PENH
Chon Thanh
Dambri-Wasserfälle
Bo-Bla-Wasserfälle
Phan Ra Thap Ch
Bao Loc
Thu Dau Mot
Bien Hoa
Phan Thiet
Mui Ne Beach
HO CHI MINH CITY
Chau Doc
Berg Ta Cu
Cao Lanh
Sihanoukville
Phoenix-Insel
My Tho
Ba Ria
Phu Quy
Long Xuyen
Ha Tien
Ben Tre
Vung Tau
Phu Quoc
Vinh Long
Rach Gia
Can Tho
Tra Vinh
Südchinesis Meer
Thu Muoi Mot
Vinh Thuan
Soc Trang
0 km
100
N
Ca Mau
Bac Lieu
Con-Dao-Archipel
Nam Can